LA AUTÉNTICA BELLEZA

LA AUTÉNTICA BELLEZA

Renueva tus energías,
serena tu mente y descubre
tu verdadera belleza
a cualquier edad

MARIEL HEMINGWAY

EDICIONES B
GRUPO ZETA

Barcelona • Bogotá • Buenos Aires • Caracas • Madrid • México D. F.
Montevideo • Quito • Santiago de Chile

Este libro ha sido escrito con la única intención de que sea una fuente de información. La información contenida en este libro no debe considerarse un sustituto de la opinión de un profesional médico calificado, a quien siempre se ha de consultar antes de comenzar una dieta, un programa de ejercicios o cualquier otro programa relacionado con la salud.

Se han hecho todos los esfuerzos posibles para asegurar la exactitud de la información contenida en este libro hasta la fecha de su publicación. La autora y el editor declinan expresamente cualquier responsabilidad por los posibles efectos negativos que pueda originar el uso o la aplicación de la información contenida en este libro.

Título original: *Mariel Hemingway's Healthy Living from the Inside Out: Every Woman's Guide to Real Beauty, Renewed Energy, and a Radiant Life*

Traducción: Jordi Vidal

Fotografías: Brian Nice

Fotografías de las páginas 30 y 119: Beth Tondreau

1.ª edición: junio 2010

© 2007 by Mariel Hemingway
© Ediciones B, S. A., 2010
    Consell de Cent 425-427 - 08009 Barcelona (España)
    www.edicionesb.com

Publicado por acuerdo con HarperCollins Publishers

Printed in Spain
ISBN: 978-84-666-4424-2
Depósito legal: B. 22.031-2010

Impreso por LIMPERGRAF, S.L.
Mogoda, 29-31 Polígon Can Salvatella
08210 - Barberà del Vallès (Barcelona)

Para mi marido, Z,
mi mejor maestro y el más querido.
En divino amor eterno.

Con profundo reconocimiento, doy las gracias a las siguientes personas: a mis asombrosas hijas, Dree y Langley, quienes me arrastran a vivir cada día el presente; a mi gurú Paramahansa Yogananda; a su santidad el Dalai Lama, por su inspiración en todos los aspectos de mi vida; a Sri Daya Mata, un modelo ejemplar de vida guiada por Dios; a Amely, gracias por darme la voz; a Patrick n.º 2; a Mike M.; a Gareth; a Gideon; a Mark; a Claudia; a K. C., porque si ella entiende esto todo el mundo lo hará; al doctor Ron R.; a Tenzin; a Hale, y a Lee. Y por último, ¡doy gracias a mis cinco perros por ralentizar el ritmo de mi corazón y hacerme sonreír!

Índice

■■■■■■■■

LA AUTÉNTICA BELLEZA

MARIEL HEMINGWAY

Introducción

PREGUNTA: ¿CUÁLES DE ESTAS COSAS HA HECHO ESTA SEMANA?

A.   Poner el telediario a los cinco minutos de despertar.

B.   Almorzar mientras conducía.

C.   Llevarse el teléfono móvil al baño.

D.   Utilizar una taza de café como estimulante.

E.   Mirarse al espejo y sentirse a disgusto con su cuerpo.

PREGUNTA: ¿CUÁLES DE ESTAS COSAS NO HA HECHO ESTA SEMANA?

A.   Poner la mesa para desayunar.

B.   Fijarse en la hora a la que se ponía el sol.

C.   Conducir con la radio y el teléfono móvil apagados.

D.   Ejercicio.

E.   Mirarse al espejo y sentirse a gusto con su cuerpo.

A **VECES LAS PRINCIPALES REVELACIONES DE LA VIDA** llegan en momentos de tanta tranquilidad que una casi los echa de menos. Hace dos años viajaba por una tranquila carretera comarcal en el centro de la isla meridional de Nueva Zelanda, después de una larga y fría jornada en el plató de una película de acción. La grisácea luz de primavera daba paso a las tinieblas, y me alegraba discretamente de viajar en el asiento del pasajero de un coche con la calefacción enfocada a mis pies, tras haber pasado la mañana rodando escenas acuáticas en el gélido océano y la tarde lanzando patadas de kung-fu en tierra firme. Estaba pensando en la saludable cena que tenía previsto preparar y en cómo iba a emplear mi tranquila noche a solas para descansar y recargar las pilas, cuando una voz vacilante desde el lado del conductor rompió el silencio.

—Esto... Mariel, ¿puedo hacerte una pregunta?

Era Anna, la atractiva lugareña de diecinueve años cuyo empleo como ayudante de producción la obligaba a seguirme como mi sombra desde el amanecer hasta el anochecer.

—Por supuesto —dije.

—Bueno —vaciló, como algo avergonzada—, el resto del equipo y yo nos preguntamos una cosa. ¿Cómo se explica que al final del día tú seas la única persona del plató que no está exhausta y malhumorada, que no se aferra a una taza de café y come galletas para aguantar y no enferma? —Estornudó, y luego añadió de la manera más diplomática posible—: Eres mucho mayor... quiero decir, nosotros somos por lo menos veinte años más jóvenes que tú. Y tienes tres veces nuestra energía.

La pregunta me sorprendió. Durante buena parte de las dos décadas que había trabajado en el mundo del espectáculo siempre había sido algo excéntrica, una chiflada por la salud con hábitos extraños. Había sido objeto de burlas por hacer «Saludos al Sol» en mis largas esperas para las escenas o por llevar grandes frascos de proteínas séricas en polvo a la mesa del catering a la hora del almuerzo. (Burlas cariñosas, debería precisar, pero burlas al fin y al cabo.) O por meditar a diario y despertar antes de que tocaran diana para hacerlo, cosa que resultaba el doble de extraña para la mayoría. Aunque casi nunca hablo de mis prácticas, iba dejando pequeños indicios sobre mi estilo de vida aquí y allá. Cualquier cosa que oliera a lo que yo llamo «actitud yogui» —generar calma de dentro afuera a través de comida, ejercicio y contemplación serena— era recibida con reticencias.

Pero allí estaba yo, siguiendo después de veinte largos años estas prácticas de estilo de vida, comprobando de repente que las propias personas que antes se reían de mí ahora acudían a mí con preguntas. Una vez que Anna rompió el hielo, se sucedieron otras cuestiones curiosas: «¿Cómo puedo comer de modo que me haga sentirme mejor?» «¿Por qué estoy tan cansada aun habiendo dormido lo suficiente?» «¿Qué me ayudará a librarme de ese espantoso dolor de estómago que tengo cada vez que me siento inquieta?» Tradicionalmente, los platós han distado mucho de preocuparse por la salud. Trabajando muchas horas bajo dosis considerables de estrés y comiendo a menudo a la carrera, la gente hace lo que puede para mantenerse despierta todo el día y calmarse bajo tanta presión. Cafeína, azúcar, tabaco y alguna que otra rabieta para desahogarse son los métodos habituales de autoconservación, y la mitad del tiempo una sobrevive sabiendo que, si aguanta un poco más, puede desmoronarse una vez cumplido el trabajo. Dicho de otro modo, es un microcosmos de la sociedad en general.

Así pues, cuando mis compañeros más jóvenes empezaron a preguntarme sobre mis sencillos métodos preventivos para mantener el cuerpo estimulado, la mente serena y la moral alta, me dio que pensar.

Si los veteranos técnicos de iluminación con estómagos de teflón me preguntan acerca de mi aceite de hígado de bacalao y los becarios en edad universitaria quieren saber cuánto tiempo medito, apuesto a que buena parte de la población pretende lo mismo: aprender a reducir la marcha, hacer inventario de cómo se sienten y recuperar cierto control sobre su salud y su vida.

■ ■ ■

CREO que todos tenemos los mismos problemas, sólo que vienen envueltos en distinto papel. Y cuanto más hablo con la gente, no sólo en los platós sino también con mis amigos, compañeros e incluso con los conocidos de mis hijas, más evidente resulta que, bajo la superficie de nuestros muy dispares aspectos, estilos de vida e intereses, subyacen algunas preocupaciones universales. A principios del siglo XXI, impera el deseo de sentirse bien y hallar cierta paz interior. El ritmo rápido y a menudo implacable de la vida ha supuesto una oportunidad sin precedentes, pero también ha provocado agotamiento, y lo que más queremos muchos de nosotros es compensar el desequilibrio. Queremos sentirnos más descansados y con las fuerzas repuestas, y volver a conectar con vidas que parecen alejarse de nosotros. Por encima de todo, queremos aprender a vivir en equilibrio: ser menos propensos al estrés y la enfermedad, y tener salud y tranquilidad de espíritu como norma en nuestras vidas, no como excepción.

Ahora, casi todos los aspectos de la vida existen en una forma más acelerada: la comida es más rápida, viajar es más veloz y la comunicación es más o menos inmediata. Nuestro entorno está repleto de ruido, medios de comunicación y tecnología; los «chismes» llenan cada rincón de nuestros hogares (muchos de los cuales, como era de esperar, se quedan rápidamente obsoletos). Afrontamos tantas situaciones en el transcurso de un día que jamás tenemos ocasión de procesarlo todo hasta la mañana siguiente. Entretanto, muchos de nosotros experimentamos una persistente resaca de frustración que dificulta hallar satisfacción en nuestra vida presente. Es como si un estribillo perpetuo resonara dentro de nuestra cabeza: «¿Qué otra cosa debería hacer? ¿Qué hay ahí fuera mejor que esto?»

En parte, nos buscamos esa situación nosotros mismos. Las presiones para hacer más y conseguir más con nuestro tiempo parecen aumentar cada año, y seguimos suscribiéndonos a más. El trabajo se ha vuelto más intenso, con empleos que exigen más horas, más responsabilidades y más resultados. Sin embargo, también en casa esperamos más de nosotros mismos. Las mujeres en particular esperamos que nuestras relaciones sean maravillosas y apasionadas, que nuestra casa esté inmaculada y sea elegante, y que nuestros hijos sean deportistas de élite y estudiantes modélicos. Por lo general, los niveles que exigimos a nuestro aspecto físico son también terriblemente altos. Casi no existe manera humana de hacerlo todo sin volverse un poco loca: nos multiplicamos para atender a todas las exigencias lo mejor que podemos, dividiendo nuestra energía y atención en fragmentos que inevitablemente suman menos que el todo.

Nuestras crecientes preocupaciones sobre cómo vivir mejor y llevar una vida más sana tienen que ver con amenazas que no acabamos de identificar o entender. Los peligros medioambientales y sociales del mundo están afectando innegablemente a nuestra salud; a veces recibimos información que basta para asustarnos, pero no para ayudarnos a tomar buenas decisiones. Oímos hablar tanto de alimentos tóxicos, alimentos que provocan enfermedades y alimentos que engordan que cuesta trabajo saber qué podemos y qué no podemos comer.

Casi todo el mundo conoce a alguien que vive con cáncer. Nos preguntamos hasta qué punto esta epidemia es causada por contaminantes que consumimos conscientemente a través de alimentos y estimulantes o inconscientemente a través de nuestra atmósfera. Entretanto, cosas naturales como el sol se han vuelto de repente controvertidas. Unos dicen que la exposición al sol mata, mientras que otros afirman que necesitamos dosis regulares del mismo para producir vitamina E. (Como verá más adelante, yo creo que una exposición *moderada* al sol es fundamental para una buena salud.)

La vida moderna proporciona un flujo continuo de pequeños estreses que afectan a cómo nos sentimos a diario. Unos provienen de nuestras opciones individuales de estilo de vida y otros del mundo en general, y cuesta mucho trabajo procesarlos todos. El estrés es cualquier tipo de tensión soportada por nuestro organismo. Eso incluye las toxinas que consumimos al comer, respirar y beber agua, porque nuestros órganos tienen que esforzarse para eliminarlas; también las chifladas pautas de sueño en que nos quedamos trabajando o pasando el rato despiertas hasta la una de la madrugada, porque dormirse demasiado tarde puede desbaratar nuestras hormonas y, en consecuencia, nuestro apetito y nuestro humor. El estrés puede proceder hasta de una excesiva actividad sedentaria, incluido pasar demasiado tiempo en el coche, porque nuestro cuerpo necesita moverse para un funcionamiento óptimo.

Si sumamos a todo esto la serie de desafíos mentales y emocionales que la mayoría debemos afrontar —desde problemas económicos y familiares hasta los miedos e inseguridades que tenemos sobre nuestros talentos, nuestro aspecto y nuestro futuro—, ¿no tiene sentido que en la actualidad nuestra carga total de estrés alcance su capacidad máxima?

La cantidad total de estrés a la que nos enfrentamos, combinada con el ritmo acelerado de nuestro estilo de vida, hace que resulte difícil comenzar y terminar cada jornada con optimismo y tranquilidad. El estrés nos impulsa a utilizar determinados alimentos y estimulantes como apoyo, no a concebir una dieta que cree una condición de salud óptima. (Muchas de nosotras empleamos la cafeína para obtener energía, pero que levanten la mano quienes también confían en una taza de café bien cargado para que les ayude a ir al baño. Esto es usar la comida de modo incorrecto.) El estrés contribuye a problemas leves de ansiedad y atención, e incluso a pautas de pensamiento y conducta negativas. La verdad es que nos hemos descarriado demasiado de los principios sencillos de cuidar bien de nosotras mismas. Consumimos cosas que nos enturbian la mente, acumulamos estrés en nuestro organismo y, la mayoría de las veces, tenemos demasiada prisa para reflexionar sobre nuestra vida. La consecuencia es que a menudo tenemos la sensación de que nuestro estilo de vida nos controla, y no al revés.

Si he aprendido algo tras años de practicar hábitos saludables es que podemos transformar cualquiera de estas situaciones y, en último término, transformar nuestra vida mediante algunas opciones sencillas. Ya tenemos todo lo que necesitamos para hacer frente al estrés de la modernidad y crear una vida en la que, día a día, nos sintamos estupendamente. Podemos remediar ese estado límite de fatiga y obtener más energía de día y un mejor descanso de noche. Podemos construir un núcleo de alegría y paz en nuestro centro que nos mantenga equilibradas por más locura que haya a nuestro alrededor. Podemos controlar nuestro humor, aumentar nuestro apetito sexual e incluso despojarnos de muchos de los fantasmas que nos mantienen atrapadas en viejos hábitos. Ahora, más que nunca, cada una de nosotras tiene la responsabilidad de capacitarse. No nos resultará tan difícil si empezamos a tomar un poco más de conciencia de las cosas que hacemos a diario.

Usted podría decir: «¿Qué? No puedo controlar la calidad del aire dentro de mi casa. No puedo optar por ir al trabajo a pie o en bici. No puedo eliminar de mi vida mis estresantes jefe/padres/hijos.» Pero no se trata de eso. En lo que a su salud y bienestar se refiere, sin duda existen muchas cosas que no puede controlar. El truco consiste en preguntarse: «¿Qué puedo controlar?» Las respuestas son bastante sencillas. Los alimentos que como; el modo en que hago ejercicio; mi respuesta al estrés emocional; mi entorno doméstico. Introducir incluso pequeñas modificaciones en estas cuatro áreas puede ser extraordinariamente efectivo y, en caso necesario, sumamente curativo. De eso trata este libro.

Si usted introduce unos pocos cambios en estas cuatro áreas, obtendrá recompensas físicas y mentales inmediatas. Comer uno o dos alimentos distintos puede suponer una gran diferencia en su digestión y desintoxicación, mejorar su energía, su sistema inmunitario y su estado de ánimo. Tomarse un breve descanso para estar en calma absoluta la ayuda a eliminar el estrés que se acumula en su mente y su cuerpo, e incluso en su cara. (Pruébelo: le sorprenderá la rapidez con que las arrugas de la frente empiezan a alisarse.) Poner unos toques de cordialidad y sacralidad en su hogar alivia su espíritu y hace que se sienta más arraigada. No estamos hablando de maquillaje extremo o transformaciones de la noche a la mañana; estos planteamientos de reparación rápida rara vez se sostienen. En su lugar, intente hacer un pequeño cambio aquí, otro pequeño cambio allá, y poco a poco descubrirá qué es lo que le da resultado. Con el tiempo, podrá cambiar el aspecto y la sensación de toda su vida para mejor. No olvide que los grandes avances se consiguen milímetro a milímetro.

Al mismo tiempo, se producirá discretamente otro efecto más sutil. Si se concentra en las decisiones diarias que puede controlar, podrá anclarse firmemente a su vida mientras ésta se desarrolla ahora mismo. Lleve su atención una y otra vez al momento presente, deje de preocuparse por lo que sucedió en el pasado o lo que puede ocurrir en el futuro. Al hacer esto, reducirá las prisas y disfrutará de su tiempo. Y he descubierto que, cuando una enfoca su vida desde este punto de vista, en lugar de frustración a menudo llega a conocer la realización.

■ ■ ■

TODAS TENEMOS nuestras razones para buscar una vida equilibrada. Cuando emprendí mi viaje, no reaccionaba a los peligros medioambientales de hoy en día ni a la presión absoluta del trabajo y la vida. Tan sólo trataba de sobrevivir.

Mi infancia distó mucho de ser tranquila. En nuestra casa, a las afueras de la ciudad de Ketchum, Idaho, la vida transcurría en extremos pendulares: o un silencio frío o discusiones acaloradas, a menudo espalda con espalda. Como hijo de Ernest Hemingway, mi padre había heredado una carga complicada: las tendencias genéticas a la adicción y al consumo excesivo; el dolor del abandono causado por el modo en que su padre vivió y, más trágicamente, por cómo murió; la culpabilidad y la desconfianza de sí mismo que conlleva ser el hijo de una leyenda, temiendo que nada de lo que puedas hacer podrá igualarse nunca a lo que tu padre consiguió. Mi madre, en cambio, era muy hermosa, pero estaba terriblemente amargada. Su primer marido había muerto en la Segunda Guerra Mundial, y después de casarse con mi padre le reprochaba muchísimo que no fuera el hombre al que había entregado verdaderamente su corazón. Ambos discutían mucho cada día de mi niñez. (No supe que mi madre había estado casada antes hasta que me topé con este dato por casualidad; eso es lo que ocurre en el hogar feliz de las personas que no se comunican.)

Yo era la más joven de tres hijas, y para cuando llegué a tomar conciencia de las relaciones entre adultos, mis padres ya habían renunciado más o menos a ser buenos modelos de conducta. Mi padre se pasaba muchas horas pescando en los espacios naturales de los alrededores, y con el tiempo mi madre se recluía cada vez más en su habitación. Enfermó de cáncer a los cincuenta y un años y, mientras mis dos hermanas mayores accedían a sus fases personales de trastorno y rebeldía adolescentes, yo me convertí en su joven cuidadora, interponiéndome discretamente entre ella y mi padre y tratando de apartarme de la línea de fuego cuando ambos se peleaban. No ayudaba para nada el hecho de que mi familia fuera siempre, hasta cierto punto, el centro de atención. La enormidad del mito de mi abuelo significaba que todo el pueblo estaba siempre enterado de nuestros asuntos. Y cuando mi hermana mediana, Margaux, se convirtió en una de las primeras auténticas «supermodelos» a finales de la década de 1970, el drama se intensificó exponencialmente. Saltó a la fama a edad temprana y tuvo que combatir en público sus propios demonios, salvar los altibajos de la celebridad y las tentaciones de las drogas, la comida y el alcohol.

Según todo lo que vi a mi alrededor siendo niña, ser adulto significaba una montaña rusa de subidas importantes y bajadas devastadoras que inevitablemente llevaba a la enfermedad, la locura o la conducta autodestructiva. Yo no quería nada de eso en mi futuro; de modo que, desde el comienzo de la adolescencia, busqué maneras de adquirir serenidad y control en mi cuerpo y mi mente a través de dietas, ejercicios y lo que podría llamarse «trabajo interior». Utilizaba comida superlimpia y regímenes duros de ejercicio diario como medidas preventivas incluso antes de que el término «preventivo» se pusiera de moda. Quería asegurarme de no enfermar, engordar o enloquecer, y me propuse deshacer el extremismo que había heredado de mi familia: el planteamiento de la vida de correr con los toros profundamente codificado en el ADN de los Hemingway.

Irónicamente, como cabía esperar, adopté un enfoque muy extremo sobre encontrar la paz. Me había criado complaciendo a la gente porque era el único modo de llamar la atención en mi casa, por lo que dirigí ese talento hacia la salud y el bienestar. Durante buena parte de mi juventud fui la alumna perfecta de cualquier dieta difícil y la paciente perfecta de cualquier nutricionista, médico o sanador que afirmara saber qué era lo mejor para mi cuerpo y, hasta cierto punto, también para mi mente y espíritu. Desde luego, también me motivaban mi ego y el temor por mi aspecto. Había entrado en el mundo del cine a una edad temprana, y desde finales de mi adolescencia hasta bien entrada la veintena me rompí los cuernos para mantenerme delgada, esbelta y sensacional como una chica que subsistía a base de apio y palomitas de maíz chamuscadas.

Incluso después de casarme a los veintidós años con mi marido Stephen y de tener a nuestras dos hermosas hijas, me esforcé por permitirme relajarme y disfrutar de la vida. En todo caso, tener hijos intensificó mi compromiso con mantenerme «limpia y equilibrada» en cuerpo y mente. Mi mayor temor era transmitir el abuso compulsivo del clan Hemingway a mis hijas. Comía menos y hacía más ejercicio, tensando así las riendas de todos mis regímenes de salud y belleza. Hablando en plata: todas mis supuestas opciones saludables estaban motivadas por el pánico. Me engañaba a mí misma diciéndome que tenía el cuerpo más puro del bloque, cuando en realidad había construido un estilo de vida de privación, y mis niveles energéticos y función inmunitaria empezaron a caer por debajo de la media. No obstante, era el único modo que conocía para mantenerme física y emocionalmente firme: ocultar la comida a los demonios emocionales o matarlos con un duro entrenamiento. Por supuesto, las emociones desordenadas no se iban; estaba demasiado cansada para hacerles frente.

Lo que cambió mi rumbo fue la práctica del yoga y la meditación, que empecé a explorar a mediados de la veintena y abordé en serio en torno a la treintena. En el yoga encontré un desafío que no se podía conquistar con pura disciplina y sudor. La práctica del yoga no me permitía abrasarme sin sentido con dolor interior; en su lugar, me hacía girar suavemente para mirar mi dolor y me enseñaba a tratarme con la suficiente amabilidad para desentrañar algunos de mis problemas. Empecé a aceptar mi cuerpo en vez de intentar dominarlo constantemente. Tomé conciencia de que tenía sus propios sistemas de control y equilibrio: sofisticados sistemas biológicos capaces de mantener a raya mi peso y mi humor si se lo permitía. El yoga surtió su efecto en mí... poco a poco. Me obligó a desprenderme de parte de la armadura en la que me había enfundado y a examinar la persona que había en su interior. Con el tiempo, me fui rindiendo a su encanto. Empecé a observarme no sólo durante la clase de yoga, sino también cuando preparaba la cena o me irritaba cuando habían quedado migas en la encimera. Redujo la marcha de mi tiempo de reacción y me permitió llegar a ser más consciente de quién era y de cómo estaba.

No hubo ninguna transformación repentina ni nuevo comienzo instantáneo. Pero esa actitud yogui que había adquirido me llevó a buscar más paz en mi vida, y aprendí un poco de meditación sencilla. Cuando empecé a arañar tiempo para sentarme en silencio a diario, mejoré mucho a la hora de observar y reflexionar sobre todos los acontecimientos de mi mundo. Casi parecía como si fuera una amiga preocupada mirando desde el margen y preguntando: «¿Por qué demonios tratas a tu cuerpo con tanta severidad?» En realidad, me estaba convirtiendo en una amiga más amable conmigo misma en todo lo que hacía. Este tipo de vida consciente tenía grandes ventajas: me permitía conseguir cosas más tranquila y fácilmente y sentirme motivada por lo que era bueno para mí en lugar de dejarme llevar por mis emociones, que casi siempre desembocaban en una conducta confusa y destructiva. Me ayudó a tomar decisiones sanas en mi vida: en mi dieta, en mis relaciones y en casa con la familia.

Con el tiempo, vivir mi vida con mayor conciencia y amabilidad me transformó intensamente como mujer, esposa, madre, actriz y amiga. Pero, hasta finales de la treintena, no maduré de verdad y aprendí a confiar en mis propios instintos en vez de en un escuadrón de expertos. Comprobé con cierta sorpresa que podía ser la experta en mí misma. Desde luego, había pasado bastante tiempo estudiando y había acumulado muchísima experiencia; así pues, ¿por qué *no habría de saber* lo que me convenía?

Empecé a escuchar lo que mi cuerpo me pedía en cuanto a comida, movimiento, descanso y liberación emocional, y aprendí que, si me aseguraba de estructurar mi vida de manera que cada día incluyera algunas rutinas razonablemente fáciles, podría crear una coherencia que me permitiría sentirme bien todos los días, sin altibajos, sin las espantosas oscilaciones pendulares que había llegado a considerar una parte profundamente arraigada de mi personalidad.

Lo más importante, aprendí algo de muchísimo valor: cómo hacer cosas con moderación. Un camino saludable y *sostenible* para toda la vida no tenía por qué estar exento de lujos y diversión, ni tenía que venir con cierta dosis de vergüenza. Ya no tenía miedo de desperdiciar todo mi trabajo si un día comía en exceso, o si hacía un entrenamiento suave en lugar de quemarme, porque sabía que ahora mis opciones estaban sintonizadas con lo que necesitaba. Había desarrollado paulatinamente la sensibilidad para entender cómo mis necesidades nutritivas, fisiológicas y emocionales cambiaban día a día, semana a semana y año tras año.

La verdad es que algunas de mis prácticas pueden seguir pareciendo hoy un poco extremas. No consumo azúcar en ninguna forma, ni siquiera alcohol, porque cuando era más joven tuve tendencias adictivas y se ha demostrado que es mejor para mí eliminarlo de mi organismo. De vez en cuando, hago una meditación de ocho horas como parte de mi práctica espiritual. Pero ésas son cosas que he descubierto que me dan resultado y me hacen sentir bien. Eso es lo que cuenta. Cada persona debe encontrar la práctica que mejor se adapte a quién es y a cómo le gusta vivir. Todavía me agrada consultar con profesionales acerca de mi salud y mi hogar de tarde en tarde, pero esos días en que mi intuición invalida lo que ellos dicen, me dejo guiar por mi carácter.

¿Cuál es la consecuencia de encontrar mi camino? Mi salud física ha mejorado cada vez más, hasta el punto de que ahora rara vez contraigo un resfriado o una gripe y me siento fantástica para mi edad, porque he descubierto maneras de dejar que mi cuerpo funcione a un alto nivel de eficiencia. También me he relajado enormemente en mis expectativas sobre mí misma y quienes me rodean, porque he comprobado que podía disfrutar de la vida y no sólo controlarla. (También he dejado de intentar controlar tanto a mis hijas y a mi marido, lo cual ha mejorado infinitamente nuestras relaciones.)

Actualmente, los protocolos sencillos pero fiables que sigo en cuatro áreas importantes —dieta, yoga y ejercicio, meditación y el cuidado de mi entorno familiar— son las piedras angulares de mi vida. Sé que, cuando hago mi trabajo en todas ellas —por ejemplo, comiendo de un modo que me hace sentir estupendamente y liberándome de todo estrés mediante la contemplación silenciosa—, he hecho todo lo que he podido para cerciorarme de empezar y terminar el día sintiéndome tranquila y arraigada. Pase lo que pase entretanto, no puedo controlarlo: las facturas se acumulan, el trabajo se torna frenético, las hijas adolescentes tienen episodios de llanto, el síndrome premenstrual ataca, mi marido está de mal humor (de vez en cuando). Pero, cultivando la calma y el equilibrio en mi interior, puedo observar, escuchar y respirar antes de responder.

■ ■ ■

RESULTA CURIOSO que, durante las dos primeras décadas en que practicaba yoga, comía alimentos integrales y prestaba cierta atención a la energía de mi hogar, los escépticos se quejaban de que todo eso era demasiado excéntrico o *new age* para ellos. Bromeaban diciendo: «No soy el dueño de Birkenstocks; así que ¡llévate este tofu!» o «¡Deja de hablar del *feng shui* de tu cocina, hippy!». Hoy en día la gente sigue siendo igual de escéptica, pero por lo contrario. Estas prácticas sencillas han adquirido una imagen tan cursi que a menudo parecen fuera del alcance. Cada vez que una ve el yoga representado en los medios de comunicación, es tan prístino y perfecto que cree que sólo puede hacerlo si va vestida de Lycra blanca ajustada y tiene una piscina contracorriente. Análogamente, el movimiento a favor de la comida orgánica se ha puesto tan de moda que te perdonarán por pensar que lo haces bien sólo si tu idea de un tentempié rápido es una mezcla de remolachas pequeñas al menos en cuatro tonos distintos de rosa.

Yo no hago el «perro mirando hacia abajo» junto a una piscina contracorriente. A veces lo hago en mi dormitorio con la ventana abierta. Si estoy rodando una película, desenrollo mi esterilla y lo hago en una caravana pequeña (y apoyo los dedos de los pies contra el techo cuando hago el pino). Mi casa tampoco se parece a un templo zen. Para bien o para mal, está llena de color, gente y trozos de vida, entre ellos monopatines de adolescentes y cinco perros peludos. Y, aunque como grandes cantidades de verduras, hay un límite. Las mezclas están bastante desfasadas.

Mis prácticas básicas de estilo de vida son mis herramientas. Son pragmáticas y funcionales, y se ensucian por el uso diario.

Es importante saber apreciar el valor inestimable de estas prácticas. Por un lado, no son herramientas sofisticadas ni prohibitivas. Caminar, hacer yoga, permanecer en silencio, cocinar comida sana, proporcionar cordialidad y comodidad a tu hogar... son cosas sencillas que salen gratis o tienen un coste razonable, y no hay que ir lejos para llevarlas a cabo.

Pero existe otro motivo para integrar estas herramientas en la vida cotidiana. Cada vez que nos volvemos demasiado celosas de nuestro viaje hacia la salud y el equilibrio y empezamos a pensar que debemos ser 100% puras en todo lo que hacemos, caemos en una trampa peligrosa. Empezamos a pensar que debemos aspirar a la perfección. Sin embargo, lo primero que debe saber sobre todo esto es: «¡Rechace la perfección!» Ni usted ni yo ni el practicante de yoga más avanzado ni un swami espiritual la alcanzaremos jamás. ¿Y por qué deberíamos alcanzarla? Garantizo que lo que hoy resulta perfecto seguramente no lo será mañana porque para todo el mundo, pero especialmente para las mujeres, nuestras circunstancias, nuestro cuerpo, nuestras energías y nuestros intereses cambian constantemente. (Si no está de acuerdo en eso, trate de hacer un entrenamiento duro y sudoroso ese día del mes en que se siente frágil y llorosa por el síndrome premenstrual y venga a contármelo.)

Además, la vida de la mayoría de las mujeres viene con limitaciones impuestas. ¿Quién tiene tiempo para una caminata de noventa minutos cinco veces por semana, horas de reflexión espiritual, un empleo a tiempo completo, preparar su comida y la de todos los demás miembros de la familia si es usted madre, por no hablar de hacer la colada e ir a llevar y recoger los niños al colegio? Si tratáramos de seguir al pie de la letra todas las directrices que vemos en esas revistas de yoga junto a la piscina contracorriente, terminaríamos tan quemadas y exhaustas como lo estábamos antes. El planteamiento «no-perfecto» es moderado, sin dejar de ser efectivo. Si afronta el ejercicio con una intención profunda y concentrada, *una sesión de veinte minutos resultará tan efectiva como una de cuarenta hecha con menos atención*. Se puede preparar un desayuno *increíblemente nutritivo* en el tiempo que tarda en hervir la tetera. Y, desde luego, no necesita sentarse en silencio durante treinta minutos para notar un cambio; *pruebe a sentarse durante tres*.

Las limitaciones pueden utilizarse en beneficio propio. Así usted aprende una buena aptitud para la vida: trabajar con lo que tiene y no preocuparse si no consigue exactamente lo que se proponía. Practicar el mantener la mente serena mientras dobla las sábanas es un tipo de meditación. Hacer ejercicio persiguiendo a los niños por la zona de recreo ya está bien: su cuerpo y su mente aún pueden experimentar cierta liberación. Las mujeres no siempre podemos permitirnos el lujo de parar el mundo para apearnos (aunque podemos aprender a ponerlo en pausa). En general, tenemos que mantenerlo en movimiento. Sabemos hacer funcionar nuestro mundo, y por eso resulta tan gratificante optar por hacerlo funcionar en paz.

Este planteamiento no-perfecto nos ayuda a estar libres de prejuicios, ser flexibles y curiosas. A experimentar y seguir probando cosas nuevas. ¿El mantra que hay que tener presente? Olvídese de alcanzar la perfección. Descubra lo que para usted es perfecto *hoy*.

■ ■ ■

NO HACE MUCHO, aparecí en *Larry King Live* para hablar sobre el legado del suicidio en una familia, un tema que conozco bastante bien. Varias veces durante el programa Larry dijo: «Tú eres la roca de tu familia.» Pensé en ello después; la gente me ha llamado muchas cosas, pero nunca «roca». Era un gran cumplido, porque siempre me he esforzado mucho en alcanzar ese sentido de fortaleza interior. De hecho, con la edad he tenido que esforzarme más que nunca.

Recuerdo creer que lo había conseguido cuando llegué a finales de la treintena. Había pasado por muchas cosas, pero tenía hechos los deberes; de modo que, al rondar la cuarentena, sin duda era el momento de dar carpetazo y dejarse llevar. ¡Mentira! Fue entonces cuando llegaron algunos de los episodios más difíciles. Mi marido combatió, y superó, un cáncer que puso su vida en peligro en dos ocasiones, sometiéndose a ocho operaciones en el proceso. Mi padre falleció cuando le diagnosticaron el cáncer a mi marido. Mis hijas pasaron por su etapa más difícil: la mitad de la adolescencia. Y yo he tenido que hacer frente a todas las cuestiones espinosas que cualquier mujer de mi edad afronta después de criar a dos hijas y ver que se acercan a la edad adulta, como preguntarme cómo volver a conectarme con mi feminidad. Por no hablar de abordar la cuestión de ser una mujer de más de cuarenta años en Hollywood, redefiniéndome a mí misma y mi carrera. Pero una y otra vez, cuando he tenido que hurgar en mis reservas de energía y tranquilidad, he encontrado lo que necesitaba.

Por eso sé con certeza que mis herramientas funcionan de verdad. Han sido puestas a dura prueba en los últimos años. Me han dado resultado en medio de la inquietud en casa, y me han funcionado en platós de cine remotos, donde constituye todo un reto llevar a la práctica cualquier rutina.

Complacida por cómo funcionan estas prácticas sobre el terreno y sorprendida por el interés que suscitan en otras personas, empecé a preguntarme: «¿Cómo puedo guiar a otros para que emprendan su propio viaje hacia una existencia más equilibrada y saludable? ¿Cómo puedo traducir lo que he aprendido con los años en un programa que pueda seguir cualquiera, no un régimen estricto y vinculante sino todo lo contrario, una investigación personal divertida?»

También me planteé cómo integrar distintas áreas de práctica —comida, ejercicio, silencio y hogar— en una vida entera. Porque, si bien existen montones de libros sobre cada uno de estos temas por separado, ninguno de ellos enseña al lector cómo unirlos todos.

Por eso escribí *La auténtica belleza*. Es un modo creativo de empezar a construir la vida mejor que usted quiere y revelar, así, su mejor lado. Juntas podemos explorar algunas opciones nuevas que la ayudarán a navegar por un mundo estresante sin tener que revisar todos los aspectos de su vida. En su lugar, introducirá cambios mucho más orgánicamente, descubriendo cómo algunas prácticas sencillas de un estilo de vida saludable pueden incorporarse a la atareada vida que ya tiene.

De forma más significativa, este libro es una guía para construir *su estilo de vida individualizado*. No soy una entendida en la vida de todo el mundo, sólo en la mía. El objetivo de este programa es ayudarla a conocer bien sus necesidades, sus gustos y sus intereses. En consecuencia, descubrirá sus propias herramientas. Su «perro mirando hacia abajo» no será idéntico al de nadie. Ninguna comida sabrá igual que la suya. Ningún dormitorio despertará las mismas sensaciones que el suyo. Y en esto consiste lo bueno de este programa. Cuando compruebe qué le da resultado y qué le gusta, en lugar de limitarse a seguir un montón de leyes dictadas por un libro, usted se demostrará a sí misma que la capacidad para la grandeza reside en su interior. Se capacitará.

Hacer cambios es un experimento, no una ciencia exacta. Es un arte, no un *howto*. Usted se convierte en la artífice de su propio viaje hacia el bienestar cuando atiende sus necesidades. Se convierte en la artista de su propia vida cuando descubre rutinas y rituales que reflejan quién es y qué cree. Se convierte, también, en la escultora de su propio cuerpo. Cuando come, se mueve y se comporta con una mayor conciencia de las necesidades de su cuerpo, se deshace naturalmente de los extras que ya no necesita: el peso baja, el cuerpo adopta su forma, el estrés abandona los músculos tensos, la piel resplandece y usted sonríe mucho más. La gente le preguntará: «¿Dónde está el secreto?»

Por supuesto, cuando se embarque en este viaje, le será útil tener un mapa. Por eso empezará con este programa de cuatro semanas, con ejercicios y rutinas que completar cada día y cada semana. Comprométase a hacerlos en este calendario durante las cuatro primeras semanas; podrá darles forma libre más adelante. Tener unas directrices que seguir al principio resulta útil, porque estamos *entrenando el cuerpo y la mente para que pruebe nuevas pautas y rompa con las viejas que ya no sirven.* Así es como asimilamos nuevos hábitos en nuestra vida. Así es como las nuevas conductas se adoptan sin pensar.

Dentro del programa, siempre tendrá opciones. Podrá elegir entre determinadas tareas cada día o semana, de modo que comienza la práctica de preguntarse: «¿Qué es perfecto para mí hoy?» También podrá repetir el programa un segundo período de treinta días, seleccionando las opciones que desechó la primera vez. O volver a coger el libro dentro de unos meses y hacerlo como recordatorio. Dondequiera que esté en su vida, el programa rápido de 30 días siempre podrá ayudarla a renovarse y recargarse cuando la vida se haya vuelto demasiado ocupada o complicada. Mi esperanza es que guarde el libro en su estante para consultarlo cada vez que necesite cierta inspiración o información. Considérelo un manual de persona íntegra, una guía de recursos para su vida saludable y equilibrada.

Cuando empiece, tómese un momento para establecer contacto con su actitud. Recuerde que este programa no pretende cambiar su vida por completo; trata de ayudarla a sacar el máximo partido de la vida que tiene: más salud, más paz, más placer. Así pues, convierta su vida en un laboratorio de pruebas durante cuatro semanas. Intente algunas cosas nuevas, pruébelas y vea por sí misma cómo hacen que se sienta. Es así de fácil. Sea curiosa, ¡sea juguetona! Use este programa como una oportunidad para renovarse. No se adhiera a la misma rutina todos los días, no coma los mismos alimentos a diario, altere sus hábitos, tuerza las cosas un poquito, vuélvase cabeza abajo, haga una posición de yoga que no haya hecho antes, piense en algo en lo que no ha pensado durante años. Si puede llevar a la práctica este carácter juguetón y esta curiosidad, es que ha tomado el camino correcto.

■ ■ ■

RECUERDE que este programa *no* pretende convertirla en una experta en estas cuatro áreas. Una vida equilibrada no proviene de ser un sabelotodo sobre todos los matices del yoga Ashtanga. Más bien proviene de saber qué necesita para poder seguir aprendiendo y evolucionando durante los meses y años venideros. Por eso insisto en que se haga preguntas. El proyecto de construir un estilo de vida equilibrado y mejor se basa en el conocimiento de sí misma. Eso significa prestar atención a las pequeñas cosas momento a momento sin dejar de plantearse preguntas: «¿Por qué vuelvo a tener jaqueca? ¿Necesito comer algo nutritivo y dejar el té negro?» «¿Por qué estoy tan nerviosa? ¿Debo subir corriendo una montaña empinada y soltarlo todo?» «¿Por qué me siento intranquila en casa? ¿Tengo que pasar una tarde limpiando el desorden?» Éste es el enfoque contrario al típico libro de salud, que ofrece una solución estándar a todas las situaciones difíciles. Pero yo le garantizo que, con este hábito de observar y formularse preguntas, obtendrá resultados notables. A veces necesitará probar cosas distintas hasta que una funcione; por ejemplo, para ayudarla a encontrar una buena pauta de sueño o conseguir que su dieta dé buen resultado. Respondiendo a esas preguntas construirá su propio juego de herramientas.

La mayor parte de esta exploración la llevará al terreno emocional, lo cual es importante. El verdadero cambio requiere que consideremos críticamente nuestros hábitos actuales y evaluemos con ojo crítico si nuestras viejas formas de hacer las co-

El programa rápido de 30 días

Se llega a ser una persona mejor a través de la disciplina de atender a estas cuatro vías: comida, ejercicio, silencio y hogar. Examinaremos cada área por separado, y por el camino verá cómo se relacionan en un solo conjunto. Las decisiones que toma en un área sustentan las que toma en otra sin tener que pensar en ello.

Comida (aliméntese):

La comida le afecta física, mental y emocionalmente, y todo el mundo tiene necesidades alimenticias ligeramente distintas. Cuando aprenda lo que funciona para su cuerpo único y sepa integrar alimentos naturales y sabrosos en su dieta, utilizará la comida de un modo positivo para estimular su cuerpo y su mente y corregir los desequilibrios de peso, humor y energía.

Ejercicio (muévase):

El ejercicio es fundamental para sentirse mejor y tener un aspecto óptimo. No sólo lo utilizará para fortalecer y condicionar su cuerpo, sino también para intensificar su conciencia de cómo se siente en cuerpo, mente y espíritu. En este programa usaremos el yoga y la marcha para transformar no sólo su estado físico, sino también el mental y el emocional.

Silencio (observe):

Las máximas ventajas de la vida provienen de guardar silencio y tomarse tiempo para identificar cómo se siente interiormente. Cuando usted incluye reflexión silenciosa en su vida, disminuye la prisa, observa sus actos y entonces puede emprender cambios importantes con tranquilidad y claridad.

Hogar (recargue las pilas):

Es importante crear las condiciones para el éxito. Independientemente de dónde viva y cuánto posea, puede convertir su casa en un paraíso que sustente su búsqueda de una vida equilibrada, un lugar en el que pueda descansar y recargar las pilas, un espacio sagrado en el que reflexionar y sanar. Hacer esto no sólo aporta armonía a su propia existencia, sino que además fomenta interacciones armoniosas con su familia y amigos.

Cada uno de estos cuatro apartados consta de cuatro pasos que simplificarán estos temas complejos. Cada apartado le proporciona las semillas de nuevas prácticas: acciones factibles y sostenibles que cualquiera puede incorporar a su jornada. Va a descubrir cómo hacer las cosas de un modo distinto a como las hacía antes: comer, hacer ejercicio, ¡incluso respirar! Aunque ya sepa algo sobre dieta, yoga o modificar el ambiente de su hogar, comprométase a aprender un método nuevo durante unas semanas y esté dispuesta a ver los resultados.

sas todavía nos sirven. Lo único que a menudo impide poner en práctica hábitos mejores es nuestra actitud. Nos resistimos a librarnos de pautas que podrían mantenernos atrapadas porque son seguras y fiables, nos permiten actuar como autómatas. Este programa la animará a hacer frente a esas redes de seguridad y a deshacerse del piloto automático. Procure *no* seguir el hábito que sigue sin pensar (esa última taza de café para mantenerse despierta o esa tercera copa de vino para relajarse después de un día frenético), y luego limítese a ver cómo se siente.

A veces es en ese cambio sencillo donde empieza el cambio mayor: la constatación de que «podría elegir alguna otra cosa». Otras veces vemos con claridad que existen resortes emocionales que nos hacen tomar malas decisiones. Lo bueno de la observación y la autoexploración es que, cuando entendemos el resorte, podemos desarmarlo y con el tiempo olvidar que llegó a existir.

Para mí, esta exploración interior es el aspecto más importante del viaje. A veces, una nueva comida o un régimen de ejercicio que sigue durante unas semanas no es más que una tirita: un parche provisional aplicado a la superficie. Sin embargo, cuando se combinan nuevos hábitos de estilo de vida con el conocimiento y la aceptación de sí misma, la cambian por dentro.

Sé lo que es sentirse aprisionada por malos hábitos. O sentirse atascada en viejas pautas del pasado. Pero déjeme compartir algo con usted. Al final de esta frase, cierre el libro, déjelo caer sobre su regazo, descanse durante diez segundos y luego empiece a leer de nuevo.

Así de fácil es cambiar su vida. Las emociones, los malos hábitos y las viejas pautas no llevan pegamento; no están pegados ni clavados a usted. No son más que ideas. Si tenemos la sensación de que están adheridas a nosotros, es porque nos aferramos a ellas. Podemos decidir sencillamente abandonarlas.

Sólo le pido una cosa antes de que siga leyendo. Cuando decida comprometerse a hacer el programa de 30 días, por favor, comprométase también a ser indulgente consigo misma. Recuerde que nuestro objetivo es encontrar siempre el camino de regreso a un punto medio razonable. Nos entrenamos para hacer eso porque es así como nos mantenemos sanas. Me opongo a tomar grandes resoluciones, ya que siempre vienen cargadas de culpabilidad. Ser indulgente y moderada en lugar de intransigente con respecto a este programa significa que, si decide hacer meditación por la mañana y una mañana no da resultado, no renuncie a ello durante el resto del día. Todavía puede encontrar cinco minutos para sentarse en silencio antes de acostarse. Moderación significa crear una estructura para su jornada y al mismo tiempo perdonarse, ser consciente de todo lo que ocurre durante el día y aceptarlo. Con este propósito, lo único que le pido antes de embarcarse en el programa es que haga un contrato de amistad consigo misma.

Primer ejercicio:
Un contrato consigo misma

A lo largo del programa de 30 días, se le pedirá que se escriba a sí misma un e-mail semanal en el que pueda establecer sus intenciones para la semana siguiente, reflexionar sobre cómo se siente, observar qué le da resultado y qué no, y registrar los cambios que se produzcan. Anotar pensamientos hace que un viaje se vuelva real. La ayuda a aclarar su objetivo y sus progresos, y le puede servir como motivación más adelante, cuando eche la vista atrás y observe los cambios que ha realizado hasta entonces. Nadie más lo leerá, no hay notas ni una manera correcta o incorrecta de hacerlo. Sencillamente plasme los pensamientos que se le ocurren y manténgalos escondidos. Abajo figura el primer e-mail que debe escribir. Tecléelo, rellene los espacios en blanco y mándelo a una carpeta especialmente reservada en su buzón de entrada. Es posible que le haga sonreír, pero le pido que lo escriba de todos modos. Agregue todos los pensamientos adicionales que le pasen por la cabeza y luego mándeselo a sí misma. Este e-mail expone las intenciones de digna aceptación y cariño y amabilidad que considero parte del programa entero.

Yo, _____, acepto ser indulgente conmigo misma durante las cuatro semanas en las que siga estas sugerencias. Acepto darme prioridad. Tratarme con la compasión y paciencia con que trataría a una amiga íntima. Abandonar las duras críticas que me dirijo a mí misma cuando me miro al espejo, como algo malo o no soy perfecta en todo lo que hago. Durante cuatro semanas yo, _____, acepto actuar como si fuera mi mejor amiga. Si me sorprendo teniendo malos pensamientos sobre mí misma, prometo preguntarme: «¿Diría eso a mi mejor amiga?»

EMBARCARSE EN ESTE PROGRAMA puede hacer que otras personas se sorprendan. Quizá no todos sus familiares o amigos la apoyarán cuando coma alimentos nuevos, se dedique más tiempo a sí misma o cambie los viejos hábitos. Sus cambios podrían sugerirles cosas que ellos desearían hacer. Créame, puede resultar frustrante que usted quiera cambiar su vida y otras personas quieran que siga siendo la misma. Ármese de valentía suficiente para decir: «¿Sabes qué? Voy a ser distinta. Durante treinta días optaré por hacer las cosas de diferente manera. Puede que mi familia me mire extrañada. Puede que mis compañeros de trabajo me miren extrañados. Pero ¿a quién le importa?»

Quizá no la apoyen. Lo único que debe hacer es averiguar cuánto tiempo y espacio necesita cada día para realizar sus prácticas, luego fijar sus límites y ceñirse a ellos.

Esta tarea dista mucho de ser egoísta. Cuando una cuida de sí misma, puede cuidar mejor de los demás. Lo que usted haga para transformar su estilo de vida, sus hábitos y quizás incluso su conciencia irradiará y afectará a los que la rodean. No puede llevar a nadie más en su viaje, y desde luego no le aconsejo que proponga a su pareja, su esposo o sus hijos hacer lo que usted hace. Pero, en mi experiencia, una persona que realiza cambios altera profundamente las opciones del resto de la familia y cómo se sienten... aunque lleve algún tiempo.

Ahora inspire hondo y evalúe dónde está y qué quiere conseguir. Sepa que, en nuestra cultura de haz más, sé más, el hecho de que haya elegido este libro y esté interesada en introducir algunos pequeños cambios para sentirse mejor es más que suficiente. Sepa que, con una pequeña modificación en su jornada, puede cambiar cómo se siente. Sepa que un pequeño cambio le hará sentirse tan bien que eso inspirará el siguiente pequeño cambio. Sepa que, dentro de seis meses, se sentirá una persona completamente distinta. Tómese un momento para visualizar a esa persona. ¿Qué aspecto tiene? ¿Qué ha cambiado en su cuerpo, su energía y su actitud? Siéntase como ella, eche un vistazo a su mundo y adóptelo todo de ella. El viaje hacia esa persona comienza ya.

PRIMERA PARTE

Comida

Silencio

Ejercicio

Hogar

Comida

PREGUNTA: ¿HASTA QUÉ PUNTO LE GUSTA LA COMIDA RÁPIDA?

Piense si hace alguna vez cualquiera de las tres cosas siguientes. Luego pregúntese la próxima vez que se disponga a repetir el hábito: «¿Podría tomar una opción mejor, más cuidadosa y más tranquilizante?»

Escenario A. ¿Recalienta el café o el té que ha preparado horas antes?

Escenario B. ¿Elige un sándwich en la misma charcutería o establecimiento de comida rápida todos los días para almorzar?

Escenario C. ¿Utiliza el microondas para calentar comida por la noche?

¿PODRÍA...

A. ... tirar la bebida caliente sobrante después de tomarse su taza matutina y pasar con eso? Las tazas de café o té recalentado no son buenas. Procure preparar sólo la cantidad que necesite por la mañana. Más tarde, si le apetece una bebida caliente, pruebe a tomar agua caliente con limón.

B. ... reservarse unos siete minutos por la mañana para preparar su almuerzo y llevárselo? Introduzca el trozo de pescado o de pollo campero que cocinó la noche anterior en un recipiente como parte de una ensalada variada. No sólo controlará lo que come, sino que además se ahorrará esos siete minutos después, cuando no tenga que hacer cola, y dispondrá de más tiempo para almorzar tranquilamente.

C. ... vetar el microondas, por lo menos durante los treinta días en los que siga este programa? Ir más despacio tiene sus ventajas. En cuanto llegue a casa del trabajo, ponga su cena al horno a baja temperatura y vaya a bañarse o a ducharse. Cuando haya terminado, su comida estará caliente, no calentada deprisa y corriendo, y se sentirá mucho más tranquila mientras cena. Forma parte de convertir el acto de comer en algo un poco más sagrado.

CREAR EQUILIBRIO MEDIANTE LA COMIDA no tiene por qué suponer una revisión radical, una dieta de choque o una desintoxicación. Simplemente preste atención a las pequeñas cosas, y seguirá el buen camino hacia una mejor manera de comer.

■ ■ ■

ADQUIRIR UNA FORMA DE COMER equilibrada e integral ha sido uno de los mayores retos de mi vida. Me encanta la comida y, en igual medida, he detestado el modo en que me encanta la comida. He hecho de todo. He sido vegetariana, después vegana, más tarde una vegana que practicaba el arte restringido de combinar alimentos. He engullido hidratos de carbono sin grasa, luego alimentos libres de grasa y carbohidratos (básicamente, comía de todo con un alto contenido de aire), y en un momento dado juré fidelidad al alimento líquido, y sólo líquido, durante las horas diurnas. (Ése fue un período extraño.) Requirió muchas pruebas y todavía más errores durante mi adolescencia, la veintena y la treintena aprender a comer bien sin obsesionarme y sin dejarme llevar por el pánico. O, dicho de otro modo, aprender a estar satisfecha con mi salud, no chiflada por ella.

La forma de comer sencilla, moderada e impactante que sigo en la actualidad me hace sentir estupendamente. Si bien antes consideraba la comida mi adversaria, algo que existía para hacerme tropezar y engordar o volverme adicta, ahora es mi aliada. La comida es el eje de mi bienestar físico, mental y emocional. Por ello considero que comer bien no sólo es la base de una vida equilibrada, sino también un modo pragmático de practicar el estar arraigada, ser consciente y conocerse a sí misma.

Puede que esto le sorprenda, porque a menudo se pasa por alto la fuerza positiva de la comida. De hecho, en la actualidad casi suena extraño decir que la comida puede ayudarla activamente a tomarse las cosas con más calma y encontrar la tranquilidad. Cuando mira a su alrededor a todo lo que le ofrecen, ¿no tiene a veces la sensación de que es la emoción lo que cuenta? Todo es cuestión de grandes sabores: ¡gustos excitantes que la dejan alucinada! Entrega rápida: conecte con alimentos y bebidas para llevar, instantáneos y de alto contenido en octanos... ¡y experimente el subidón! Grandes promesas: ¡coma esto y pierda cinco kilos en veinte días! Aunque no sea una entusiasta de las comidas fáciles de preparar y precocinadas, lo más probable es que piense: «¿Qué es más rápido?» a la hora de pedir comida fuera o prepararla en casa.

Sin embargo, cuando se resista a la tentación de acelerar y se conceda un poco más de tiempo para pensar en lo que come, podrá efectuar cambios que la llevarán a la forma de comer saludable y equilibrada que busca. Puede reprogramarse para obtener mayor satisfacción de la comida en lugar de querer más constantemente. Puede usar la comida para alimentar, nutrir y sanar; puede estimular su metabolismo para que se libere del exceso de peso y revelar su mejor silueta. Sienta curiosidad por cómo la comida afecta a su cuerpo y su mente, y abra la puerta a una manera completamente nueva de utilizarla. Hoy en día, cada vez que preparo una comida o elijo el plato de una carta, tomo una opción deliberada. Me pregunto: «¿Cómo usaré hoy la comida para que me haga sentir estupendamente?» Es una posición de privilegio. Yo elijo la comida en lugar de que ella me elija a mí.

Por eso comer es un punto de partida excelente para iniciar este programa. No sólo mejorar lo que come hará que se sienta mejor y tenga mejor aspecto, sino que además le dará acceso a las prácticas más sutiles que quiero compartir, como la observación y la introspección. Cuando usted empieza a indagar sobre comida, desarrolla la capacidad de conocerse de un modo mucho más profundo. «¿Por qué me siento como me siento?» «¿Qué cosas de mi pasado pueden propiciar mi conducta en el presente?» Formulando y contestando a sus propias preguntas, se vuelve a conectar con la maestra que lleva dentro, la parte de usted que es más lista de lo que cree.

■ ■ ■

EXISTEN MUCHAS BUENAS RAZONES para preocuparnos profundamente por lo que comemos. Estar bien alimentadas nos capacitará para resistir a la enfermedad, reducirá las posibilidades de contraer males degenerativos y retrasará el proceso de envejecimiento. (Sí, esto significa que nos saldrán menos arrugas comiendo bien.) Nos estabilizará emocionalmente y ayudará a nuestra mente a mantenerse despierta y despejada. Nos suministrará energía constante y uniforme de día y nos ayudará a dormir mejor de noche. Y, lo más importante, aportará nuevos niveles de placer y presencia a nuestras vidas.

Hay motivos aún mejores para ajustar su nutrición con unos pocos detalles a la medida de sus necesidades específicas. Cuando su forma de comer esté en equilibrio con sus necesidades físicas individuales, tal vez se sorprenderá de cómo las molestias leves empiezan a desaparecer, como problemas de piel, alergias o esa fastidiosa tendencia al mal humor hacia media tarde. Cuando el equilibrio no es el adecuado, puede que se sienta indispuesta en toda clase de aspectos: cansada y mustia incluso después de comer, irritable e hinchada, o aquejada de dolor de cabeza o estreñimiento, lo cual puede afectar a toda su perspectiva de la vida. También la mala comida, como veremos, puede llevarla a un ciclo de pensamientos negativos sobre sí misma.

Puesto que de todos modos tenemos que comer varias veces al día, modificar su forma de comer es una de las cosas más accesibles y gratificantes que puede hacer para controlar su aspecto y su estado.

Así pues, ¿por qué constituye un reto encontrar una forma de comer sencilla, moderada y efectiva? No es porque no nos preocupe la comida. En nuestra sociedad, estamos obsesionadas por ella. Pero principalmente estamos obsesionadas por cómo dejar de consumirla en tanta cantidad, no por cómo comer de modo inteligente.

Quizá se derive de un miedo a lo que no entendemos. Casi todas las semanas nos enteramos de un nuevo estudio científico: coma esto, evite aquello, ni se le ocurra mirar lo otro. Un bando dice: consuma mucha carne roja como sus antepasados cavernícolas, elimine todos los cereales y verá cómo se reduce su peso. El otro dice: coma vegetales tanto como sea posible, y huya corriendo, no andando, de cualquier producto animal. Un bando dice: coma como las francesas, ¡con nata entera y vino tinto! El otro dice: elija la comida japonesa, toda clase de pescado fresco y miso. Si empieza a buscar en Internet, no tardará en encontrar una sobrecarga de información: *lobbys* a favor de las grasas saturadas y *lobbys* a favor de los alimentos bajos en grasas; la facción pro chocolate y la antichocolate; los partidarios de la soja y sus detractores, todos ellos proclamando a bombo y platillo su autoridad absoluta.

Lo único en lo que todos ellos pueden estar de acuerdo es: si usted sigue mis reglas, ¡se transformará!

Tratar de recorrer los kilómetros de estantes de los supermercados puede resultar igualmente abrumador. Los productos procesados se disputan su dinero y tientan sus peores impulsos (por no hablar de los peores impulsos de los niños). A veces, las cajas relucientes y los envases llenos de colorido apelan a sus mejores instintos —esa parte de usted que en el fondo quiere tomar buenas opciones— afirmando que están «enriquecidos» o «reforzados», una argucia comercial que, seamos francas, hace bien poco por aclarar las cosas.

Entretanto, darse una vuelta por los establecimientos de alimentos saludables que proliferan por toda la nación puede hacer que se sienta como Dorothy en el camino dorado: deslumbrada, pero desorientada. Nuevos zumos de frutas de los que nunca había oído hablar anuncian sus altísimos niveles de antioxidantes; pero, una vez más, ¿qué es lo que hacen los antioxidantes? Pescado de piscifactoría se expone junto a pescado salvaje que cuesta el doble, pero ¿debo gastar ese dinero de más? Tanto el café orgánico como el no orgánico tienen un aroma delicioso; si es orgánico, ¿significa que es bueno para mí? (Desde luego, podría consultar a la dependienta; aunque, francamente, ¿quién quiere pasar por una zumbada con todas esas preguntas?)

El torrente de información puede hacer que todo el mundo esté demasiado confundido para tomar medidas. A menos que su verdadera pasión sea cocinar o leer sitios web sobre nutrición, seguramente terminará por cargar en su carrito casi los mismos artículos que la semana pasada... y el año pasado. ¿Y las insatisfacciones con cómo se siente o con su aspecto? Seguramente siguen siendo también las mismas. No es de extrañar que persista el mito de que comer sano es difícil.

La verdad es que *es* posible abrirse camino a través de la información más reciente y llegar a un nivel medio razonable: una forma de comer sencilla, asequible y agradable que se adapte a su cuerpo, temperamento y estilo de vida y le permita mantener un peso óptimo. Es posible comprar y preparar comida nutritiva sin tener un doctorado en el tema... y sin arruinarse. Y sé con seguridad que es posible suprimir cualquier miedo y repugnancia a la comida —si eso es lo que le ocurre a veces— y sustituirlos por placer y deleite. El truco consiste en digerir una cantidad razonable de la información objetiva que todos esos estudios y productos nuevos proporcionan, y luego intentar alcanzar un equilibrio entre su cabeza y no exactamente su corazón, sino algo más primario: su instinto visceral.

Por supuesto, los expertos en dietas, con sus ideas provocadoras, poseen cierta información crucial que compartir. Es evidente que la forma de comer en la América moderna es muy defectuosa, y las epidemias de obesidad, diabetes y otras enfermedades claramente vinculadas a la dieta no hacen más que empeorar. Todo el mundo podría verse beneficiado si entendiera el papel que la comida desempeña en la determinación de su salud a lo largo de la vida, y muchos de los libros y artículos que se publican cada mes son reveladores. Pero le advierto que no espere que el último libro dietético más vendido o el régimen de moda la transformen de arriba abajo. Si bien las teorías de esos libros pueden ser geniales, en la práctica suelen ser esas tiritas a las que me he referido antes: parches provisionales que no se adhieren por mucho tiempo.

¿Por qué no? Porque intentar seguir el régimen de otra persona cuesta muchísimo trabajo: la pone a una a la defensiva, la centra en la privación y hace que se esfuerce por no querer las cosas que siempre ha querido. Cuesta trabajo ponerlo en práctica en una vida ocupada e imperfecta en la que a veces no tiene más que elegir de la comida que ofrece el establecimiento donde almuerza y tomarse un respiro. Y desemboca en ese juego de yoyó emocional e interminable al que las mujeres juegan sin parar: criticarse a sí mismas, odiar su propio cuerpo, castigarse y, cuando dejan el régimen por un momento, levantar las manos y decir: «¿Lo ves? ¡Puedo hacerlo!» (La prueba está en las cifras: según la Asociación Nacional de Trastornos Alimenticios de Estados Unidos, un 45% de las mujeres siguen alguna dieta un día cualquiera, y un 95% de las personas que hacen dieta recuperan el peso que perdieron al cabo de uno a cinco años.)

Existe otra razón por la que creo que es prudente dejar de esperar que la dieta del mes la convierta en un dechado de salud. La anima a buscar constantemente fuera, en expertos, la información que debería obtener mirando en su interior. Usted puede establecer con bastante facilidad lo que debe y lo que no debe hacer cuando empiece a preguntarse cosas básicas y sencillas como: «¿Cómo me hace sentir esta comida?», «¿Soy más activa, más optimista cuando como esto varias veces por semana?», «¿Me siento perezosa y más pesada cuando este alimento forma parte de mi dieta diaria?». Como aprendí cuando por fin me libré de mi dependencia de expertos y consejeros, una gran parte de los conocimientos que necesitamos para crear un plan de comida viable y sostenible residen en nuestro interior, si empezamos a confiar en nosotras mismas.

Desarrollar sensibilidad a lo que le da resultado es la clave para crear lo que considero que es un «plan de equilibrio personal» en lo que a comida se refiere. Así es como los nuevos hábitos saludables se quedarán con usted a largo plazo: descubrir las cosas concretas que le hacen sentirse estupendamente en lugar de apuntarse a la última moda. Porque, aparte de algunas cosas obvias que debemos evitar porque son malas para todo el mundo —zamparse hamburguesas dobles con queso y patatas fritas extragrandes—, la verdad es que comer bien no se basa en seguir unas normas nutritivas estrictas y estándares o en que todo el mundo compre exactamente los mismos ingredientes para la cena. Se basa en sintonizar con la pregunta: «¿Qué es bueno para mí hoy?»

PREGUNTA: PARA MÍ, LA COMIDA ES:
    A.   Un placer sensorial que me aporta placer y deleite.
    B.   Una fuente energética utilitaria: me permite funcionar.
    C.   Un estabilizador emocional que me recompensa y me consuela.

PUEDE QUE HAYA ELEGIDO A, B y C. Pero volvamos al grano por un momento y empecemos por una idea muy básica.

    D.   La comida es una droga.

Desde mi punto de vista, la comida —por comida entendemos todo aquello que ingerimos, bebidas incluidas— es, en muchos aspectos, una droga. Puede causar un potente efecto químico en nuestro cuerpo y puede alterar profundamente nuestro estado emocional o conducta para bien o para mal. Y, como mucha gente sabe, puede ser también espantosamente adictiva. Sin embargo, son pocas las personas que consideran la comida una droga. Si bien damos por seguro que un analgésico o un ansiolítico tendrá algún efecto en nuestras sensaciones a los quince minutos de llevárnoslo a la boca, podemos ser extrañamente cortas de vista en cuanto al impacto de pienso corriente como comida y bebida.

¿Por qué subestimamos los efectos de lo que ingerimos? A veces se debe a que la retroalimentación no es demasiado rápida. La comida tiende a funcionar a un ritmo más lento que el Ibuprofeno, aun cuando a la larga induce cambios a un nivel más profundo. Por supuesto, algunas reacciones pueden ser igual de rápidas: piense en el impacto que recibe de un café expreso o chocolate negro. Comience a visualizar toda la comida que ingiere como algo que tiene un efecto químico y emocional en todo su cuerpo, en lugar de limitarse a saciar el hambre, y que la ayuda a sintonizar con el panorama más general de comida, humor y salud. Al igual que las píldoras de colores, la comida impone la obligación de utilizarla responsablemente. Cada vez que come, usted tiene la facultad de elegir algo que puede hacerla sentirse estupendamente o abatirla por completo.

Por eso la comida es lo primero en lo que pienso cuando estoy asustada. Me pregunto: «¿Qué he comido hoy?», y hago un breve inventario. Si coincide y creo que estoy bien alimentada, sólo entonces me planteo otros factores, como estrés familiar o la necesidad de hacer ejercicio físico o guardar un momento de silencio, y así desembrollo lentamente el origen de las malas sensaciones. Si me doy cuenta de que mi ingestión de comida ha sido deficiente, puedo remediarlo con algo que me nutra.

Entender el poder fundamental de la comida es la clave para utilizarla de un modo equilibrado. Saber que *todo lo que come puede cambiar cómo se siente* la motivará a medida que experimente con algunas de las ideas contenidas en el componente comida del programa de 30 días. Primero, suprimirá todas las porquerías: esos alimentos y bebidas basura que pueden alterar su equilibrio, embotarle la mente y perjudicar su cuerpo o que sencillamente carecen de contenido nutritivo y roban espacio a comidas mejores. Segundo, conectará con las proporciones de macronutrientes —hidratos de carbono, proteínas y grasas— que debería haber en su plato para alimentar mejor su química corporal individual. Tercero, introducirá algunas «comidas que estimulan» en su dieta, cosas que he descubierto que aportan un gran valor nutritivo y que son relativamente sencillas de comprar y preparar de forma rutinaria. No se trata de consultar un libro de recetas cada noche, sino de disponer de algunas normas fáciles para que pueda vivir la vida. (Créame, yo como las mismas cosas la mayoría de los días, hasta el punto de que mi reto consiste en combinarlas un poco más.)

Y cuarto, tan importante como mirar qué come, pensará cómo y por qué come. ¿Está atrapada en determinados hábitos que obstaculizan el comer saludablemente? ¿Necesita conceder a las comidas mayor importancia y más tiempo? Para algunas personas —yo incluida—, comer viene envuelto en un historial emocional complejo. Nos hacemos un favor cuando nos desprendemos de algunas de esas capas y nos preguntamos: «¿Me estoy aferrando a antiguas creencias sobre la comida que ya no me sirven e impiden que realice algunos cambios muy sencillos?»

Dedicando algún tiempo a estas cuatro áreas, está creando un entorno interno y externo que hace que resulte más fácil dar con esa cualidad esquiva: moderación. Moderación significa tener una rutina alimenticia de «equilibrio personal» y saber qué le conviene, pero también desviarse de la rutina si las circunstancias lo requieren sin odiarse posteriormente. Comer con moderación significa también disfrutar de algunos pequeños lujos: obtener más satisfacción de exquisiteces de alta calidad, ingeridas con menor frecuencia, que de un torrente continuo de adictiva comida basura.

Este enfoque de «equilibrio personal» exige que cada persona asuma una mayor responsabilidad sobre su dieta. No es un parche radical. No hay ninguna promesa de perder tantos kilos en tantos meses ni ninguna garantía de tener un cuerpo digno de llevar biquini en junio. Se trata de construir una química corporal equilibrada y expectativas equilibradas de comida para que, a largo plazo, pueda desarrollar una forma de comer que no la abandone en momentos de estrés y que sea fácil de modificar a medida que vaya haciéndose mayor o las circunstancias de su vida cambien. Se trata de combinar información con intuición.

El cambio se produce de un modo orgánico. Cuando usted elimina parte de la pelusa procedente de las sustancias químicas tóxicas y la incertidumbre emocional, adopta un enfoque más racional con respecto a la comida. Puede empezar a oír su deseo natural de comida fresca, nutritiva y de temporada, y pierde el gusto por los productos procesados sosos que poco hacen por estimular su cuerpo. Los antojos pierden poder, y los instintos reguladores de su cuerpo —comer sólo cuando tiene hambre, dejar de comer cuando está llena— son capaces de cumplir su función. Recuerde que el cuerpo quiere mantenerse en equilibrio y que tiene la capacidad para regularse. Comprobará que cuando el «qué» come es adecuado para usted, el «cuánto» empieza a hacerse cargo de sí mismo. Trabajar hacia su equilibrio personal con comida puede suponer el fin de los regímenes de pérdida de peso... para siempre. Porque, cuando suministra a su cuerpo la cantidad adecuada de nutrientes que necesita para alcanzar un estado de salud óptima, permite a su cuerpo adquirir y mantener el peso saludable que corresponde a su constitución.

Me encanta experimentar con alimentos, porque sus efectos se manifiestan enseguida. De una comida a la siguiente, usted puede sentirse distinta: a veces mejor, a veces peor. Sea cual sea el resultado, capacita entender cómo *sus pequeñas opciones cotidianas pueden empezar a cambiar su vida.*

De hecho, creo tanto en el poder de los pequeños cambios enfocados que lo único en que vamos a trabajar al principio es en el desayuno. Nada más. No vamos a preocuparnos del almuerzo, la cena ni nada intermedio. Pasaremos la primera semana del programa rápido de 30 días viendo cómo pequeños cambios en la primera comida del día pueden hacernos sentir mejor.

La verdadera buena salud no es una condición meramente exenta de síntomas adversos. Es un estado de bienestar dinámico, que recuerda la exuberancia y la alegría de la niñez. Cuando su cuerpo funciona como le corresponde, debería experimentar una energía ilimitada todo el tiempo, una percepción nítida de su entorno, un estado emocional muy fuerte y positivo, y unas ganas naturales de vivir.

WILLIAM WOLCOTT, *La dieta metabólica*

Desarrolle su instinto básico

La nutrición puede parecer demasiado compleja. Hay en juego tantos factores —los múltiples tipos de grasas, azúcares y minerales, por ejemplo— que una puede tener la impresión de haberse perdido si no conoce todos los detalles. Pero éste no es el caso. Usted ya sabe más de lo que cree. ¿Quiere la prueba? Eche un vistazo a los siguientes pares de alimentos y deje que su instinto le diga qué opción generará energía fresca y limpia para su cuerpo y su mente.

1. Una tajada de pan blanco con mantequilla o un huevo orgánico pasado por agua, medio aguacate y un tomate.
2. Ensalada de rúcula con cuatro verduras y tofu a la parrilla o pollo frito con patatas fritas.
3. Un capuchino con nata batida y un bollito con chips de chocolate o anacardos crudos, una manzana Fuji orgánica y té verde.

Puede parecer un ejercicio de guardería, pero fíjese en cómo, sin tener que pensarlo demasiado, ha tenido la reacción inmediata de elegir los alimentos que sabía que serían limpios y edificantes al mismo tiempo que descartaba los que le resultarían indigestos (aunque sus deseos habituales trataran de decirle algo distinto). Este instinto tan elemental está ahí para servirle. A medida que aprenda a escucharlo más y a tomar decisiones instantáneas basadas en lo que éste le dice, comer bien será tan sencillo que con el tiempo lo hará sin pensar. (Si no ha tenido esta reacción inmediata, la tendrá en la semana 2 del programa.)

Pese al aluvión de nuevas tendencias e innovaciones que circulan por el mundo de la nutrición, no olvide que encontrará su camino hacia el buen comer usando el sentido común porque, bajo toda la ciencia ostentosa, los conceptos fundamentales nunca cambian. Usted ingiere alimentos porque necesita la energía y los nutrientes vitales para vivir. Los alimentos naturales que están más cerca de su estado vivo suministran la mayor energía vital, mientras que los productos alimenticios que distan mucho de su estado original tienen menos. Es una pregunta sencilla que debe tener en cuenta cuando tome elecciones: «¿Tiene esto el aspecto que la naturaleza le confirió?» Si los componentes de la comida o el tentempié que tiene delante han pasado por varios procesos para llegar de la tierra a su plato —refinados, procesados, hidrogenados, homogeneizados, coloreados, aumentados, etc.—, tienen menos energía vital que ofrecer.

Por irritante que resulte, el viejo tópico de «eres lo que comes» sigue siendo cierto. Si quiere estar limpia por dentro, tener la mente despejada y el espíritu vibrante, debe elegir alimentos que procedan de suelos limpios, agua limpia y animales tranquilos (en la medida de lo posible). Debe elegir aquello que parezca estallar de color, sabor y aroma naturales.

Empiece a mirar todas las comidas que compra o pide con esta frase en mente —«Soy lo que como»— y se sorprenderá de hasta qué punto su instinto natural empieza a hablar más alto.

En el núcleo del programa de 30 días, y es de esperar que durante el resto de su vida, hay un compromiso de comer de manera integral. Ésa es mi palabra clave para designar alimentos integrales y saludables que ofrecen la mejor energía posible a todo nuestro ser: nuestro cuerpo y nuestra mente. «Alimentos integrales» significa simplemente alimentos que están más cerca de su estado original, sin refinar, procesar o alterar químicamente. Contienen todos los nutrientes para su óptima asimilación por parte de nuestro cuerpo, y comerlos nos asegura la máxima cantidad de nutrientes que la comida puede ofrecer.

(A la pregunta de si puede comer lo que quiera y luego ingerir algunas pastillas vitamínicas para compensar, la respuesta es rotundamente no. Se obtienen más vitaminas y minerales de alimentos integrales en su estado natural porque muchos de esos nutrientes existen en su forma de alimento integral como un paquete entero, con cofactores importantes que permiten al cuerpo absorberlos. Hablaremos de suplementos más adelante; por el momento, sepa que no existe ninguna buena razón para engañar a su comida.)

Ejercicio: Compruebe las estadísticas vitales de su comida

Sólo un 46% de las comidas americanas contienen un producto fresco. Aún más espeluznante: tan sólo cinco años atrás, un 90% del dinero invertido en comida se gastó en alimentos procesados. Esto significa mucha comida en latas, cajas y recipientes envasados al vacío que entra en nuestro cuerpo. Piense por un momento en lo que hay en su despensa, su nevera y su congelador. Una buena prueba consiste en comprobar cuántos de esos artículos caducarán en los diez días siguientes. ¿Cuántos podrían estar allí dentro de un mes, o tres... o seis? (Pista rápida: si muchas cosas tienen fecha de caducidad para dentro de dos meses, o en el caso de comida congelada, si pasó por varias etapas de procesamiento antes de congelarse, sus reservas de energía vital caerán en picado.) Siguiendo este programa, eliminaremos todos los alimentos flojos y empezaremos a sustituirlos por comida sustanciosa.

Los desequilibrios

¿Cuál es la mayor amenaza para la salud que afrontamos hoy? La desnutrición. Parece irónico, dado que consumimos más calorías per cápita que nunca en la historia. Pero hemos estado funcionando sobre algunas ideas erróneas acerca del peso y la salud al tiempo que nuestro acceso a comida barata ha aumentado. La consecuencia es que hoy en día consumimos muchos más cereales e hidratos de carbono complejos de los que nuestro cuerpo puede procesar y hemos abandonado las grasas saturadas naturales, que son imprescindibles en cantidades *moderadas*, a cambio de las grasas industrializadas e hidrogenadas que nuestro cuerpo no está preparado para consumir. La consecuencia es que, en incrementos minúsculos, nos hemos ido abriendo camino hacia niveles de salud por debajo de la media.

La desnutrición proviene de la mala información acerca de qué perjudica y qué sana. Usted puede estar desnutrida comiendo en exceso: consumiendo demasiada comida equivocada y demasiado poca de la que estimula. También puede estar desnutrida comiendo de manera insuficiente, desde luego. Y quizá lo más sorprendente de todo es que puede estar desnutrida manteniéndose en la zona media del espectro. Por increíble que parezca, a la mayoría que se encuentra entre los dos extremos ni siquiera el mero hecho de seguir la pirámide alimentaria la alimentará lo suficiente, y la hará más propensa a la enfermedad, el aumento de peso y el agotamiento energético.

Éstos son los desequilibrios comunes que se corregirán cuando empiece a seguir los consejos de este programa. Aprenderá más sobre cada uno de ellos a medida que siga leyendo y descubra qué alternativas hay que pueden elevar su vitalidad y bienestar a niveles nuevos. Pero téngalos presentes cuando empiece a pensar en lo que come cada día. La simple corrección de algunos de estos desequilibrios supondrá un cambio enorme en su aspecto y en cómo se siente.

Los 7 errores principales de la dieta moderna:

1. Demasiado azúcar de alimentos azucarados, cereales y féculas.
2. Insuficiente comida «natural» densa en nutrientes.
3. Insuficiente agua.
4. Demasiada grasa mala, insuficientes grasas buenas.
5. Pocas bacterias saludables para sustentar la salud intestinal e inmunitaria.
6. Demasiadas sustancias químicas de conservantes, pesticidas y potenciadores del sabor.
7. Olvidar que comer es un acto de autoalimentación y comportarse como si sólo fuera una necesidad fastidiosa.

Los sellos de la filosofía alimentaria de 30 días

- **LENTA:** evite las comidas fáciles de preparar, renuncie a comer «a la carrera» y opte por alimentos sencillos, no instantáneos.
- **BONDADOSA:** actúe con una actitud de aceptación, sin pánico; permítase disfrutar de algún capricho.
- **MODERADA:** póngase como objetivo un terreno medio sostenible en el que la comida de buena calidad sirva a su cuerpo y la complazca.

Paso 1

Elimine las porquerías

PREGUNTA: ¿CUÁL DE LAS SIGUIENTES SITUACIONES HA EXPERIMENTADO?

- Ha tomado un montón de golosinas azucaradas, quizá durante la época de vacaciones, y tiene esa sensación de tensión, un zumbido en la cabeza y el cuerpo perezoso y pesado.
- No sabe si ahora le apetece tomar comida de verdad; quizá se salte la cena.
- Ha cenado comida china para llevar, o quizás ha elegido una comida rápida y un refresco, y ahora tiene un ligero dolor de cabeza y una sensación de sed y picor en el cuerpo. Se toma una aspirina.
- Ha bebido una taza de café cargado o té negro para estimularse para una tarde de trabajo que no le apetecía hacer. Durante un rato está muy despierta, pero luego se siente inexplicablemente cansada o deprimida.

EL PRIMER PASO para cimentar una mayor sensibilidad hacia nuestra comida consiste en filtrar algunas de las impurezas de nuestro organismo. De hecho, a esto se destina gran parte de la tarea de construcción de una buena dieta: limpiar el desorden, deshacerse de la basura innecesaria que sólo sirve para hacernos tropezar. Es como preparar un lienzo en blanco con el fin de que podamos ser creativas. Su entorno interior tiene que estar sereno y tranquilo para que observe con cierta efectividad cómo sus opciones alimentarias afectan a cómo se siente. Si hay muchos alimentos contaminantes y estimulantes en su organismo, usted experimenta una especie de ruido químico y cuesta trabajo encontrar esa paz.

Estos alimentos «ruidosos» tienen un impacto negativo en usted física y psicológicamente. Además, comerlos hace difícil que se nutra de las comidas saludables que necesita. Porque esas sustancias escandalosas suelen ser las que pegan fuerte y tienen mucho sabor, ahogan los mensajes sutiles que su cuerpo le envía sobre qué, cuándo y cuánto comer, y provocan una especie de falsa satisfacción. Cuando usted está llena de azúcar o su apetito es suprimido por la cafeína, se desvía de la comida nutritiva, contribuyendo así a la desnutrición.

La auténtica belleza

Los alimentos «ruidosos» pueden ser lo primero que nos desequilibra porque, dicho sin rodeos, pueden hacernos sentir deprimidas. Es fácil identificar cuándo ve un ejemplo extremo, como esa amiga que está deprimida pero siempre se aferra a un vaso de plástico con café y fuma cigarrillos. De algún modo, en distintos momentos de nuestra jornada o semana, todas tomamos malas opciones. Yo lo veía en mis hijas adolescentes. Aunque comían bien la mayor parte del tiempo, de tarde en tarde una de ellas tocaba fondo, estaba abatida y era incapaz de sacar provecho de su vida. Le preguntaba qué había comido hasta entonces ese día, e inevitablemente la respuesta era «café y una magdalena». O una bolsa gigante de frutos secos cargados de sal, azúcar y conservantes. No sólo se alimentaba de porquerías con sus decisiones, sino que además se privaba de los nutrientes beneficiosos que podrían ayudar a crear un vínculo de la nada. ¿Mi consejo materno? «Ve a comerte un huevo duro y unas lonchas de pavo para obtener proteínas ahora mismo.» Si puede eliminar el ruido sin sentido de su organismo, detendrá mucha negatividad. (Y si se está planteando tomar medicación ansiolítica para una depresión o una ansiedad moderadas, o incluso somníferos para que la ayuden a relajarse, le incumbe primero echar una mirada seria a su dieta y eliminar las porquerías.)

No tiene que ser una fanática cuando se trata de reducir los alimentos «ruidosos». Lo más probable es que intentar ser combativa y eliminar de golpe todo aquello que puede tener efectos negativos provoque frustración y sensaciones de fracaso, no de éxito. Lo único que debe hacer es acceder a experimentar durante este período de cuatro semanas. ¿Qué sensación le provoca limitar la cafeína o sustituir todos esos tentempiés salados por fruta? ¿Estaría dispuesta a recortar las golosinas azucaradas? Limítese a observar cómo se siente sin esos alimentos y bebidas sobreestimulantes o excitantes en su cuerpo. No sólo volverá a tomar contacto con las regulaciones y los límites naturales del cuerpo para que tomar comidas equilibradas le resulte más fácil, sino que además estará bien provista para el éxito con la comida y con todos los demás aspectos de su estilo de vida.

¿Significa todo esto que nunca más debe volver a comer chocolate blanco y donuts? Algunos, como mi amigo el experto en nutrición Ron Rosedale, sí ven la dieta en este sentido estricto. Yo creo que no es tan simple. Creo que todo está en el planeta por algún motivo. ¿De qué sirve comer si no obtiene placer, deleite y diversión de la comida? Si tiene una chuchería favorita, manténgala en su vida. Pero estamos trabajando para llegar al terreno de la moderación. A la cuarta semana de este programa, habrá limpiado su dieta considerablemente y tendrá una pizarra más limpia. Entonces podrá volver a añadir algunos de esos deleites de vez en cuando y apreciarlos en dosis pequeñas y eficaces.

¿QUÉ ES COMIDA «RUIDOSA»?

Puede disminuir la tensión acumulada sobre su cuerpo reduciendo su ingestión de los tres contaminantes principales: azúcares, sustancias químicas y cafeína. Si hace sólo una cosa, limitar los alimentos que la excitan, producirá cambios sorprendentemente grandes en su aspecto y en cómo se siente. ¿Por qué los considero «ruidosos»? Porque perturban la calma interior que puede encontrar cuando sigue una dieta limpia y silenciosa. Esto remite a la idea de comida como droga. Piense en la comida como una potente sustancia química que, una vez ingerida, entra en la circulación sanguínea y hace que la actividad discurra por todo nuestro cuerpo, cerebro incluido. Algunos alimentos, especialmente los integrales, que han pasado por procesos mínimos en el viaje de la tierra a su plato, se filtran lenta y discretamente en el flujo sanguíneo y siguen cumpliendo la función de nutrición que la naturaleza pretendía. Otras sustancias, habitualmente las que han sido refinadas y desplazadas varios pasos de su estado original, entran arrasando, turbando la paz y obligando al cuerpo a reaccionar con urgencia para mantener bajo control los niveles de azúcar en sangre y las hormonas.

Muchas veces no son sustancias para las que nuestro cuerpo ha evolucionado, durante millones de años, para usarlas como combustible. Los primeros humanos no se alimentaban de aceites hidrogenados, de glutamato monosódico ni, en realidad, de rebanadas esponjosas de pan de molde. En cuanto al azúcar y la cafeína, pueden ser sustancias que se dan en la naturaleza, pero las formas y las cantidades en que las ingerimos no son naturales. Tomar estos alimentos insta a su cuerpo a situarse en modo de emergencia para mantener los sutiles altibajos de las funciones corporales en equilibrio. Se liberan hormonas para retrasar el flujo de azúcar en la sangre. El hígado empieza a funcionar a toda marcha para procesar sustancias químicas como colorantes o conservantes. No es extraño que tenga la sensación de ir montada en una montaña rusa de energía elevada y humor deprimido después de comer alimentos ruidosos: todo se revuelve por dentro mientras su cuerpo trata de limpiar el vertido.

Si esta carga tóxica aumenta porque ingiere un suministro constante de azúcar, cafeína o alimentos muy procesados, entonces su mecanismo natural de equilibrio se altera, sus centros de desintoxicación trabajan en exceso y su metabolismo —el sistema que convierte eficientemente la comida en energía y mantiene su peso regulado— se desorienta por completo.

No es de extrañar que los alimentos que hacen más ruido suelan ser los más adictivos. Provocan reacciones intensas y excitantes: sabores fuertes, subidones y niveles máximos. Si no son adictivos, como mínimo sirven de apoyo: cosas a las que re-

Inflación del gusto

Otra buena razón para eliminar las porquerías y avanzar hacia una dieta más sencilla y más natural: se obtiene mucho mayor placer de la comida. ¿Por qué? Porque el consumo habitual de alimentos con niveles artificialmente elevados de azúcar y sal, con aditivos como el glutamato monosódico para que todo pegue fuerte, o con cualquier tipo de combinación de sabores artificiales (piense en las extrañas uniones de sabores que se encuentran en las patatas fritas, salsas y golosinas procesadas), embota la sensibilidad de sus papilas gustativas y cambia sus expectativas de cómo debería saber la comida. Los gustos dulces, salados y grasos son las atronadoras notas bajas de un sabor, y pueden anular sensaciones más sutiles. Cuando su dieta está llena de esos extremos, usted pierde la capacidad de registrar sabores más sutiles, como el dulzor de un arándano o la delicadeza de un melocotón de verdad en lugar de té helado con sabor a melocotón. Ésa es la razón por la que la gente se queja a veces: «¡La comida sana es aburrida!» No es que la comida sea aburrida, sino que su capacidad para percibir sabores más sutiles ha desaparecido.

Deshágase de parte de las porquerías —el azúcar, la sal, los falsos aditivos alimenticios y las asquerosas grasas de los alimentos fritos— y su capacidad de saborear volverá a ajustarse a como correspondería. Al principio, puede parecer que los alimentos carecen de dulzor o salinidad. Pero a corto plazo, a medida que siga una dieta más diversa, nuevos sabores, aromas y texturas se manifiestan en su lengua. Se efectúa una poderosa transformación: usted empieza a querer cada vez menos alimentos malos hasta que casi llega a olvidar que le gustaban. Mi marido es un buen ejemplo. Fue adicto a la comida basura durante la mayor parte de su vida. Le gustaban los bollos, la pizza y las patatas fritas, y se burlaba de mis verduras. Cuando el cáncer le obligó a replantearse su dieta y sus hábitos, lo que también incluía altos niveles de estrés y algunos cigarrillos, se pasó a mi forma de comer. No tardó en obrarse el prodigio: sus papilas gustativas se reavivaron y empezaron a gustarle los sabores y aromas de alimentos mejores. Hoy se pirra por mis batidos de fruta. Constata que las bayas frescas son extraordinariamente dulces. Le encantan esas delicias sutilmente dulces y auténticas. Créame, si sus papilas gustativas pudieron transformarse, podrán hacerlo las de cualquiera.

currir para espabilar al instante su humor o proporcionar un consuelo placentero y sedante. Los alimentos «ruidosos» tienen un fuerte efecto químico y emocional porque, como una droga, actúan rápidamente para cambiar cómo se siente. Pero su ayuda es engañosa. Así como tomar un calmante para curar un síntoma significa que usted no se detiene a pensar en la causa original del dolor, utilizar estos alimentos de

Los 7 alimentos «ruidosos» más comunes

- té o café
- alcohol
- chocolate
- pan o productos de bollería
- galletas saladas o chips
- caramelos con sabor a fruta, pastillas de menta, chicle
- helado

acción rápida puede amortiguar cualquier desequilibrio oculto. En lugar de preguntarse: «¿Qué se ha desequilibrado en mi dieta para estar decaída a las cuatro de la tarde?», se toma un café con leche doble. En vez de plantearse: «¿Qué se ha desequilibrado en mi dieta para que se me antoje azúcar incluso después de una comida completa?», o incluso: «¿Por qué mis papilas gustativas anhelan comida rápida salada y con sabor a queso?», se come un tentempié que le aporta un rápido alivio. De este modo evita llegar al origen de un *desequilibrio que puede rectificar comiendo con inteligencia.*

Por eso puede plantear todo un reto abandonar el hábito de ciertos alimentos y bebidas. Se convierten en un apoyo del que usted depende demasiado. Hasta que baje activamente el volumen reduciendo su ingestión de esos alimentos (y sustituyéndolos por otros nutricionalmente ricos), permanecerá alejada de las regulaciones naturales que la mantienen equilibrada.

No obstante, las recompensas son grandes porque tranquilizarse por dentro es el primer paso hacia la aceptación de una misma. Como he comprobado por experiencia propia, si logra crear un estado de calma química interna, podrá empezar a relajarse y tratarse más amablemente. Será capaz de observar su vida desde un sitio tranquilo y razonable e introducir cambios que le apoyen en lugar de sumirse en esos temores en los que los pensamientos contraproducentes la mantienen atrapada, ya sea odiar su cuerpo, odiar su vida o criticar cada pequeño esfuerzo que haga para cambiar. Cuando tenga paz dentro de su cuerpo en el nivel más básico, estará poniendo los cimientos para un estado de ánimo mucho más positivo.

Escuche el «ruido»

Coma deliberadamente un alimento «ruidoso». Pueden ser unos trozos de chocolate negro fuerte (pruebe el elaborado con más de un 70% de cacao), una taza de café expreso o quizás incluso una bolsa de chips con sabores. Concédase un espacio de veinte minutos después de tomarlo para estar en silencio e introspectiva —mientras lee, conduce de camino al trabajo o prepara la cena— y compruebe el efecto químico en su cuerpo y mente. ¿Ha aumentado su ritmo cardíaco? ¿Nota una oleada de adrenalina? ¿Una sensación de dicha? ¿Siente un zumbido dentro de su cabeza? ¿Se siente más concentrada? ¿Nerviosa? ¿Excitada? Advierta las sensaciones durante los veinte minutos. Luego vuelva a examinarse al cabo de una hora para ver qué ha cambiado. Estas sensaciones físicas y mentales son aquello a lo que me refiero cuando hablo de ruido. Ahora que puede oírlo a partir de experiencias alimenticias extremas, empiece a sintonizar con él en todo lo que coma.

ELIMINE LAS PORQUERÍAS
1. REDUZCA SU INGESTIÓN DE AZÚCAR

Un nivel sostenido de ingestión de azúcar no sólo imposibilita perder peso, sino que también puede favorecer toda clase de problemas de salud, desde diabetes y cáncer hasta enfermedades cardíacas. Cualquier tipo de azúcar hace que la glucosa en sangre (azúcar en la sangre) se dispare en un torrente de azúcar y posteriormente caiga en picado, para desestabilizar con ello su energía y su humor.

¿Se ha fijado alguna vez en que, cuando sale a colación el tema del azúcar, siempre hay quien dice con orgullo: «Yo no tomo nada de azúcar»? Resulta siempre divertido preguntar a esas personas qué desayunaron. Pueden responder: «Cereales orgánicos, media magdalena y un zumo de naranja con zanahoria.» O pregúnteles qué almorzaron: «Arroz con alubias casero.» Siento decir que la broma la pagan ellas. Todas estas cosas que han mencionado son básicamente bombas de azúcar que estallan al poco de aterrizar en el estómago. El hecho de que no tomen caramelos ni barras de dulce de azúcar, o viertan cucharillas bien colmadas de azúcar blanco de mesa en su café o té es bueno, pero no basta para darles derecho a afirmar que no consumen azúcar.

La siguiente persona puede decir no a pastelitos escarchados pero tomar bebidas como zumo de fruta, refrescos y té helado con sabores a lo largo del día. Esta persona actúa sin pensar. Hay considerable azúcar en todo eso en forma de fructosa natural (en el zumo de fruta pura) o jarabe de maíz con alto contenido en fructosa, muy procesado y perjudicial (en los refrescos y el té, a menos que incluyan edulcorante artificial, que también conlleva sus peligros, como ya veremos). ¿Y qué significa que la dieta media incluya grandes cantidades de pan, patatas y arroz? También estas cosas se convertirán rápidamente en azúcar en su sangre, lo cual puede no ser un problema si su metabolismo funciona con rapidez y eficiencia y puede quemarlo, pero echará por la borda las ilusiones de adelgazar si tiene algo de sobrepeso.

En cuanto averigüe dónde acecha el azúcar en la comida y se esfuerce por eliminar el exceso, dará un respiro a todo su cuerpo. *Manteniendo sus niveles de azúcar en sangre bajos y uniformes*, en lugar de altos y bajos como una montaña rusa, su metabolismo puede sanar y empezar a trabajar con mayor eficiencia. Usted se mantiene sensible a los mecanismos de equilibrio hormonal que regulan el peso (y la protegen contra la diabetes). Eso evita algunos de los problemas graves que pueden ocurrir cuando un nivel elevado de azúcar en sangre provoca su reacción incendiaria perjudicial, como un sistema inmunitario deprimido, deficiencias minerales cruciales o dificultades en la absorción de minerales de los alimentos y trastornos gastrointestinales. El azúcar alimenta también las células cancerosas, que se multiplican más deprisa cuando disponen de él, y se ha asociado con las causas de determinados cánceres, entre ellos los de mama, ovarios y páncreas. Si esto no basta para inspirar un recorte, ¿qué me dice del hecho de que el azúcar causa arrugas y manchas de envejecimiento? De un modo muy parecido a como el azúcar carameliza cuando se calienta en una sartén, el azúcar calentado dentro de su cuerpo cambiará de forma y causará un endurecimiento del colágeno de la piel. ¿Quiere evitar tener un aspecto apergaminado? Reduzca el consumo de azúcar.

> **CONSEJO.** Reducir el consumo de azúcar puede ayudar a aliviar la artrosis reumatoide y la candidiasis.

Fuentes de azúcar

La mayoría de la gente sabe que es mejor evitar el azúcar blanco de mesa refinado. Pero la confusión surge en torno a todas las demás formas que el azúcar puede adoptar. El único modo real de disminuir su consumo de azúcar consiste en abstenerse de añadir azúcar a sus comidas, evitando los alimentos que están hechos con cualquier tipo de derivado del azúcar y reduciendo la ingestión de alimentos que se convierten rápidamente en azúcar en la sangre.

Cinco maneras de recortar el consumo de azúcar

1. *Nunca endulce sus comidas o bebidas con azúcar de mesa.* Pruebe la hierba stevia, que es increíblemente dulce pero no un azúcar, y por lo tanto no tiene ningún efecto en su nivel de azúcar en sangre. Yo la uso en batidos de fruta y bebidas. Aunque puede parecer cara, una compra durará mucho tiempo porque basta una pizca para endulzar un ponche. Si el azúcar es menos refinado y viene en forma de azúcar moreno, de caña, turbinado, succinato, jarabe de arce o incluso miel, ¿es mejor? Se lo pondré fácil: no, no lo es. (Algunos de los nutrientes siguen intactos, pero el impacto negativo del azúcar todavía pesa mucho más que el valor positivo de algunas vitaminas.) Su cuerpo no dice: «Es un buen azúcar, me gusta.» Claro que la miel *cruda y sin filtrar* tiene cierto valor nutritivo, pero la mayoría la echamos en el té, que la cuece y la convierte en azúcar puro.

2. *Para cocinar al horno,* sustituya el azúcar por endulzantes naturales como el xilitol, que suena a sustancia química pero es en realidad corteza de abedul. (Véase el Índice de productos, al final de este libro, para buenas marcas.)

3. *Preste más atención a las etiquetas.* El azúcar acecha en muchos de los alimentos que compramos, entre ellos condimentos y entremeses salados.

- Fíjese en que los endulzantes más comúnmente utilizados en alimentos comerciales provienen del maíz, que es un vegetal con mucho azúcar. Si los ingredientes incluyen cosas como jarabe de maíz, fructosa, jarabe de maíz con alto contenido en fructosa, harina de maíz, dextrosa y maltodextrina, está comiendo y bebiendo azúcar. Empiece a mirar las etiquetas de ingredientes y a buscar palabras que terminen en «-osa» para detectar el azúcar.

- Desconfíe de todo lo «endulzado naturalmente». La miel, el jarabe de arroz y el jugo de caña son todo azúcar. El zumo de fruta concentrado empleado como endulzante es también poco más que jarabe de azúcar aromatizado. Modere el uso de mermeladas y gelatinas, o elimínelas del todo si es posible.

- Tenga cuidado con las bebidas. La fuente de gran parte de la ingestión de azúcar hoy en día son los refrescos. Trate de eliminarlos por completo, incluidos los bajos en calorías, que llevan falsos endulzantes químicos. Son adictivos; así pues, sea indulgente consigo misma mientras los saca paulatinamente de su dieta. Cuidado con las bebidas para deportistas, energéticas, vitamínicas y tés helados. Pueden ser peligrosamente ricos en azúcar. Fíjese en que las bebidas o los cócteles de frutas están casi siempre endulzados con jarabe de maíz rico en fructosa. Consulte siempre la etiqueta antes de comprar.

- Tenga cuidado con las llamadas barritas energéticas y las barritas de sustitución de comidas. Pueden aportar mucho más azúcar de lo que cree. Consulte los valores de hidratos de carbono y azúcar en el envoltorio. Sea siempre un poco escéptica con los alimentos que parecen saludables sólo por su nombre o el diseño del envase. Lo que realmente importa es su contenido.

CONSEJO. No sustituya el azúcar de verdad por endulzantes artificiales. Las sustancias químicas que se encuentran en la sacarina, el aspartamo y la sucralosa a menudo pueden ser peores que el propio azúcar. El aspartamo, por ejemplo, es una sustancia química que se ha vinculado a trastornos neurológicos, tumores cerebrales, problemas hepáticos y otras dolencias graves. Utilizar edulcorantes puede alterar el sistema de regulación del apetito del cuerpo, que está esperando un aumento del azúcar en sangre causado por el alimento dulce, pero sin recibir prueba alguna de que la alimentación esté ocurriendo. Envía mensajes para seguir comiendo más y más.

CONSEJO. Muchos productos usan la palabra natural en el envase; por lo general no tiene ningún sentido. Un producto «natural» podría estar endulzado con fruta rica en azúcar (la parte natural) y contener aditivos y conservantes. Evalúe los ingredientes por sí misma para determinar hasta qué punto le conviene.

4. *Vigile su ingestión de zumo de frutas puro.* Las frutas están repletas de muchos nutrientes valiosos, pero son altas en fructosa, una forma de azúcar. Los zumos de frutas han sido despojados de la fibra que habría retardado la absorción de azúcar en la sangre, por lo que queda un líquido con un alto contenido de azúcar. (Un vaso de 225 gramos de zumo puro contiene unas ocho cucharaditas de azúcar.) Además, la mayoría de los zumos que se venden en los comercios han sido pasteurizados, lo cual mata las enzimas vitales. Algunos zumos de frutas puros conservan gran valor si se consumen con moderación, ya que aportan una importante dosis de vitaminas y antioxidantes (éstos son sustancias que se dan en la naturaleza y protegen las células de daños que causan enfermedades y envejecimiento). Trate de incluir una pequeña cantidad —como una cucharada grande— de zumo puro de arándano, granada y la nueva «baya prodigio», *açaí* (de origen brasileño), en sus batidos de fruta. También puede usar zumo puro con moderación para dar sabor al agua:

trate de mezclar zumo de manzana sin filtrar con soda o agua normal. Pero evite tomar vasos grandes de zumo de naranja o de manzana cuando bastaría con agua.

Soy tan partidaria de eliminar el azúcar, que creo que si va a un establecimiento de zumos y pide un batido, es preferible comerse la pulpa fibrosa que queda a beber el zumo, que cuesta 5 dólares. Si eso le parece demasiado duro, una alternativa mejor es pedir un zumo vegetal en el que las plantas de hojas verdes igualen o superen la proporción de vegetales feculosos como zanahorias y remolachas. Obtendrá nutrientes importantes y el mínimo azúcar. Si exprime usted misma sus frutas y verduras, bébase el zumo enseguida, porque muchos de los nutrientes beneficiosos se pierden rápidamente al exprimirse.

5. *Reduzca su ingestión de cereales y féculas.* Seguramente el principal problema en la dieta americana moderna es la dependencia excesiva de alimentos hechos a partir de granos. Pan, cereales, crackers, galletas y pasteles, así como pasta y arroz, se han convertido en alimentos de primera necesidad. Los productos de cereal ocupan la parte más grande de la pirámide alimentaria oficial, un craso error por cuanto su consumo excesivo lleva a un tremendo aumento de peso. Segundo en gravedad: comer demasiadas féculas, principalmente patatas. Estos alimentos ricos en hidratos de carbono, sobre todo los cereales refinados —cuidado con la harina blanca y los granos molidos—, tienen un efecto parecido al del azúcar blanco normal. Puesto que su energía no puede almacenarse, los carbohidratos sobrantes no sólo se convierten en grasa, sino que además desestabilizan su energía y humor a corto plazo; con el tiempo, permitírselos puede ocasionar enfermedades y obesidad.

Los cereales son otra forma de decir azúcar. Su cuerpo no diferencia entre azúcar de mesa e hidratos de carbono, que se transforman en azúcar en la sangre. Su potente efecto químico en el cuerpo es lo que hace que los cereales refinados y las féculas sean tan ruidosos y tan difíciles de autorregular. Provocan un rápido aumento del azúcar en sangre, lo cual desencadena reacciones químicas en su cuerpo que pretenden compensar esa subida de azúcar. La hormona insulina se libera para controlar los daños, pero lo hace demasiado deprisa para proteger el cuerpo de esos ingredientes extremos y acaba por bajar demasiado los niveles de azúcar. Este flujo de insulina de emergencia explica por qué tantas personas experimentan dolores de hambre un par de horas después de comer alimentos altos en hidratos de carbono y entonces anhelan más azúcar. Causa el efecto montaña rusa: usted toma una comida rica en carbohidratos, nota un rápido impulso de energía y más tarde se siente cansada y deprimida y ansía una golosina. Satisfaga este antojo con una chocolatina, una tostada de cereal o un capuchino, y la montaña rusa vuelve a ponerse en marcha. Es como un minidrama continuo en el que la euforia da paso al pánico y viceversa. A la larga puede provocar una condición llamada resistencia a la insulina, que es una causa importante de obesidad y enfermedad, así como el escenario común de simplemente no ser capaz de perder esos kilos de más.

> **CONSEJO.** Recomiendo encarecidamente leer el libro de Ron Rosedale *The Rosedale Diet* para una explicación más profunda de la relación entre resistencia a la insulina y problemas de peso, especialmente si está lidiando con enfermedades crónicas o diabetes.

Los alimentos de cereales integrales se convierten en azúcar más despacio que los granos refinados y son, por tanto, una opción mucho mejor, porque no desencadenan la reacción extrema de montaña rusa; además, usted se beneficia de la fibra. Pero la verdad es que todos los cereales se transforman en azúcar y elevan los niveles de glucosa en sangre durante espacios de tiempo considerables. En consecuencia, todos los cereales consumidos en exceso le harán convertir su energía en grasa. Los efectos pueden ser graves: si mantiene un elevado nivel de «ruido» consumiendo muchos granos, féculas y otros azúcares, se volverá sorda a las señales hormonales que quieren mantenerla vital y delgada. Lo blanco es peor. En caso de duda, si está hecho de blanco —harina blanca, arroz blanco, azúcar blanco— tome una opción distinta. Deje de comprar alimentos hechos de harina blanca. Están desprovistos de nutrientes, y los aditivos que contienen pueden causar deficiencias vitamínicas.

■ ■ ■

MI RELACIÓN CON EL AZÚCAR ha sido interesante, por no decir otra cosa. Durante la primera parte de mi adolescencia, yo era muy alta y delgada para mi edad y siempre tenía hambre. Por más que comiera, nunca me sentía saciada. En las raras ocasiones en que mi familia comía fuera, me deprimía porque en un restaurante no puedes repetir. Llegaba a casa de la escuela y masticaba tentempiés durante horas. Interminables cuencos de All-Bran con zumo de naranja mientras miraba *One Life to Live* y *General Hospital* con mi mejor amiga, o un tallo de apio tras otro con manteca de cacahuete. Por supuesto, esa hambre incesante es de lo más natural cuando una crece hacia el metro setenta en los primeros años de la adolescencia. Pero me preocupaba. Por un lado, cuando siendo adolescente estás delgada y puedes comer mucho, todas las demás chicas te odian. Incluso mi propia hermana Margaux me odiaba. Ojalá su envidia no me hubiera afectado, porque marcó la comida con letras rojas indelebles que rezaban: «Vergüenza».

Más difícil resultó el hecho de que, a medida que la situación en casa se hacía más insostenible, yo recurría a la comida para satisfacer algo más que la sensación de hambre. La utilizaba para obtener consuelo y para mitigar un dolor sordo en algún lugar debajo de mi corazón. Mi madre enfermó de cáncer y se recluyó en su habitación, mi padre se ausentaba cada vez más a menudo para pescar en su querido río, mis hermanas mayores desaparecían en la ciudad y en sus problemas adolescentes, y yo comía pan. Y más pan. Mi madre, en los buenos tiempos, amasaba cuidadosamente grandes hogazas de pan de diez cereales según la receta de mi abuela, y para mí eran irresistibles. Recién salidas del horno, parecían prácticamente brillar de calor, seguridad y amor. Me comía una rebanada, después otra, iba cortando trozos finos hasta que la mayor parte de la hogaza había desaparecido. Literalmente no podía parar hasta que sentía náuseas. A veces untaba las rebanadas con el nuevo alimento «sano» de principios de la década de 1970, margarina de color amarillo intenso. Pero no podía engañarme. Mi hábito no tenía nada de nutritivo. La comida era mi fuente de amor y, en consecuencia, cuando abusaba de ella de ese modo, el origen de más vergüenza.

Al echar la vista atrás, comprendo que era adicta al ciclo de bulimia que los cereales pueden provocar. Además, cuando se comen en exceso carbohidratos feculosos complejos, se libera el neurotransmisor serotonina, que es una sustancia química clave para inducir una sensación de bienestar en el cerebro. Tenía tanto miedo a ser adicta al comer como lo habían sido otros miembros de mi familia que, durante mi veintena y mi treintena, renuncié por completo a todos los cereales y azúcares. Lo llevé hasta el extremo, porque eso es lo que me ayuda a sentirme más estable.

Sal

La excesiva cantidad de sal en la dieta moderna contribuye no sólo a una presión sanguínea alta en las personas predispuestas a la hipertensión, sino también a una inflación del gusto. Pregúntese por qué a menudo añade sal a su comida. ¿Toma mucha comida rápida y procesada, que típicamente contiene niveles elevados de sal e incluye conservantes, la mayoría de los cuales se basan en sodio? ¿Ha elevado eso su tolerancia a la sal? ¿O acaso los alimentos que cocina están faltos de sabor y lo compensa con sal? Emplee sal con moderación y busque sal marina, que contiene minerales beneficiosos, y no sal de mesa normal o sal yodada, que es rica en aluminio.

ELIMINE LAS PORQUERÍAS
2. EXAMINE SU HÁBITO DE CAFEÍNA

La cafeína agita el ritmo cardíaco y hace que el cuerpo libere hormonas; lo cual, después de un uso prolongado, da lugar a un estado de agotamiento adrenal.

Usted necesita un flujo de adrenalina con demasiada frecuencia porque su comida no le sirve de combustible. La cafeína se usa a menudo como la sustancia a la que recurrir cuando una flaquea, pero sus ventajas son engañosas. Carga sus baterías momentáneamente, sin embargo no hace nada por proporcionarle energía utilizable. Yo usé cafeína como apoyo durante la mayor parte de mi vida adulta. A lo largo de la veintena concebí más formas de preparar rápidamente combinados de café con cero calorías que las que Starbucks podría llegar a imaginar. La utilizaba continuamente en lugar de procurarme alimentos nutritivos de verdad.

El problema de la cafeína es que, en lugar de proporcionarle energía alimenticia, estimula sus glándulas suprarrenales para producir adrenalina, colocándola en un estado de huir o luchar: la respuesta de estrés a la que recurre el cuerpo cuando se prepara para reaccionar ante el peligro. Usted está activa y despierta, pero lo más probable es que esté sentada a su mesa y no se disponga a huir ni a luchar. Cuando esa carga se agota al poco rato, se queda en el bajón que sigue al subidón: podría sentirse cansada, malhumorada o algo irritable. Si usa cafeína durante el día, una y otra vez obliga a sus glándulas suprarrenales a responder como si hubiera una emergencia. No es extraño que, cuando esto se convierte en un hábito, somete al cuerpo a un gran cansancio y tensión. Por no hablar de que empieza a necesitar dosis más fuertes para sentirse tan activa como antes. Pierde algo de sensibilidad a sus efectos y empieza a consumir más de lo que un bebedor primerizo de cafeína podría tolerar. Sin una ingestión regular, padece síntomas del síndrome de abstinencia, como dolores de cabeza intensos. Durante un célebre episodio en que dejé el café bruscamente en el momento más crítico de mi hábito, olvidé todo mi papel en el programa de televisión que estaba rodando, y el equipo recurrió a sostener letreros que decían: «¡Por favor, tómate un Java!» El café tenía un efecto tal en mi sistema que, sin él, estaba al revés.

Si usted depende de té o café, lo irá reduciendo a cantidades mínimas durante este programa con el fin de acallar el «ruido» en su organismo. (Véase «Bajar el volumen» en la pág. 65.)

No olvide que muchos refrescos y bebidas energéticas están llenos de cafeína, y que el chocolate, sobre todo la variedad negra, es también una poderosa fuente de ella. Si no es adicta al café, podría serlo a uno de éstos. Siga este programa y redúzcalos en consecuencia.

DESE EL GUSTO: *Rishi Tea es mi fuente favorita de estupendos tés verdes y de hierbas. Una pequeña tetera con infusor es una buena compra: asegurará que no deje en remojo demasiado rato las delicadas hojas verdes, ya que les dará un sabor amargo si permanecen en el agua más de tres minutos (algunas variedades requieren incluso menos tiempo). (Véase el Índice de productos, al final de este libro, para todas las fuentes de «Dese el gusto».)*

Si es usted una bebedora empedernida de café o té negro, examine con detenimiento la enorme variedad de tés en su establecimiento local de alimentos saludables e inspírese en la multitud de tés verdes interesantes e infusiones de hierbas sin cafeína de sabores deliciosos y satisfactorios. Los detallistas de té en línea presentan unos surtidos increíbles. También puede descafeinar cualquier té vertiendo el agua caliente, dejando a remojo entre quince y veinte segundos y retirando luego el agua. Esto elimina de un 80% a un 90% de la cafeína contenida en las hojas. Entonces añada más agua y déjelo en remojo durante varios minutos para preparar su infusión. Cuando compre café descafeinado, busque el elaborado mediante el proceso de agua suiza, que está exento de sustancias químicas.

SUPERSUCEDÁNEOS: Hecho a base de una mezcla de hierbas, cereales, frutas y nueces, Teeccino™ es un «café de hierbas» sin cafeína con un sabor delicioso. Lo uso para mi capuchino (véase la receta en la pág. 89), y es un excelente sustituto del café de Java tradicional cuando una quiere dejar el hábito. El mate de hierbas es una potente infusión muy rica en cafeína, pero puede suponer un buen primer paso para alejarse del café: levanta el ánimo de forma limpia sin causar nerviosismo. Úselo para ayudarse a bajar de registro en el mundo de las infusiones. (Véase el Índice de productos para fuentes recomendadas.)

Desde que empecé a tratar mi cuerpo más amablemente a mediados de la treintena, he pasado por períodos de abstinencia prolongada en los que no he probado ni una gota de cafeína, así como períodos en los que mi hábito de tomar té verde llegó a convertirse casi en una dependencia, al mismo tiempo que me consideraba una adicta al café rehabilitada. Hoy me mantengo en guardia. Soy la primera en decir que, pese a la buena reputación que tiene el té, ya sea negro, verde o mate de hierbas, es posible subir el volumen hasta el punto de oír un auténtico zumbido y volverse completamente adicta a él. Cada vez que creo que mi té verde se me escapa de las manos, y cada vez que aparecen en mi cuerpo síntomas cuya fuente no acierto a identificar, rebajo la cafeína. Es el mecanismo de equilibrio que me autoimpongo. Pero, si antes me aferraba a unos niveles de exigencia muy altos y me obligaba a prescindir por completo de la cafeína, ahora me doy un respiro para evitar los penosos síntomas del síndrome de abstinencia. Vuelvo a un punto en el que no me siento dependiente ni desprovista del todo: de vez en cuando, me limito a una tetera pequeña de té verde por la mañana, y durante el resto del día me resisto al impulso de tomar más preparando agua caliente con limón o té de hierbas.

❈ **¿SABÍA QUE LA CAFEÍNA ES UN INSECTICIDA?** Evolucionó en las plantas para ahuyentar a los insectos. Nosotras somos mucho más grandes que éstos, pero aun así introducimos en nuestro organismo un estimulante al que la naturaleza confirió efectos adversos.

Hábitos de cafeína conscientes

- En lugar de depender del café por la mañana para funcionar, tome un desayuno saludable que le suministre proteínas y algo de grasa para un flujo de energía lento y sostenido, y compruebe si le da mejor resultado.
- Preste atención a su ingesta de cafeína si experimenta dolor en las articulaciones y los músculos. La cafeína puede deshidratar el cuerpo, y a menudo tomamos bebidas con cafeína en lugar de agua. La combinación de su efecto irritante y la deshidratación puede causar efectos perniciosos en el cuerpo y la mente. Cuando sienta dolor corporal, examine su consumo de cafeína.
- La cafeína permanece en su organismo mucho más tiempo del que se cree. Si le cuesta dormir, su primer cambio debería consistir en eliminar toda la cafeína después del almuerzo. Los cafés y tés vespertinos pueden afectarle incluso hasta la hora de acostarse. (Y si una taza por la noche no altera sus pautas de sueño, pregúntese: ¿es una señal de que su tolerancia es demasiado alta?)
- Si está cansada cuando despierta por la mañana, por más horas que haya dormido, y se siente soñolienta y algo inestable emocionalmente durante la mayor parte de la mañana, podría ser una señal de que sus glándulas suprarrenales se han esforzado al máximo. Aunque parezca contraproducente suprimir la cafeína cuando siente que más la necesita, trate de reducir su consumo para dar a sus glándulas suprarrenales la posibilidad de recuperar el equilibrio.

Hidrátese

Levántese ahora mismo y tome un vaso de agua lleno hasta arriba.

Existe un hábito que yo diría que por lo menos tres cuartas partes de la población debe cambiar. Es el más sencillo de todos y, por lo tanto, demasiado a menudo se pasa por alto. Beber agua. Necesitamos más cantidad de la que tomamos: es fundamental para que nuestras células funcionen a cualquier rendimiento, para metabolizar las grasas y eliminar los residuos. ¿Sabía que la deshidratación es la causa que se oculta tras muchas de sus molestias, dolores y sensaciones de indisposición? Dolores de cabeza, fatiga, irritabilidad, estreñimiento, piel seca y esa sensación persistente de no poder levantarse de la cama por la mañana tienen causas fisiológicas en un estado deshidratado. (No ingerir suficiente agua también afectará a su metabolismo haciendo que aumente pequeñas cantidades de peso.)

¿Cuáles son algunos gritos de socorro más serios de un cuerpo sediento que debería reconocer? El dolor en el cuerpo, ardor de estómago, artritis, dolor de espalda y jaquecas, son señales severas de que se han acumulado residuos tóxicos en una zona y sus células necesitan beber. Si padece deshidratación crónica, pueden aparecer síntomas más graves, desde presión alta y problemas circulatorios hasta afecciones renales, disfunción del sistema inmunitario y trastornos digestivos.

Es posible que vea este consejo de beber más agua en una revista de tarde en tarde, aumente su ingestión brevemente y luego, al cabo de un tiempo, vuelva a dejar bajar sus niveles. Quizá obtiene una considerable cantidad de líquido de tés y bebidas saludables sin endulzar, por lo que piensa que es lo mismo. Pero no lo es. Según el defensor de la salud, el Dr. Batmanghelidj, que ha investigado y escrito extensamente sobre el poder curativo del agua, el cuerpo necesita un suministro constante de «agua libre», que no tiene otra misión que hidratar las células y eliminar los residuos tóxicos. Todas las demás bebidas, ya contengan cafeína, sabor o se mejoren de alguna manera, tienen alguna otra misión que se interpone en esta función crucial.

Una salud óptima depende de que se procure agua nada más durante el día y no espere a tener sed: la sed es una señal de deshidratación; de modo que, para cuando la sienta, el cuerpo ya está sometido a estrés. Además, los seres humanos pierden su capacidad de percibir la sed a medida que envejecen, por lo que si espera siempre a notarse la boca seca para beber, estará cada vez más deshidratada.

QUÉ: Beba agua durante todo el día, y trate de tomar un vaso a primera hora de la mañana para ponerse en marcha. (También arrastra los ácidos gástricos que se acumulan durante la noche para que, si se toma una taza de café ácido después, no cree un entorno todavía más duro.)

Hidrátese *(continuación)*

CUÁNTO: Algunos nutricionistas aconsejan 3,7 litros por cada 22 kilos de peso corporal; otros dicen que por lo menos ocho vasos llenos hasta arriba al día. Pero el método fácil de comprobar su nivel de hidratación consiste en observar el color de su orina. Debería ser amarillo claro; cuanto más pálido, mejor. Cuanto más intenso sea el amarillo, más agua necesita. (Nota: algunas vitaminas hacen que su orina sea de color amarillo eléctrico, por lo que tendrá que dejarlas durante unos días para obtener una lectura correcta.) Éste debería ser su detector de falta de hidratación todo el tiempo: preste atención a lo que expulsa para saber qué necesita introducir.

Un vaso de agua hasta arriba puede ser un rápido estimulante cuando está soñolienta y puede sofocar temporalmente las punzadas de hambre. Pruébelo la próxima vez que desee una sacudida de cafeína o un tentempié antes de una comida y vea cómo modifica su estado.

DÓNDE ENCONTRARLA: Disponer de agua limpia y pura a todas horas en su casa es una buena inversión. El agua del grifo contiene siempre algunas sustancias químicas, principalmente cloro y flúor, pero también otras que la contaminan y tienen un lento efecto tóxico sobre el cuerpo. Es posible hacer analizar su agua, o tal vez su municipio disponga de información sobre su suministro.

Llevar a casa recipientes de agua de manantial (preferiblemente botellas de vidrio, no de plástico) es una opción más saludable; los sistemas de filtración son otra. Los que se fijan debajo del fregadero, llamados filtros de ósmosis inversa, son los más beneficiosos. Pueden resultar los más rentables a largo plazo, aunque de entrada cuesten más dinero.

DESE EL GUSTO: *Un sistema de filtración por ósmosis inversa que se fija debajo del fregadero de su cocina le proporcionará fácil acceso a agua purificada para beber y cocinar. Una rápida búsqueda en Internet la remitirá a multitud de fuentes.*

ELIMINE LAS PORQUERÍAS
3. REDUZCA LOS ADITIVOS QUÍMICOS

Conservantes, colorantes y edulcorantes artificiales, además de aceites hidrogenados y pesticidas, son invitados indeseados que se cuelan en su cuerpo y fuerzan al límite sus sistemas de desintoxicación.

Ejercicio: Misión arqueológica

Saque algunos productos envasados de su nevera o despensa, o mire el paquete del próximo alimento que compre. Observe las etiquetas de ingredientes. ¿Sabe qué significan todas las palabras que allí aparecen? ¿Suenan a cosas que desea tener dentro de su cuerpo? Piense en qué parte de lo que consume puede entender... y de repente la idea de cocer lentejas desde cero puede resultar de lo más atractiva.

Rebajar su ingestión de alimentos muy procesados reducirá el «ruido» en su organismo disminuyendo la carga tóxica que su cuerpo tiene que procesar. Cualquier cosa que contenga conservantes, colorantes artificiales y edulcorantes artificiales debería vetarse. Todos estos aditivos químicos son perturbadores y destructivos para el cuerpo y la mente. (No es de extrañar que los estudios demuestren que, cuando se eliminan los alimentos con aditivos químicos de la dieta de niños que presentan trastorno de déficit de atención, sus problemas conductuales mejoran notablemente.) La ingeniería que se hace para ampliar la vida útil de los alimentos no parece alargar nuestras vidas.

Muchos alimentos refinados han pasado por tantos procesos de transformación desde su estado natural que no sólo terminan estando nutricionalmente agotados, sino que además requieren más energía para descomponerlos y eliminarlos de la que aportan. De hecho, algunos nutricionistas dicen que consumir alimentos desprovistos de los minerales que se dan en la naturaleza contribuirá a comer en exceso. Nuestro cuerpo no quiere parar de consumir porque sus necesidades dietéticas no han sido satisfechas.

3 formas de tener mejor aspecto y sentirse mejor al instante

1. DESTIERRE LAS GRASAS MALAS

QUÉ: Transgrasas. Se forman cuando los aceites vegetales se solidifican a través de un proceso químico llamado hidrogenación. ¡Son con mucho una de las partes más perjudiciales de nuestra dieta!

DÓNDE: Usadas en muchos alimentos procesados, sobre todo tentempiés, chocolatinas y artículos de bollería, y de uso generalizado en la industria de comida rápida. También se encuentran en margarinas y pastas para untar. Las transgrasas son baratas, alargan la vida útil de los alimentos y estabilizan los sabores... pero a costa de su salud.

POR QUÉ: Los aceites vegetales naturales han pasado por un proceso químico riguroso con el fin de *trans*formarse en ácidos transgrasos. Estos ácidos no sólo nos impiden absorber y utilizar ácidos grasos esenciales que necesitamos, sino que además alteran la estructura de nuestras células y están vinculados a una serie de enfermedades graves, entre ellas el cáncer y la diabetes. Las transgrasas se consideran tan perjudiciales que los defensores del consumidor han intentado prohibir en Estados Unidos el uso de este ingrediente, vetado ya en otros países.

EVITE: Se exige que en las etiquetas nutricionales se incluyan las transgrasas. Empiece a buscar los ingredientes que llevan la palabra *hidrogenado,* busque el análisis calórico y vea cuántos artículos de consumo diario están repletos de ellos. Los restaurantes, incluidos los establecimientos de comida rápida, resultan más difíciles de controlar.

EN SU LUGAR: Use en casa mantequilla de verdad, no margarina; evite los tentempiés, artículos de bollería y comida rápida de producción comercial.

No hay que desconfiar sólo de las transgrasas sólidas. Los aceites vegetales poliinsaturados que se tildan de supersaludables, como el de cártamo, el de girasol, el de canola, etc., tienen una pega: pueden volverse rancios fácilmente, lo cual genera radicales libres perjudiciales que pueden dañarle las células. También se estropean sometiéndolos a elevadas temperaturas, y esto alteraría aún más su función celular.

Un gran cambio que puede introducir en su dieta es cambiar de grasas. Consuma aceite de oliva de buena calidad (el extra virgen es mejor, porque se procesa de modo más suave). Compre sólo aceites vegetales «prensados» o «sin refinar» y mantequilla de buena calidad (orgánica o, mejor aún, orgánica cruda si puede encontrarla, llena de vitaminas esenciales, solubles en grasa y de un sabor delicioso). Y pruebe un nuevo competidor en el campo de la salud: aceite de coco, una grasa saturada saludable que es estupenda para cocer a altas temperaturas (véase el apartado de recetas para más información). Pruebe también el aceite de avellana y el aceite de almendra para aliños y para hornear. Guarde siempre todos los aceites para cocinar en recipientes oscuros para que no se vuelvan rancios.

2. SUPRIMA LOS ADITIVOS QUÍMICOS

QUÉ: Colores, sabores y conservantes sintéticos añadidos a alimentos procesados para hacerlos más apetitosos o más sabrosos o para que duren más de lo que la naturaleza les permitiría.

DÓNDE: En muchos alimentos procesados, desde cereales hasta helados pasando por condimentos.

POR QUÉ: Pueden acumularse en sus intestinos y pasar a su torrente sanguíneo para poner a prueba su hígado, que debe desintoxicarlos. Si el hígado se satura de toxinas por el consumo prolongado de estos alimentos, los aditivos empiezan a circular por la sangre y a provocar problemas como trastornos cutáneos, aumento de peso y posiblemente trastornos autoinmunes. En algunos casos, si se toman muchos alimentos y estimulantes muy refinados, el cuerpo empieza a agotar su propio suministro de minerales. Súmense además al vertedero los desperdicios y residuos que usted agrega a partir de alimentos procesados y envasados. Consumir mucha comida preenvasada no es bueno para su cuerpo ni para el medio ambiente.

EVITE: Consuma comidas a base de alimentos integrales más próximos a su estado original siempre que sea posible (como pollo campero en lugar de pollo frito envasado). Vete los alimentos que no presenten un aspecto natural, y consulte la lista de ingredientes en busca de actividad sospechosa. Por ejemplo, se añaden nitratos perjudiciales a muchas carnes para darles una coloración rosácea. Evite esas marcas.

3. DESECHE LOS PESTICIDAS

QUÉ: Sustancias químicas rociadas sobre alimentos de base vegetal así como piensos para el ganado.

DÓNDE: Frutas y verduras de cultivo convencional; trigo, maíz y otros cereales y productos elaborados a partir de ellos. Productos lácteos, huevos, carnes y pescado también acumulan pesticidas.

POR QUÉ: Su efecto tóxico sobre el cuerpo se ha vinculado al cáncer y a alteraciones hormonales, como problemas reproductivos en seres humanos, y son especialmente perjudiciales para el feto; la escorrentía tóxica de los campos contamina las aguas y la fauna.

EVITE: Siempre que sea posible, compre hortalizas orgánicas o «sin pesticidas» (que provienen de un suelo que no ha recibido la convalidación oficial de orgánico pero no ha sido rociado). Lave todas las frutas y verduras a conciencia sumergiéndolas en el fregadero lleno de agua con un chorro de peróxido de hidrógeno, y luego enjuáguelas con agua dulce. Esto ayuda a quitar los pesticidas de la superficie de un modo que el agua sola no puede. (Lave incluso los artículos buenos: lavar elimina cualquier patógeno traído por la tierra de las hortalizas.)

En su tienda o establecimiento de alimentos saludables existen productos para desinfectar hortalizas. Piense que pelar frutas y verduras reducirá los contaminantes de superficie, pero también la privará de nutrientes. Varíe su ingestión, lave lo mejor que pueda y compre productos sin pesticidas siempre que sea posible.

CONSEJO. Las hortalizas de importación son tres veces más propensas a contener residuos de pesticidas ilegales. Fíjese en de dónde proceden sus bayas, frutas y verduras.

✳ **LA CARNE DE VACA** alimentada con hierba es muy nutritiva porque contiene una proporción más elevada de importantes grasas omega-3 con respecto a las más comunes grasas omega-6, que la mayoría de la gente consume en exceso. Análogamente, los productos lácteos de vacas alimentadas con hierba, y no con piensos comerciales, son ricos en importantes vitaminas solubles en grasa. Si puede encontrar productos lácteos sin refinar cerca de su casa, pruébelos. No sólo son deliciosos, sino que además retienen muchos más nutrientes (enzimas, vitaminas y proteínas) porque no están pasteurizados.

La compra inteligente: Reduzca su carga de pesticidas

■ Hortalizas convencionales típicamente más cargadas de pesticidas: manzanas, uva, melocotones, frambuesas, fresas, cerezas, espinacas, apio, pimientos.

■ Hortalizas convencionales típicamente menos cargadas de pesticidas: espárragos, aguacates, plátanos, cebolla, brécol, coliflor, maíz, papaya, piña, guisantes.

Lista de control rápida: Suprima el exceso de sustancias químicas

1. Evite las frutas y verduras enlatadas, pulverizadas, enceradas, genéticamente modificadas o irradiadas.
2. Limite los alimentos que contengan grasas y aceites hidrogenados o parcialmente hidrogenados.
3. Suprima todos los refrescos así como postres y tentempiés elaborados con endulzantes artificiales.
4. Suprima las carnes procesadas como los fiambres, el beicon y las salchichas. Contienen nitratos que han sido vinculados al cáncer, además de altos niveles de sal.
5. Evite la mayoría de las sopas, salsas y caldos en polvo, enlatados o envasados: a menudo presentan altos niveles de glutamato monosódico. Los condimentos comerciales como el ketchup también suelen contenerlo.
6. Compre hortalizas orgánicas siempre que sea posible.

Productos animales: Reduzca su carga tóxica

Comprar productos lácteos, huevos, carne y pollo se ha convertido en una preocupación debido a los pesticidas, hormonas y antibióticos, así como bacterias, que a menudo se encuentran en niveles elevados en los productos animales convencionales (no orgánicos o salvajes). Adquirir pescado es delicado, porque la mayor parte del mismo presenta niveles altos de mercurio y otras toxinas. En un mundo ideal, todos compraríamos productos orgánicos todo el tiempo. Pero el precio y la disponibilidad hacen dicha opción imposible para muchos. Lo mejor que usted puede hacer es tomar opciones orgánicas siempre que sea posible y elecciones inteligentes en todo lo demás. Es importante alternar sus fuentes de proteínas para evitar la exposición a un exceso de las mismas toxinas.

■ Si sus productos lácteos no son orgánicos, busque aquellos sin hormona de crecimiento bovino o recombinada (rBGH).

Comida

Productos animales:
Reduzca su carga tóxica *(Continuación)*

■ Si compra pollo convencional en lugar de orgánico, campero o no enjaulado, quítele la piel para reducir la exposición a las toxinas que se acumulan en la grasa.

■ Si compra carne de vaca convencional, adquiera cortes más magros como ijada y redondo. Nunca ase la carne hasta que se ennegrezca; esto aumenta su exposición a los carcinógenos.

■ Siempre que sea posible, compre pescado salvaje o capturado en el mar. Cuando compre atún enlatado, prefiera el bonito al atún blanco, pues tiene menos mercurio. Algunos nutricionistas aconsejan comer sólo pescado del que se haya comprobado científicamente que contiene niveles mínimos de mercurio; otros afirman que las ventajas nutritivas del pescado pesan más que los riesgos. Como en el caso de cualquier opción de estilo de vida, tendrá que sopesar personalmente los pros y los contras. Si está embarazada, reduzca al mínimo la ingestión de pescado y busque en Internet la última lista de pescado seguro.

■ Si consume muchos productos basados en soja o los da a comer a sus hijos, busque los marcados como «no transgénicos». La mayoría de las semillas de soja son transgénicas, y todavía están por ver los efectos a largo plazo sobre la salud de estos cultivos.

Ejercicio: Bajar el volumen

¿Qué alimentos «ruidosos» consume habitualmente: bebidas con cafeína, refrescos, bebidas energéticas, tentempiés con un alto contenido de azúcar, productos de panadería, chips, comida rápida? Durante las cuatro semanas de este programa, reducirá gradualmente su ingestión hasta que en la semana 3 no coma ni beba ninguno de ellos. (Si sólo consume uno, concéntrese en eso.) Elija dos o tres de las siguientes opciones, o las tres si es factible. La mayoría de los alimentos «ruidosos» pueden suprimirse inmediatamente sin ninguna reacción física adversa, sobre todo si los reemplaza por algo que le guste, si bien un fuerte hábito de cafeína debería eliminarse progresivamente (véase «Reduzca gradualmente su hábito de cafeína» en la página siguiente). En la semana 4 del programa, elegirá intencionadamente una golosina que le guste y la repondrá en su plan de comida de forma moderada —pero muy agradecida—, y verá cómo menos puede ser más.

- ▪ **OPCIÓN A:** Si la cafeína es su alimento más «ruidoso», en la semana 1 la rebajará un grado, y en la semana 2, de dos a tres grados (véase la lista en «Reduzca gradualmente su hábito de cafeína»).
- ▪ **OPCIÓN B:** Si el azúcar es su adicción (en forma de refrescos, golosinas, tentempiés dulces o alcohol), rebaje todo lo que pueda en la semana 1 y continúe en la 2, reduciendo también su ingestión de cereales si puede.
- ▪ **OPCIÓN C:** Si los alimentos procesados suelen formar parte de su menú (comida rápida, chips y tentempiés, productos envasados y en cajas), suprímalos por completo en la semana 1 y procure encontrar sustitutos para que le resulte fácil evitarlos en la semana 2.
- • Repare en sus reacciones físicas y emocionales a este proceso. ¿Se siente molesta en algún momento del día o experimenta un fuerte antojo de su adicción, y en ese caso, a qué hora del día? ¿Tiene una reacción física intensa, como dolor de cabeza?
- • Piense qué significa esa reacción. ¿Sugiere que puede tener dependencia de ese alimento «ruidoso», y cómo le hace sentirse eso? Si no tomar ese alimento no tiene ningún efecto en usted, pregúntese si lo consume más por hábito que por verdadera necesidad y, en tal caso, ¿por qué? ¿Qué finalidad cumple esa comida o bebida en su jornada?
- • Cuando vuelva a añadir pequeñas cantidades de cafeína, azúcar o su adicción favorita a su dieta, pregúntese si realmente le apetece antes de consumirlo. De este modo siempre lo consumirá porque es un placer, no un hábito.

Comida

Sustitutos más saludables

En lugar de golosinas con un alto contenido de grasa y azúcar como helado, carame-los y pasteles, satisfaga su deseo de algo dulce con algunos trozos de productos na-turales y bajos en grasa como fruta seca, jengibre cristalizado o porciones pequeñas de tartaleta de fruta. Los helados y sorbetes de fruta servirán en caso de apuro.

En lugar de tentempiés de cereal, altos en contenido de azúcar o procesados (ga-lletas, pasteles, galletas saladas, pastelitos al horno), pruebe un puñado de almendras y/o avellanas crudas y una tartaleta de fruta como de manzana Granny Smith.

En lugar de chips saladas, nueces o galletas saladas, pruebe un puñadito de nue-ces crudas o asadas (véase la receta de frutos secos tostados caseros en la pág. 89).

Reduzca gradualmente su hábito de cafeína

La cafeína es el hábito más difícil de eliminar, pero eso la ayudará a hacer borrón y cuenta nueva químicamente. Si toma café o té fuerte sistemáticamente, no le reco-miendo que lo deje de golpe. (Según algunos estudios, incluso un tazón de café al día puede producir síndrome de abstinencia cuando se deja.) Sea considerada y ra-zonable en sus expectativas y baje el volumen de una semana a otra. Llegue a la se-mana 3 de este programa sin tomar nada de cafeína; durante la semana 4 evaluará si la necesita, y puede reponer una pequeña cantidad, que contendrá mucha ener-gía y le sabrá estupendamente. Piense que restringir incluso un hábito de cafeína moderado puede hacer que se sienta extraordinariamente cansada porque no reci-be la fuerza a la que estaba acostumbrada. Insista en ello, resista la tentación de un estimulante, y sepa que reduciéndolos está quitando las capas para llegar a la ver-dad de cómo se siente en realidad.

- En lugar de tres cafés al día, rebaje la dosis a dos, luego a uno, después a café descafeinado, café de hierbas o té sin teína.
- En lugar de un café con leche grande, redúzcalo a uno mediano o pequeño, lue-go a un café con leche descafeinado, después a un capuchino hecho con café descafeinado o de hierbas, o té sin teína.
- En lugar de café normal, redúzcalo a té negro o mate, y luego a té verde.
- En lugar de té negro fuerte, redúzcalo a té verde, luego a té sin teína o de hier-bas.

En lugar de un refresco de zumo de frutas con hielo, pruebe un capuchino sin cafeína (receta en la pág. 89).

Comodín: En lugar de una bebida energética en mitad del día o antes de salir por la noche, pruebe dos minutos de oscilaciones de brazos (véase el apartado Ejercicio) o la postura reconstituyente (véase el apartado Silencio) para aumentar su energía sin la ayuda de estimulantes.

EJERCICIOS DE LIMPIEZA GENERAL

Comprométase a iniciar su programa de 30 días con la comida haciendo borrón y cuenta nueva físicamente y limpiando cualquier desorden tanto externo —en su cocina— como, si le parece adecuado, también interno. Tomar conciencia de qué tipos de comida le dan mejor resultado será más fácil cuando haya hecho un poco de limpieza general. He aquí dos formas de acelerar el proceso.

Ejercicio: Limpieza general para su nevera

El estado de su nevera puede hacerle tomar malas opciones. Cree las condiciones para el éxito tirando lo viejo y haciendo sitio para lo nuevo. Si encuentra de todo en su frigorífico, le costará mucho más trabajo hacer que la buena comida le dé resultado. No comerá pizza, por lo menos no durante este programa de 30 días, ni desde luego para su renovado desayuno. Tírela. Deshágase también de las seis gotas de ketchup que quedan en el bote; del viejo aliño hecho con algún aceite repugnante que no es bueno para usted; de la salsa de queso procesada; del pan blanco; del pastel a medio terminar y de la nata batida comercial (que apenas puede calificarse de alimento). Deshágase de todo aquello que no presente un color creado por la naturaleza. Tire cualquier zumo; no es más que azúcar. Tómese un momento para ver qué hay en su frigorífico y deje que su instinto le diga qué es bueno y qué es malo. Ahora ya está lista para llenar su cocina con las hortalizas que estimularán de verdad su cuerpo. Al final de este programa, la nevera de cada persona tendrá un aspecto algo distinto, pero todo rebosará de energía vital: muchas verduras, mucho color natural y productos perecederos que deben comerse frescos.

Ejercicio: Limpieza general para su cuerpo

En la semana 4 hará una limpieza modificada de un día que es fácil y considerada con el organismo. Hace que el cuerpo deje de digerir y le permite pulsar el botón de reajuste. Yo realizo una versión de esta limpieza en tres días cada vez que necesito renovarme o busco la sensación de empezar de nuevo en todos los ámbitos de mi vida. No es una limpieza de ayuno riguroso; se mantendrá usted llena y saciada, pero su carácter líquido da un descanso a sus intestinos y deja que la energía pase a sanar otras partes del cuerpo que pueden requerir atención, sobre todo su mente hiperactiva. Pero incluso una limpieza de un día le beneficiará: cuando vuelva a introducir alimentos distintos en su dieta posteriormente, su sensibilidad al efecto de esa comida será mucho mayor.

Limpieza de un día: Comience la jornada con un batido de fruta (en la pág. 88). Para almorzar y cenar tomará un caldo de verduras hechas puré. Hierva una mezcla de coliflor, calabacín, brécol y espinacas y luego mézclelos en un puré espeso. Añada un poco de sal marina o quelpo (algas marinas secas) si puede encontrarlo; busque en el pasillo de artículos internacionales de su supermercado. Cómalo como una sopa caliente a lo largo del día, en la cantidad que desee. *Es su única fuente de alimento.*

Aunque las verduras son técnicamente hidratos de carbono, son altas en contenido de fibra y carbohidratos no feculosos, por lo que no aumentan para nada sus niveles de azúcar.

Beba agua medio caliente con limón a lo largo del día junto con mucha agua fría y filtrada. El agua caliente o tibia con limón supone una primera fase de limpieza. El agua fría o a temperatura ambiente es mejor que la helada porque no sobresalta el organismo.

Por la noche tome una cucharada grande de aceite de oliva extra virgen antes de acostarse, y recuerde beber agua con ella.

Recuerde: nada de cafeína, nada de tentempiés, nada de pan con su caldo.

Posdata

Todo el mundo lo hace. Todo el mundo quiere hacerlo a diario. Pero no siempre sale como estaba previsto. Eliminación: el tema tabú que forma parte integrante de un cuerpo y una mente sanos. En yoga dicen que la digestión —el proceso al que se somete su comida una vez ingerida— es responsable de la buena salud. Cualquier problema en la eliminación de residuos afectará a todas las demás partes de nuestro cuerpo, de modo que no hablar de ella no nos hará ningún favor. Es especialmente importante para las mujeres, ya que tendemos a acumular mucha ansiedad en la región abdominal inferior, y cualquier estrés en nuestra vida diaria afecta a nuestra capacidad de eliminar. Lo cual significa que los problemas con los movimientos intestinales son mucho más comunes de lo que cree.

Si no elimina residuos con regularidad y eficiencia, se siente mal tanto corporal como mentalmente. Si come muchas verduras y fibra, debería excretar hasta 30 centímetros de residuos al día, ya sea en un solo movimiento o en varios separados. Cualquier residuo que permanezca sin eliminar en sus intestinos más de 24 horas empieza a volverse tóxico. Puede crear un entorno en el que la peristalsis —el movimiento de la pared intestinal para empujar los residuos— se inhibe. Si pierde el rastro de los movimientos intestinales siguiendo un tipo de dieta inadecuado y no trata de rectificar la situación con la ingestión de mejor comida, provoca una situación cada vez peor.

Si el residuo permanece en el colon (la parte más gruesa de los intestinos) demasiado tiempo, no sólo se siente usted perezosa, hinchada y cada vez más estreñida, sino que además las toxinas pueden acabar atravesando la pared intestinal y hacer trabajar al hígado y los riñones, cuya misión es eliminar las toxinas de su circulación sanguínea. En ese caso, las toxinas también pueden inflamar los músculos alrededor de la cavidad gástrica. Si padece dolor lumbar crónico, piense que una posible causa puede ser la acumulación de residuos en su colon. (Someterse a masajes y *bodywork* puede resultar inútil si no se esfuerza por limpiar su entorno interno.)

La buena noticia es que, si padece movimientos intestinales irregulares, el hecho de modificar su dieta, hacer ejercicio y crear un estilo de vida tranquilo con menos estrés y más tiempo para sus necesidades personales mejorará radicalmente la situación. La dieta es clave. A medida que experimenta con suprimir determinados alimentos e incorporar otros, esté atenta a lo que ocurre en sus intestinos. Los alimentos refinados y procesados no sólo carecen de la fibra necesaria para desplazar los residuos por nuestro organismo, sino que además contienen sustancias químicas que pueden originar ese entorno tóxico que inhibe la peristalsis. Mientras da vueltas a su dieta durante estas cuatro semanas, fíjese en los efectos sobre sus hábitos de eliminación. Por ejemplo, la carne y el pescado pueden hacer que algunas personas funcionen de manera más eficiente mientras que retrasen a otras. Sepa que la naturaleza ofrece muchos alimentos que ayudarán a hacer trabajar a toda marcha organismos perezosos. Si usted puede ir por el buen camino comiendo correctamente, su cuerpo estará mucho mejor que si depende de suplementos de fibra (de los que es fácil abusar y pueden causar más estreñimiento) o incluso laxantes naturales. (¿Qué hay de los laxantes químicos? Tírelos, y en su lugar incorpore más verduras.)

Formas de mejorar
su eliminación inmediata

- Beba más agua. Una de las funciones del colon es extraer toda el agua de la comida y dársela al cuerpo. Si no entra suficiente líquido, sus residuos están demasiado secos para moverse fácilmente por los intestinos. Si su ingestión de líquido es escasa, podría ser necesario duplicar su consumo de agua para mejorar su situación. Si utiliza café por la mañana para favorecer el movimiento intestinal, ahora es el momento de dejarlo. El café desencadena esta acción porque es un irritante; los intestinos reaccionan con un espasmo, y no porque estén naturalmente dispuestos a moverse. Como con todos los apoyos, usted contrae una dependencia de este estimulante, que pierde gradualmente su eficacia... al mismo tiempo que sigue inundando su cuerpo con cafeína.
- Disminuya la carga de «alimentos pegajosos», como productos de trigo, que se convierten en gluten en el intestino, y queso, que retrasa la eficiencia intestinal.

> CONSEJO. El zumo de áloe vera, disponible en comercios de alimentos saludables, ayuda a la eliminación. Pruebe con medio vaso mezclado con un chorro de zumo de manzana sin filtrar una mañana sí y otra no.

- Aumente en gran medida su ingestión de verduras, sobre todo col y remolacha. Las verduras de hojas verde oscuro y las que tienen cierto sabor picante, como cardo suizo, col rizada, rúcula, berros, espárragos y alcachofa, también ayudan. Aportan fibra a su dieta, y además su amargor favorece que el conducto biliar produzca más bilis, lo cual ayuda a la digestión.

> CONSEJO. Ase varias remolachas en el horno, pélelas cuando se enfríen y manténgalas en el frigorífico para poder cortarlas y ponerlas a diario en ensalada.

Continúa en pág. siguiente

- Use linaza o lino en polvo en batidos de fruta o rocíelo en yogur (véanse las recetas de desayunos en las págs. 85-90). Experimente añadiendo estos alimentos altos en fibra a su dieta: judías, guisantes y legumbres; cantidades *moderadas* de salvado crudo y productos de panadería muy granulados; cantidades moderadas de higos, albaricoques y dátiles secos (piense que son altos en contenido de azúcar, de modo que tenga cuidado); bayas; brécol.
- Practique la sentada sobre los talones en la postura del héroe después de comer. Ayuda a la digestión, y si se sienta con un pie cruzado sobre el otro, estimula puntos de presión en los pies que fomentan el bienestar general. La práctica regular de la Respiración de Fuego (véase Ejercicio, solución rápida n.° 3) también favorecerá la digestión.

Comida

2

Encuentre su
equilibrio personal

TRAS DEJAR MI CASA E INDEPENDIZARME, anduve un tiempo muy
descentrada intentando encontrar una forma de comer que me diera resultado.
Para cuando me trasladé a Nueva York a los dieciocho años para emprender mi carrera de actriz, me enseñaba a mí misma toda clase de maneras interesantes de controlar rígidamente mi ingestión de alimentos. Era una dieta típica de actriz, sólo que me
interesé tanto por la ciencia que había detrás de las distintas tendencias alimenticias
de la época, como la dieta Pritikin, bajísima en grasa, que siempre daba con mis propios métodos para volverlas más extremas o, como yo creía erróneamente, más puras. Los problemas de control de la comida que había experimentado en casa se al-
zaban ahora imponentes. Siendo una joven sola en una gran ciudad que trabajaba en
una industria del cine que, como en la actualidad, insistía en que una mujer estuviera
delgada, daba pábulo a mi pasión de competencia conmigo misma. Eliminé de mi dieta cada vez más cosas que temía que engordaran y me concentré en las increíbles vitaminas y nutrientes que sin duda tenía que obtener de las verduras que consumía.
(Por no hablar de la fibra. Si había algo de lo que estaba orgullosa, era de mi ingestión
de fibra.) Compaginando varias filosofías alimenticias a la vez, me deshice de todos
los productos lácteos, la mayor parte de las proteínas y definitivamente de todos los
cereales. Nada de arroz y, desde luego, nada de pan.

    ¿Y la grasa? Vetada. A finales de la década de 1970 y principios de la de 1980, la
grasa era tachada de enemigo nutricional absoluto, por lo que me lo aprendí de memoria y eliminé la grasa por completo de mi dieta. Las grasas animales estaban con-
sideradas las más perjudiciales —eran «saturadas» y, según la ciencia, afectaban al
corazón, por no hablar del aumento de peso—, de modo que suprimí la mayoría de
los productos animales de mi dieta, incluso los magros. En un momento dado, hasta
el pescado y los huevos desaparecieron de mi nevera.

    El resultado fue que durante mi veintena me impuse tantas restricciones alimenticias que apenas podía comer nada. Básicamente consumía palomitas de maíz hinchadas con aire (sin mantequilla ni aceite), verduras al vapor y ensaladas, y pasé de comer cantidades mínimas de tofu a ni probarlo en un largo período de tiempo. También ayunaba mucho. Ayunaba más de una semana, porque me sentía culpable por haberme saltado las normas y comido una caja de cereales orgánicos la semana anterior. Este cóctel no muy saludable era rematado por una provisión incesante de cafeína de la mañana a la noche. Como todas sabemos ahora, el café es un inhibidor del apetito de efecto rápido. Lo consumía en toda clase de formas creativas —los «postres» mezclados y escarchados con hielo eran mis favoritos— y me mantenía tan enchufada que estaba convencida de que debía de estar actuando estupendamente, porque tenía energía para dar y vender.

Creía sinceramente que era una de las personas más limpias y más envidiablemente sanas del vecindario, y sin embargo estaba increíblemente desnutrida. Privándome de nutrientes esenciales como la grasa y las proteínas, estaba perjudicando mi metabolismo, dificultando a mi cuerpo extraer la energía y los nutrientes que necesitaba de la comida que consumía. Sin grasas, permanecía en un estado de fatiga —las grasas son una fuente densa en energía— y me resultaba mucho más difícil mantenerme magra, pues la grasa es lo que ayuda a retardar la rápida conversión de hidratos de carbono en azúcar. La falta de grasas significaba también que a mi cuerpo le costaba trabajo fabricar hormonas, y lejos de estar bien provista de vitaminas, carecía de vitaminas cruciales solubles en grasa como A, D, K y E. Sin grasas saturadas, que provienen de productos animales y aceites tropicales como de coco o de palma, me quitaba de encima muchas acciones fundamentales en el cuerpo, entre ellas la absorción de calcio en el esqueleto, la función del sistema inmunitario y el funcionamiento correcto del neurotransmisor que levanta el ánimo, la serotonina. (Por eso los niveles de colesterol bajos se han vinculado con depresión y tendencias suicidas; de hecho, el colesterol es la sustancia curativa natural del cuerpo.) Sin proteínas, estaba poniendo en peligro la capacidad de mi cuerpo para autorepararse y, una vez más, tirando piedras a mi propio tejado en cuanto a regular mi peso. Las proteínas insuficientes hacen que el metabolismo disminuya su ritmo, lo que hace más probable aumentar de peso.

No tuve más remedio que enfrentarme a la verdad cuando mi tiroides se debilitó en extremo. Como vivía de cafeína, sin grasa ni hidratos de carbono (es decir, azúcar), vivía a costa de mis glándulas suprarrenales y cortisol; me hallaba en un estado constante de estrés por la comida o por falta de ella. Me vi obligada a sacar la bandera blanca y encontrar una manera mejor de alimentarme. Esto implicó trabajar con un nutricionista holístico, quien enseguida dijo que estaba desnutrida y me sometió a una serie de dietas mucho más ricas, que incluían la adición de productos lácteos y grasas. Al principio me costó adaptarme; mi cuerpo reaccionó aumentando de peso, lo cual activó todas mis alarmas de autoestima. Pero debo confesar que hubo ventajas importantes para mi funcionamiento corporal y cerebral. Con un profundo suspiro de alivio, mi cuerpo volvió a funcionar a pleno rendimiento. Mi mente se agudizó, mi humor dejó de pasar de un extremo a otro y todas las funciones de un metabolismo suave, como sudar, tener la regla y mantener la línea pese a tomar comidas decentes, regresaron.

Dicho esto, me llevó unos años encontrar una forma de comer que pareciera del todo adecuada. Pasé algún tiempo siguiendo al pie de la letra el consejo de mi gurú nutricional, pese al hecho de que los productos lácteos enteros resultaban demasiado ricos para mí y determinados aspectos de su régimen parecían simplemente equivocados. Sin embargo, cuando di con algo llamado la dieta metabólica, los cabos sueltos se ataron. Este protocolo ha existido desde la década de 1950 y dice, básicamente, que cada cuerpo necesita una proporción distinta de grasas, proteínas e hidratos de carbono para que todas sus funciones metabólicas actúen correctamente. Asigna al individuo la responsabilidad de determinar cómo el ingerir proporciones distintas de estos tres nutrientes afecta su funcionamiento físico, mental y emocional.

Pasé algún tiempo tomando nota de cómo me sentía con la dieta más saludable que consumía ahora —enriquecida con más pescado, grasas buenas y nueces y desprovista de todo aquello que se pareciera a un grano de café— y después experimenté incorporando y dejando distintos alimentos. ¿Me siento mejor sin toda la grasa de los productos lácteos? Sí, el «ruido» de estos productos hace que me sienta perezosa, y enseguida aumento de peso. ¿Me siento bien consumiendo carne roja? No tanto, pero noto que la necesito en invierno. ¿Necesito devolver cereales a mi dieta? No; por motivos personales, el recuerdo de lo adictivos que eran me hace querer renunciar a ellos. Planteándome estas preguntas una y otra vez mientras comía fue como aprendí a comer sabiamente.

Realizar esta investigación personal me permitió crear la dieta sana que más me convenía, y al fin pude relajarme. Sabía por experiencia qué funcionaba a la perfección y no tenía que explicárselo a nadie. Me convertí en experta en mí misma, ya no tenía que ejercer un control férreo sobre mi dieta. Mientras mi cuerpo sanaba y se fortalecía, alcancé nuevos niveles de claridad y confianza en mí misma y aprendí que podía tomar cantidades moderadas de comida que me proporcionaban buenas grasas, proteínas e hidratos de carbono vegetales y no feculosos y después me sentía saciada y a gusto conmigo misma. Además, podía olvidarme de las calorías del todo. Cuando eliminé el pánico y el castigo de comer y me traté con mayor indulgencia, pude adoptar estos hábitos más saludables.

La mejoría que he visto en mi salud ahora que estoy bien nutrida en función de mis necesidades es fenomenal. Estimulada por alimentos naturales próximos a su estado original, en una proporción que se adecua a mi cuerpo, compruebo que nunca contraigo resfriados ni catarros porque con el equilibrio bioquímico adecuado, tu sistema inmunitario funciona mucho mejor. Es cierto que mi cuerpo está tan limpio que no consigo quitarme de encima la exposición a gérmenes y virus, pero con medio día de descanso y tomando algunos suplementos que refuerzan el sistema inmunitario, como aceite de hígado de tiburón y algunos tés de hierbas chinos, casi siempre me recupero sin caer enferma.

Así pues, ¿cómo puede encontrar usted su equilibrio personal? Si ya ha advertido los efectos de algunos de los alimentos «ruidosos» presentes en su dieta, está en el buen camino.

CÓMO ENCONTRAR SU EQUILIBRIO PERSONAL

La mayoría de nosotras crecimos oyendo tópicos como: «Para tomar una comida equilibrada, procura que estén representados todos los grupos de alimentos.» En efecto, deberíamos incluir varias fuentes alimenticias para obtener nuestro pleno complemento de nutrientes; pero, como filosofía alimentaria, esta afirmación resulta demasiado vaga. Creo que cada persona debe evaluar por sí misma qué tipos de alimentos se adaptan mejor a su química individual. Los seres humanos no tenemos caras o personalidades idénticas, y tampoco tenemos metabolismos idénticos, la serie compleja de reacciones químicas que extraen energía de la comida. Por eso una persona afirmará que la pasta le induce sueño mientras que otra jurará que, por el contrario, un bistec la aletarga; es por eso que su vecina puede rebosar de salud con sus comidas estrictamente vegetarianas, cuando usted podría sentirse débil sin algo de carne y pescado.

Esto no significa que *todo* esté abierto a la interpretación personal; ciertos tipos de grasas, hidratos de carbono y proteínas son muy beneficiosos, y otros pueden resultar perjudiciales; algunos alimentos energéticos están llenos de micronutrientes tan críticos (vitaminas y minerales) que todo el mundo debería plantearse tomarlos. Pero, cuando se trata de preguntarse qué cantidad de cada alimento poner en su plato para ayudarla a desarrollarse y qué alimentos eliminar porque no puede tolerarlos, la elección es suya.

Encontrar su equilibrio personal de nutrientes es la clave para un funcionamiento óptimo. También es la clave para alcanzar un peso saludable y mantenerlo. Recuerde que, cuando el «qué» come es adecuado para usted, el «cuánto» se ocupa de sí mismo. (También es la razón por la que todas las dietas para perder peso fracasan. Si las reglas de una dieta no se alinean con sus necesidades metabólicas, las posibilidades de obtener resultados duraderos al seguirla son mínimas.)

Fundamentalmente, lo que debe determinar es el equilibrio entre grasa y proteína, por un lado, e hidratos de carbono, por otro: ¿necesita más carbohidratos y menos proteína y grasa para funcionar a su nivel óptimo? ¿Necesita más proteína y grasa y menos hidratos de carbono? ¿O se halla en un término medio y necesita proporciones más o menos iguales de ambos?

Comer teniendo presentes sus necesidades metabólicas es la base de mi enfoque de «equilibrio personal» sobre la comida. Es como elegir el combustible apropiado de las tres opciones en la estación de servicio: diésel, normal o súper. Según lo que requiera su motor particular, su elección puede permitirle circular perfectamente o renquear y calarse. Su equilibrio personal podría variar a lo largo de su vida, ya que puede adoptar distintas necesidades dietéticas en diversas etapas de la vida, como durante el embarazo o la menopausia. En cuanto empiece a ser sensible a cómo le hace sentirse su combustible, tendrá la flexibilidad para efectuar cambios duraderos.

Comer según su tipo metabólico

La ciencia que se esconde tras el planteamiento del tipo metabólico sobre la comida dice que no existe una única dieta saludable para todo el mundo. El mismo nutriente puede tener efectos diferentes en dos personas distintas, y favorecer la salud de un cuerpo o bien perjudicar a otro. Lo que usted necesita viene determinado por sus genes. Engorda y enferma si consume demasiados macronutrientes inadecuados, cuando pone combustible equivocado en su coche. Por eso las dietas de talla única no sólo son ineficaces, sino que además suelen ser perjudiciales. Los nutricionistas que trabajan con estos principios estudiarán a conciencia sus necesidades metabólicas para determinar específicamente cuál es su tipo de metabolismo. Para comprender mejor estos principios, lea el libro que está considerado toda una autoridad sobre este tema, *La dieta metabólica,* de William Wolcott. Uno de los mayores defensores de esta forma de comer en la actualidad es el doctor Mercola, cuyo sitio web <http://www.mercola.com> está repleto de información sobre qué comer y por qué.

Investigue su equilibrio alimentario personal

En la semana 2 empezará a prestar atención al modo en que sus comidas afectan a su energía y humor para poder entender cuál es la combinación de macronutrientes que mejor le va. La idea es averiguar si le conviene una comida con niveles más altos de hidratos de carbono o cantidades mayores de proteína y grasa. Siempre que sea posible, formúlese las siguientes preguntas después de comer. Trate de ser muy franca en sus respuestas. Recuerde que no siempre incurrimos en hábitos porque nos hacen sentir bien, sino porque queremos que nos hagan sentir bien. Cuanto más limpia sea su dieta, más sintonizada estará con el tipo de comidas que mejor la alimentan.

LAS PREGUNTAS:

¿Cómo se siente en general después de comer? Si se siente estupendamente las más de las veces, es probable que sus proporciones sean adecuadas. Pero si siempre se siente perezosa, malhumorada o de humor muy variable, o está hambrienta o tiene antojos, lo más probable es que sus proporciones de macronutrientes sean algo bajas. Lo único que le pide este ejercicio es fijarse y preguntar: «¿Me sirve esta comida o no?»

- Después de cada comida, analice si se siente satisfecha al momento, si todavía tiene hambre o si se siente demasiado llena.
- ¿Nota un aumento de energía utilizable, o de repente se siente muy cansada?
- ¿Se siente bien con su cuerpo, cómoda y tranquila, o está irritada?

Compruebe si su comida era rica en hidratos de carbono, en proteínas y grasas, o una combinación pareja de ambos.

UNAS HORAS DESPUÉS, OBSERVE:

- ¿Tiene antojo de algo, sobre todo de dulces?
- ¿Tiene la mente concentrada y clara, o se siente aturdida o colocada?
- ¿Está contenta o se siente abatida, deprimida, malhumorada o apática?
- ¿Tiene gases, o están su digestión y eliminación afectadas de algún modo apreciable?
- ¿Siente que los síntomas o dolores crónicos mejoran o empeoran?
- Si ha cenado tarde, ¿duerme profundamente o le cuesta conciliar el sueño?

Comida

Una advertencia sobre las proteínas

A medida que vaya sintonizándose con la reacción de su cuerpo a la comida, podría comprobar que las proteínas más ligeras la alimentan mejor que las más consistentes, o viceversa. Las proteínas más ligeras incluyen pechuga de pollo, pechuga de pavo, huevos, carne magra de cerdo, productos lácteos desnatados o semidesnatados (queso, leche, yogur) y pescado. Las proteínas más ricas incluyen muslos de pollo, muslos de pavo, carne de vaca, cordero, salmón, hígado de vaca y pollo y productos lácteos enteros (queso, leche, yogur).

Cada vez que reaccione negativamente a una comida, como tener un antojo intenso de dulces, sentirse muy cansada o hambrienta antes de transcurridas tres o cuatro horas, es una señal de que su proporción de proteínas, grasas y carbohidratos no se ajusta a sus necesidades. Tome una opción distinta la próxima vez y vea si durante las horas siguientes a su comida se siente diferente.

Experimentar para encontrar su equilibrio personal no debería ser una tarea rutinaria; debería ser interesante y divertido. Como ve, no se trata de marcarse normas estrictas, sino de volverse más sensible a lo que le funciona y no le funciona a diario. Esto no significa que, si su reacción a una comida no es óptima, deba desterrar ese tipo de comida de su dieta. Saber es poder y, si sabe cómo reacciona su cuerpo a determinados alimentos, estará más capacitada para entender por qué podría desequilibrarse en ocasiones y qué puede hacer para corregirlo en el futuro.

Tómese un momento antes de encargar la comida o preparar la cena para ver si ha escogido sin darse cuenta los carbohidratos favoritos que consumía antes (pan, pasta, patatas). Tome una opción distinta. Es más sencillo de lo que cree, y a menudo se reduce a sustituir el pan o las patatas que normalmente se comería por una gran cantidad de verduras llenas de fibra. Elija ensalada, no un sándwich, y dos guarniciones de verduras carnosas o con hojas en lugar de hidratos de carbono. Cuando esté en un restaurante, aparte a un lado el cesto del pan. Es una forma fácil e inmediata de evitar atiborrarse de cereales ricos en azúcar.

Replantéese su ingestión de hidratos de carbono

Es fácil pensar que hidratos de carbono simplemente significan cereales y productos feculosos. Pero ¿se ha dado cuenta de que las verduras son también una fuente de carbohidratos? Puesto que apenas como cereales, las verduras son mi principal suministro de hidratos de carbono en casi todas las comidas. Dado que están repletas de fibra, las verduras tienen un impacto lento y bajo en el azúcar en sangre, lo cual significa que usted obtiene energía sin el viaje en montaña rusa que los cereales pueden imponerle (sobre todo, si es sensible a ellos). Para obtener energía de las verduras, basta con añadir una cucharada de espinacas a su plato. Debe aumentar considerablemente las porciones y convertirlas en un componente principal de la comida. Experimente usando verduras en grandes cantidades en cada comida en lugar de su típica fuente de carbohidratos y compruebe cómo se siente.

PONGA A PUNTO SU INGESTIÓN

Aplique sus observaciones no sólo a los principales grupos de alimentos, sino también a todo lo que coma. Atendiendo a su sabiduría interna, determina lo que debe y no debe tomar en su dieta personal y encuentra su camino entre todas las «reglas» de comida saludable que puede ver en revistas y establecimientos. Yo sé que las almendras son una opción de tentempié estupenda porque están llenas de vitamina E (sobre todo, si se comen enteras con piel y todo), pero cuando las tomo en exceso siento la tentación de comer más todavía, de modo que las limito a una vez por semana.

A menudo alimentos que se califican de supersaludables no le dan resultado, o descubre que los consume en exceso y entonces se desequilibra. Mucha gente abusa de los productos de soja (como leche de soja y tofu) cuando trata de mejorar su dieta, y experimenta efectos perjudiciales. Si aparecen síntomas como dolor de cabeza, irritabilidad, picazón en la piel o hinchazón, acuérdese de dar un paso atrás y revisar toda su dieta para ver qué puede retocar. Pruebe a eliminar cosas y vuelva a añadirlas. Escuche el «ruido» que hacen los denominados alimentos buenos y juzgue si le dan resultado. A medida que aprenda más sobre qué alimentos tienen efectos beneficiosos y cuáles pueden ser perjudiciales, y a medida que aplique su criterio personal a si le funcionan en su caso, esta unión de información e instinto la ayudará a forjar una dieta íntegra y dichosa con la que podrá vivir a largo plazo.

Cambiar su forma de comer puede tener repercusiones entre quienes la rodean. De repente, otras personas pueden tener opiniones firmes sobre lo que debería y no debería comer. Familiares y amigos pueden volverse muy extraños y casi resentidos cuando experimente con distintas combinaciones de alimentos y nuevas formas de comer. A lo largo de mi vida, cada vez que he tomado mis opciones sobre cómo quiero comer y vivir, siempre ha habido detractores. «¡Esto es un disparate!», «No seas boba, necesitas carne», «¡Vamos, nadie es alérgico al chocolate!», «¡Todo el mundo puede tomar un poco de azúcar!», «¡Tus hijas necesitan leche!». Siempre he respondido con serenidad: «Yo no lo creo», y he continuado con mi hábito. Al experimentar con su dieta, como con todos los aspectos de este programa, es posible que a veces tenga que defender su posición. Decida que esto es lo que debe hacer por su propio bien y no deje que nadie la martirice. Marque sus límites y cíñase a ellos.

Elija los alimentos que estimulan

IMAGÍNESE QUE ES UNA ARTISTA. Elegir comida puede ser como escoger los colores de su paleta. Usted crea su plato de cena o desayuno para complacer su apetito y su vista. Empiece por ingredientes saludables y siga su instinto: «¿Qué tiene buen aspecto?», «¿Cuántos tonos de verde puedo mezclar en esta ensalada?». Un huevo frito, un puñado de arándanos y unos cuantos anacardos espolvoreados sobre las bayas tienen un aspecto agradable. Un trozo de pescado asado, dos rodajas grandes de un tomate maduro y hermoso y un montón de hojas de espinaca con una pizca de aliño balsámico y algunas virutas de parmesano es sencillo, pero constituye un plato atractivo y su cuerpo se lo agradecerá. A mí me gusta añadir colores inesperados: ¿quién creía que añil y lavanda podían aparecer en una cena? Cuando preparo mi puré de col morada y coliflor, lo hacen. Encuentro verdadera satisfacción en la comida que resulta fascinante para las papilas gustativas y agradable a la vista, y eso potencia mi energía y también mi humor.

El mejor modo de descubrir qué tipo de alimentos la harán tener buen aspecto y sentirse bien consiste en comerlos. Llene su nevera de alimentos integrales y tome opciones nuevas para sus comidas, y aprenderá sobre una mejor nutrición sólo con hacerlo. La gente suele decir que comer sano es difícil. No lo es. Yo tengo una dieta muy saludable, y sé cómo hacerla rápida y fácilmente. Es sencilla y moderada, y sus efectos son potentes. Procuro incluir en mi dieta alimentos que estimulan, aquellos ingredientes que tienen el mayor efecto nutritivo posible. También suelen decir que comer sano es aburrido. ¡Nada más lejos de la verdad! Cuando una se concentra en comprar los ingredientes más frescos y vivos que pueda encontrar, sus comidas rebosan color, textura y sabor.

Crear una forma de comer más saludable y equilibrada es un proceso gradual. No se empieza a lo largo de todo un día cambiando todo aquello que una come. Se empieza por una comida, el desayuno, y se efectúan cambios, prestando atención a cómo

Elemento esencial del equilibrio personal: cuándo comer

Sólo existe una regla para este programa. Desayune, porque comer a primera hora de la mañana aumentará su ritmo metabólico y hará que se sienta estimulada en cuerpo y alma. Si está poco alimentada por la mañana, la falta de comida puede afectar a su cuerpo haciéndole liberar hormonas de estrés. A medida que transcurra el día, siga su instinto y tome sus comidas moderadas y saludables cuando más hambre tenga. Hacer caso a cuándo necesita comer de verdad, en vez de ir como un autómata, ayuda a acumular sensibilidad. Pero no cene demasiado tarde. Intente comer tres horas antes de acostarse para dormir mejor.

se siente. Luego adapta el almuerzo, y adopta paulatinamente nuevas opciones alimenticias. No tiene que comprometerse con una dieta completamente nueva durante treinta días. ¿Por qué no? Porque un lavado de cara instantáneo no es lo que necesita; cambiarlo todo de golpe hace más difícil que los cambios positivos perduren. Es mejor introducir gradualmente nuevos hábitos que afecten al funcionamiento de sus células para que su metabolismo rinda al máximo, lo cual la proveerá de una salud óptima. Esto no es un libro de cocina, es una guía: adopte algunas de las sugerencias que siguen, pruebe mis recetas, personalícelas o simplemente deje que cualquier cosa que tenga buen aspecto y parezca fresca la estimule para probar algo nuevo. A lo largo de las cuatro semanas de este programa se le pedirá que pruebe nuevas opciones para el desayuno (semana 1), para la comida (semana 2), para la cena (semana 3), así como nuevas opciones para tentempiés. La intención es construir un repertorio de comidas fáciles y dignas de confianza y, de paso, aprender cierta información nutricional.

Esta forma de comer está exenta de microondas, cenas delante de la tele y comida para llevar. Planificación y compra inteligente son las claves para seguir una dieta que la apoye, porque si no hay en su nevera hortalizas frescas, dependerá de comida para llevar y productos preparados. Tanto planificar como comprar requieren cierta disciplina. Si correr es su manera de actuar, tomar alimentos *integrales* puede exigirle ir algo más despacio. Necesita escatimar un poco más de tiempo de su agenda para comprar ingredientes frescos más a menudo y, si dedica veinte minutos a lavar y clasificar todas sus verduras frescas tan pronto como llegue a casa, sus alimentos estarán listos cuando sea la hora de comer. Sin embargo, con un poco más de práctica, cocinar resulta sencillo. Las recetas que sugiero son bastante más fáciles que las recetas familiares tradicionales que podrían ser básicas en su casa. ¿El motivo? Cuando utiliza hortalizas frescas y sabrosas, puede hacerles muchas menos cosas y obtener mucho más placer.

QUÉ COMER
Elementos esenciales de la despensa de Mariel

Yo utilizo algunos ingredientes clave a menudo, y le recomiendo que los compre para las siguientes recetas. Puede encontrarlos en algún comercio de alimentos saludables o bien en Internet (véase el Índice de productos para las fuentes). Desde luego, puede iniciar el programa sin ellos y preparar platos en los que no se usen, pero le sugiero encarecidamente que invierta en ellos; la conducirán al éxito. Al cabo de seis meses, podría descubrir en su despensa diez o doce materias primas que nunca antes había tenido. Pero, por ahora, bastará con éstos.

■ STEVIA. *Este endulzante natural no tiene calorías y es una potente alternativa al azúcar. Úsela para endulzar platos y bebidas, espolvorearla sobre bayas o incluso para hacer nata montada orgánica y deliciosa, si le gustan los productos lácteos. Yo compro stevia SweetLeaf. Si cocina al horno, el xilitol de Kal o The Ultimate Life es otra materia prima estupenda.*

■ PROTEÍNA DE SUERO EN POLVO. *El suero, hecho a partir de leche, es una potente fuente de proteínas, y este suero en polvo es excelente para batidos de fruta, batidos de leche y postres. Es importante encontrar una marca elaborada con stevia, no con fructosa, otros azúcares o endulzantes artificiales. El de sabor a vainilla de Jay Robb es mi favorito, sobre todo porque no lleva hormonas de crecimiento. Quienes no toleran la lactosa suelen tolerar el suero en polvo de calidad superior; si no, la proteína de huevo o la proteína de soja en polvo pueden ser un buen sustituto.*

■ ACEITE DE COCO. *Considerado por muchos el aceite más saludable que se pueda consumir, el aceite de coco está especialmente indicado para dorar pescado y saltear verduras, así como para cocer al horno, ya que el sabor a coco es muy suave. Este superalimento es rico en el tipo más beneficioso de grasas saturadas,*

llamadas ácidos grasos de cadena media, que tienen propiedades antimicrobia-
nas, se digieren fácilmente para obtener energía rápida y estimulan el sistema inmune. También ayudan con los problemas de tiroides. Lo venden muchos sitios
de salud en Internet; busque aceite de coco prensado en frío o, mejor aún, aceite de coco virgen, y evite sin dudar los que han sido refinados, decolorados o de-
sodorizados. También puede llamarse manteca de coco, es lo mismo.

Si detesta el sabor a coco, por suave que sea, use aceite de oliva prensado o
pruebe a cocinar con la mantequilla clarificada que recibe el nombre de ghee. Se utiliza mucho en la India y el sur de Asia, y es una grasa deliciosamente aromática con
la que cocer pescado, carnes y verduras o salpicar el arroz. Una pequeña cantidad es
suficiente. Una rápida búsqueda en Internet le facilitará el sencillo procedimiento se-
guido para elaborarla en casa, de ser posible a partir de mantequilla orgánica.

■ LINAZA EN POLVO. *La linaza en polvo es una buena forma de aumentar su ingestión de
grasas omega-3, además de una fantástica fuente de fibra. Me gusta usarla para espe-
sar batidos de fruta; mi marca preferida es la molida ultrafina Mum's Flax Pro o Frax Pro-
biotic, pero puede comprar linaza muy barata a granel en una tienda de productos saludables y molerla con un molinillo de café. También guardo aceite de linaza en mi nevera,
y lo uso en varias de las recetas que siguen, así como para aliños de ensaladas.*

■ ACEITE DE PESCADO O ACEITE DE HÍGADO DE BACALAO. *Suena espantoso,
pero tenga valor. Empleado como suplemento dietético, el aceite de pescado es
la mejor fuente de grasas omega-3, que son fundamentales para la salud física y
mental, mejor que los frutos secos y la linaza. Invierta en una marca de alta calidad que sea pura y libre de metales pesados, como Carlson's o Nordic Naturals,
que tienen sabores naturales que no saben a pescado. Guarde una botella en su
nevera y tome una cucharada al día, o compre cápsulas que no necesitan refrige-
ración. Si evita el pescado debido a la inquietud por las toxinas, ésta es una forma
estupenda de obtener sus grasas de pescado esenciales. Muchos nutricionistas
lo consideran un suplemento innegociable: todo el mundo lo necesita.*

■ FRUTOS SECOS. *Si trata de comprar frutos secos crudos y buenos en su supermercado local, seguramente encontrará una pequeña bolsa de plástico a un precio abu-
sivo o que no contiene más que frutos secos azucarados, salados y tostados. Compre frutos secos mucho más baratos a granel en una tienda de alimentos naturales o
bien a través de Internet; almendras, nueces, avellanas, anacardos y pacanas no deberían llevar sal y estar crudos o sin tostar. Si puede encontrar frutos secos orgánicos
a un precio razonable, cómprelos. Es otra manera de reducir la carga tóxica.*

El mejor desayuno

Por algún motivo, Estados Unidos decidió que alimentos dulces y basados en cereales eran lo que debía servirse para desayunar. Pero no es el caso en otras partes del mundo. En Suecia, Japón o Escocia, lo primero que podría comer es pescado; en los Alpes, tomaría queso y embutidos; en el sur de la India, se atracaría de un delicioso potaje de lentejas. Adapte primero su desayuno y tendrá más posibilidades de comenzar el día desde una situación de calma neutra y menos de montarse en la montaña rusa de los altibajos del azúcar, además de mejor provista de proteínas, grasa buena y carbohidratos de base vegetal. Durante las cuatro semanas de este programa, deje de pensar en la caja de cereales para hacer el desayuno algo distinto. Dé carpetazo a la comida típica a base de tostadas, rosquillas, magdalenas, zumo de naranja, mermelada, miel (y sí, también cereales). Nada que haya sido procesado. En su lugar, cree un plato de alimentos salados o poco dulces a partir de cero: huevos pasados por agua o escalfados servidos con verduras; un poco de queso de buena calidad con aguacate; unas lonchas de pavo orgánico y fruta, o un batido de fruta hecho con el mínimo azúcar. (¡Y no, un batido saludable no contiene yogur helado!) Si come pan, busque la clase más basta que pueda encontrar: «pan de payés» granulado en lugar de pan refinado y envasado al calor. Invierta en mantequilla orgánica y elimine los ingredientes dulces. Aquí no hay reglas; si le sobró salmón de la cena, ¿por qué no lo prueba y ve la energía que tiene al cabo de unas horas? (P. D.: A mí, comer ensalada para desayunar me sienta estupendamente.)

Estas cuatro recetas son algunas de mis favoritas para un desayuno sano. Varias comparten ingredientes similares; de modo que, en cuanto los compre para este programa, los utilizará.

Huevos fritos con verduras

2 huevos grandes
2 tazas de espinacas lavadas
2 pizcas de mantequilla o 2 chorritos de aceite de oliva
Sal y pimienta al gusto

Caliente una pizca de mantequilla o un chorrito de aceite de oliva en una sartén pequeña a fuego medio, y luego vierta las espinacas. Si las hojas no están lo bastante húmedas, añada unas cuantas cucharadas de agua y cubra la sartén con una tapadera para que el vapor marchite las hojas, durante 1 minuto. Saque las hojas con un cucharón perforado para evitar el exceso de agua y déjelas en un plato; cúbralas con una segunda tapadera, si le resulta práctico mantenerlas calientes. Retire el agua que quede en la sartén, añada la segunda pizca de mantequilla o chorrito de aceite y suba el fuego. Casque un huevo detrás del otro y déjelos freírse por los bordes hasta que estén un poco dorados. Cubra los huevos con una tapadera durante un minuto hasta que la clara esté cocida y la yema esté poco hecha (si no le gusta poco hecha, deje la tapadera durante 2 minutos). Retire los huevos con una espátula y póngalos sobre las hojas. Sazone con sal y pimienta al gusto. Sírvalos con un cuenco de frambuesas y arándanos o cualquier otro vegetal que tenga a mano.

> **CONSEJO.** El ketchup comercial tiende a contener azúcar y conservantes; si le gusta con los huevos, pruebe a sustituirlo por una salsa saludable de Newman's Own o Muir Glen, que lleva azúcar y sodio en cantidades mínimas y no contiene aditivos.

Muesli de Mariel

1 taza de yogur orgánico natural (de leche entera o desnatada) o 1 taza de kéfir natural
1/2 taza de frutos secos crudos y troceados (almendras, nueces, avellanas, nueces del Brasil)
1 cucharada de pasas de Corinto o arándanos secos o un puñado de bayas frescas
2 cucharadas de proteína de suero en polvo con sabor a vainilla
1 cucharada de linaza en polvo o aceite de linaza

Mezcle el yogur, el suero en polvo y el aceite de linaza. Espolvoree frutos secos y bayas por encima.

Nota: Aunque a mi marido le gustan los productos lácteos enteros, mi cuerpo de mujer no los procesa bien. Para esta receta utilizo yogur desnatado y añado un poco de grasa con los frutos secos. Experimente y compruebe qué parece asentarse mejor en su estómago. Emplee siempre yogur natural, no con sabores o de dieta, que pueden llevar un montón de azúcar o endulzante falso.

EL KÉFIR es una bebida de yogur nutritiva y rica en proteínas, llena de las bacterias vivas y beneficiosas que el sistema digestivo necesita para funcionar correctamente. Las bacterias benignas apoyan la función del sistema inmune y hacen más disponibles los nutrientes de la comida. Todo el mundo puede beneficiarse de añadir más bacterias benignas a su dieta, y si usted ha tomado antibióticos, considérelas esenciales, ya que sus niveles de bacterias intestinales estarán muy mermados. El kéfir blanco es uno de los mejores alimentos fermentados para agregar bacterias benignas; otros alimentos como el yogur, que contiene cultivos activos (consulte la lista de ingredientes para asegurarse), o las verduras fermentadas como el chucrut y el kimchi coreano, también son beneficiosos. El kéfir puede ser digerido por quienes no toleran la lactosa.

Busque en su tienda habitual la variedad natural y sin sabores, pues los de sabores a fruta pueden contener mucho azúcar; también puede adquirir un kit para elaborarlo fácilmente en casa.

�֍ **LAS BAYAS** de todo tipo son complementos estupendos a su dieta. Están cargadas no sólo de importantes vitaminas, sino también de compuestos antioxidantes. Si puede encontrar bayas silvestres (busque en la sección de congelados), será todavía mejor porque los alimentos silvestres tienden a contener mayores cantidades de oligominerales. Como con todas las frutas, elíjalas frescas o congeladas (sin endulzar), no enlatadas.

Superalimento sustituto: Busque las ácidas y sabrosas bayas goji del Himalaya y pruebe a usarlas en lugar de arándanos o pasas de Corinto. Ahora disponibles en la mayoría de los comercios de alimentos saludables, las bayas goji se consideran uno de los frutos más saludables del planeta debido a sus niveles extraordinariamente altos de antioxidantes, vitaminas y minerales.

Crepe de clara de huevo sumergida en puré de fruta

3 o 4 claras de huevo
1 cucharada de extracto de vainilla
Una pizca de canela

Un chorro de aceite de oliva o mantequilla

Elija entre: 1/2 papaya, si la encuentra, y 1/2 taza de arándanos, frambuesas o moras o bien 1 taza de bayas congeladas sin endulzar (de cualquier clase) o melocotón
4 almendras crudas o un puñado de almendras cortadas, a ser posible orgánicas

Introduzca las claras en una licuadora, añada vainilla y canela y bátalo bien. Caliente una sartén grande y úntela con un chorrito de aceite de oliva o una pizca de mantequilla. Échele la mezcla y déjela cocer a fuego bastante vivo. Viértala cuando se despegue fácilmente del borde con una espátula. Debería presentar un color dorado por ambos lados. (A mí me gusta un poco tostada, de modo que la dejo hasta que está bien dorada y un poco crujiente.) Triture la fruta que haya elegido en una licuadora, añada bayas y almendras (tuéstelas antes a la parrilla unos minutos, si tiene tiempo). Mézclelo brevemente y agréguelo a la crepe. Es un desayuno glorioso.

CONSEJO. Si emplea fruta congelada, introdúzcala en una licuadora con unos pellizcos de stevia y un poco de agua caliente para remover la mezcla. Así dispondrá de salsa de fruta suficiente para guardarla en la nevera durante un par de días.

SOY UNA FOROFA DE LOS HUEVOS ENTEROS. La yema es una parte esencial de su valor nutritivo y una fuente excelente de grasa saludable. Sin embargo, hago esta receta con claras de huevo porque aportan una textura suave, esponjosa y crujiente. Puede comprar claras de huevo envasadas o sencillamente separarlas de sus huevos. Los huevos camperos o ecológicos son una compra más amable.

UN ATOMIZADOR DE ACEITE DE OLIVA es un excelente utensilio de cocina porque lanza cantidades muy moderadas de aceite de una sola vez. No olvide buscar aceite extra virgen.

El batido matutino

Nota: Pruébelo, por disparatado que pueda parecer; cada ingrediente tiene valor nutritivo. Éste es mi desayuno al menos tres veces por semana. ¡Y es divino!

1 cucharón de proteína de suero en polvo con sabor a vainilla (el cucharón viene en el envase)
1 cucharón de linaza en polvo
1/2 taza de arándanos congelados
Agua
Hielo
Agua caliente (si es necesario)
1/2 paquete de stevia (opcional). *Añada stevia si el batido no es lo bastante dulce, aunque el suero en polvo lo endulzará.*

Introduzca una taza de agua potable y un poco de hielo en una licuadora. Añada suero en polvo, linaza en polvo y bayas congeladas. Mezcle a alta potencia. La mezcla debería ser espesa y sin grumos, no escarchada. Si está demasiado escarchada, agregue un poco de agua caliente para suavizar la textura. Bébala en un vaso alto, o vierta bayas frescas, coco orgánico triturado (sin endulzar) y un puñado de trozos de almendra tostada.

DESE EL GUSTO: *Una buena licuadora sirve para hacer batidos de fruta, sopas y purés en un periquete. Mi licuadora Vita-Mix puede dejar suaves como la seda incluso las verduras más gruesas, cubitos de hielo y frutas congeladas; la utilizo todos los días.*

Batido de fruta superrápido

2 tazas de leche de almendra
1 taza de bayas congeladas o frescas
2 cucharadas de linaza en polvo o linaza recién molida

Introdúzcalo en la licuadora, bátalo brevemente y sírvalo.

La auténtica belleza

SUPERALIMENTO SUSTI-TUTO: Las semillas de cáñamo parecen muy dudosas, pero si las ve, ¡pruébelas! Utilícelas en lugar de linaza en el batido de fruta superrápido. Son nutritivas, ricas en ácidos grasos esenciales, vitamina E y proteínas.

Capuchino de suero helado

1 taza de café descafeinado recién hecho o 1 taza de café de hierbas Teeccino™
1 cucharón de proteína de suero en polvo con sabor a vainilla
Hielo

Eche el café caliente en una licuadora, añada proteína de suero en polvo, hielo suficiente para llenar la licuadora al menos hasta la mitad y bátalo. Ésta es una bebida de café descafeinado helado que es beneficiosa para usted y constituye un excelente tentempié, gracias a la proteína. Dulce por naturaleza —si su suero en polvo usa stevia—, es mucho mejor que las bombas de azúcar que se venden en Starbucks. Sentirá que hace trampas cada vez que se toma uno.

Para preparar una versión caliente: Si tiene una cafetera con calentador de leche, es fácil. Vierta 1 taza de agua fría más proteína de suero en polvo en una licuadora y añada hielo. Bátalo hasta que quede espumoso, luego viértalo en una lechera y use el calentador como lo haría con la leche. Tiene que empezar frío. Viértalo en su taza de café o sucedáneo de café como lo haría con un capuchino, echando la espuma por encima.

Si no tiene un calentador de leche, mezcle proteína de suero en polvo con agua hirviendo hasta que esté espumoso y luego añada hielo, que lo hará aún más espumoso.

Tentempiés

Recurra a uno de estos tentempiés en lugar de a golosinas normales dulces, saladas o procesadas:

- Un trozo de queso y media manzana más 4 pacanas crudas
- 2 tronchos gruesos de apio con 1 o 2 cucharadas de mantequilla de almendra
- Un puñadito de frutos secos crudos. Si no los digiere bien, *tuéstelos ligeramente usted misma para evitar las grasas nocivas y la sal presentes en los frutos secos tostados comercialmente.*

Frutos secos tostados en casa

Tome 1 taza de almendras cortadas, 1 taza de mitades de pecana y 1 taza de trozos de anacardo y espárzalos sobre una bandeja de horno o una sartén para asar. Áselos a 150 grados durante una hora. Si el horno está demasiado caliente, la grasa presente en los frutos secos se volverá rancia y le causará dolor de estómago.

Para dar más sabor, rocíe canela sobre ellos, un estimulante natural del metabolismo. Si le gustan salados, esparza condimento Cajun encima. Si el condimento no es pegajoso, rocíe ligeramente con atomizador de aceite de oliva después de tostar y luego espolvoree el sabor.

> **CONSEJO.** Los frutos secos constituyen un tentempié excelente; pero son muy apetitosos, lo cual significa que apenas se da cuenta mientras se los lleva a la boca. Mida pequeñas cantidades de frutos secos en una pequeña cazuela para quesadillas y aparte el recipiente para comer sólo la cantidad que se ha servido.

Granola

Puede ser un estupendo tentempié, postre o desayuno con su batido de suero o leche de almendras.

A la receta de los frutos secos tostados en casa, añada lo siguiente:
1/2 taza de arándanos u otras bayas secas

1/2 taza de copos de coco puro
1 cucharada de aceite de coco prensado en frío
1 cucharada de canela
1 paquete de stevia o 1 cucharada de xilitol

Vierta aceite de coco en sus manos y extiéndalo por su cuenco de frutos secos, copos de coco y bayas, lo suficiente para revestirlo todo un poco. Rocíe canela y stevia o xilitol por encima y remuévalo en la mezcla con las manos.

✳ **BUSQUE COPOS DE COCO** sin endulzar y sin sulfitos, y frutos secos sin sulfitos.

> **CONSEJO.** Excepto para preparar el aliño de la ensalada, uso mucho las manos en la preparación de comida. Pero también me las lavo mucho. Son estupendas para mezclar cosas, y se conecta con la comida de un modo más afectuoso.

¡A comer!

El almuerzo puede ser un reto. Necesita cosas rápidas y fáciles que mantengan su energía constante. También resulta demasiado tentador elegir lo más conveniente de una charcutería o un establecimiento de comida para llevar (como sándwiches, que son todo pan y relleno mínimo) o esperar a estar demasiado hambrienta para tomar una opción inteligente. Llevar comida al trabajo es estupendo si se encuentran unos minutos más por la mañana (y da gusto poder usar por fin todas esas fiambreras). Dé rienda suelta a su creatividad con las ensaladas y hágalas «a su manera». Busque las verduras más interesantes que pueda encontrar, y luego agregue las hortalizas y proteínas más frescas y de colores más vivos; si prepara un poco más de pescado, pollo o tofu chamuscado la noche anterior, dispondrá de los ingredientes necesarios para una estupenda ensalada. Si eso resulta demasiado complicado, llévese sus propios huevos duros y añádalos a un plato de ensalada del bar, o sencillamente llévese su propio aliño para poder controlar al menos un aspecto de la comida. Las sopas saludables son opciones fáciles para el trabajo o para casa; incluso puede tener sopa miso en el trabajo si hay una pequeña cocina, y prepararse su sopa caliente con pescado sobrante, pollo o verduras que haya llevado. He aquí cuatro almuerzos saludables para encaminarla:

El envoltorio perfecto

Empiece por:
1 tortilla de maíz pequeña baja en hidratos de carbono

Úntela con:
1 cucharada de pesto (receta en la pág. 96) o 1 cucharada de mostaza de Dijon

Añádale:
Medio aguacate, cortado en rodajas
Un puñado de zanahoria rallada
Un puñadito de queso mozzarella rallado
Una loncha delgada de pavo, preferiblemente orgánico o sin nitritos

Cúbrala con:
Lechuga triturada
Una pizca de aliño para ensalada a su gusto, que se encuentra en las págs. 92 y 93 (opcional)

Nota: Si es usted vegana, esparza queso de soja en lugar de mozzarella, añada más aguacate e incluya un puñadito de frutos secos. Use productos de soja con moderación.

✳ **A MUCHAS LES ASUSTAN LOS AGUACATES** porque contienen mucha grasa, pero si su dieta es limpia y está exenta de nocivas grasas procesadas, debería disfrutar de cantidades moderadas de estos frutos consistentes y nutritivos cuando sea temporada. Cómalos despacio y fíjese en cuánto llenan. (¡Además, son deliciosos en batidos de fruta!)

CONSEJO. Compre su pavo en lonchas en la sección de charcutería en vez de preenvasado, y busque carne asada o ahumada de forma natural.

Ensalada superior

Empiece por un cuenco de una o más verduras:

Lechuga, hojas de espinaca tierna, rúcula, berros, repollo morado
Luego personalícela a su gusto con varios de los siguientes ingredientes:
Un huevo duro cortado en rodajas, porciones doradas de pescado, pollo asado, tofu, feta o queso de cabra
Verduras frías al vapor: coliflor, brécol, calabacín, judías verdes, espárragos
Pimientos crudos rojos y amarillos
Verduras asadas: berenjena, calabacín, tomates
Verduras en adobo: corazones de alcachofa, pimientos asados
Cebollas cortadas
Aceitunas
1 cucharada de pasas de Corinto
Un puñado de coles de Bruselas frescas
Algunas pecanas desmenuzadas, semillas de cáñamo, pipas de calabaza, pipas de girasol

---

C O N S E J O . No necesita ningún utensilio especial para cocer al vapor. Llene un cazo de tamaño mediano con unos 5 centímetros de agua, caliente hasta el punto de ebullición y coloque un colador metálico sobre el cazo con una tapadera haciendo presión sobre las verduras. Según el grosor de éstas, llevará entre 2 y 3 minutos.

Aliños para ensaladas

Aliños distintos darán a sus ensaladas sabores característicos. Aquí tiene algunos para probar. Hágalos abundantes, y guarde un poco en la nevera para asegurarse de tener así el aderezo más saludable posible para las ensaladas compradas.

Aliño de Dijon

1 cucharada de aceite de oliva o aceite de linaza
El zumo de medio limón
1 cucharada de mostaza de Dijon
Una pizca de alga roja comestible
Una pizca de cúrcuma

Nota: La cúrcuma es un gran antioxidante; úsela siempre que pueda. Bátala y salpíquela sobre su ensalada.

SUPERALIMENTO SUSTITUTO: El alga roja comestible viene en polvo. En lugar de poner azúcar en el aliño para ensaladas, pruebe este ingrediente poco habitual. Luego busque otras algas sabrosas para picar o añadir a sopas, como láminas de nori asadas. Los vegetales marinos ofrecen el surtido más amplio de minerales de cualquier alimento, contienen prácticamente todos los minerales que se hallan en el mar —los mismos minerales

que se encuentran en la sangre humana—, y son una fuente de yodo, que necesitamos para hacer funcionar bien la
tiroides.

Salsa miso o aliño de jengibre

2,5 centímetros de jengibre rallado
1 diente de ajo
1/2 taza de miso ligero
1 cucharada de vinagre de manzana
2 cucharadas de aceite de oliva
1/2 taza de agua

Mezcle hasta que no queden grumos.
Añada el agua necesaria para obtener la
consistencia que usted desee.

Esto también resulta estupendo
como salsa con sus verduras favoritas.

CONSEJO. El miso es una
pasta deliciosa, rica en proteínas,
que se hace fermentando semillas de
soja, granos cultivados y sal marina,
y se usa para sazonar sopas en Japón. Mi marca favorita de miso es
South River, que no está pasteuriza-
do, lo que significa que contiene
bacterias benignas para su aparato
digestivo.

Aliño tahini de limón

1/2 taza de tahini (puré o pasta de sésamo)
1 limón exprimido
1 taza de agua
2 cucharadas de aceite de oliva
1/2 cucharada de sal marina

Mézclelo. Agregue eneldo fresco u otras
hierbas para variar.

CONSEJO. Busque tahini cru-
do y orgánico, y utilice agua filtrada
si es posible.

¿CRUDO O COCIDO? Si no
toma mucha comida cruda, aña-
da más a su dieta mediante ensaladas y
tentempiés crudos. Esto aumentará la
cantidad de enzimas necesarias para hacer la digestión. Sin embargo, tenga en
cuenta que somos menos eficientes digiriendo comida a medida que envejecemos; así pues, fíjese en cuándo toma demasiado de algo bueno. Los métodos de
cocción de verduras al vapor y sin agua
también son estupendos, y conservan mejor las vitaminas que la ebullición rápida.

Gazpacho fácil

SOPA:

4 tomates grandes y frescos, preferiblemente Roma
1 diente de ajo fresco (o más, al gusto)
1 cucharada de copos de pimiento rojo

1/2 taza de aceite de oliva

2 cucharadas de cilantro fresco

1 cucharada de perejil fresco

1/2 taza de cebolla, picada

1/2 cucharadita de semillas de comino

1/2 cucharadita de orégano

Zumo de un limón

Sal al gusto

GUARNICIÓN:

Un pepino pequeño, cortado en dados

Un pimiento rojo pequeño, cortado en dados

Un pimiento dulce verde pequeño, cortado en dados

Mezcle los ingredientes de la sopa en una licuadora y obtenga un puré sin grumos. Trocee los demás ingredientes y añádalos a la mezcla de tomate. Sirva con más limón y nata si lo desea. Adorne con más cilantro y cebollas (opcional).

Si no le basta con la sopa, acompáñela con una tortilla de maíz baja en hidratos de carbono y unas rodajas de aguacate o galletas saladas de centeno.

Sándwich celestial de ensalada de huevo

1 huevo duro grande

2 cucharadas de mayonesa «auténtica»

Sal y pimienta

Pimentón

2 rebanadas finas de pan de buena calidad, ya sea granulado y sin refinar o pan de grano germinado sin harina

Machaque el huevo, la mayonesa y los condimentos juntos en un cuenco. Unte el pan con mezcla de huevo y ponga un poco de mostaza de Dijon en un lado del pan si es aficionada a la mostaza como yo.

> **CONSEJO.** Consiga la mayonesa más natural que pueda, ya sea orgánica o sin aditivos, o hágala usted misma con aceite de oliva, yema de huevo, sal, pimienta y vinagre.

✳ **EL PAN DE GRANO GERMINADO** tiene un menor impacto en el azúcar en sangre y más nutrientes que el pan normal. A mí me gusta Manna from Heaven o Food for Life (etiqueta roja).

Limonada

1 manzana verde

Zumo de 1 limón

1 cucharada de linaza en polvo

1 cucharada de aceite de linaza

1/2 paquete de stevia o 1/2 taza de arándanos en lugar de endulzante

1/2 cucharadita de sal marina

4 tazas de agua

1 taza de hielo

Mézclelo en una licuadora de alta velocidad. Sírvalo helado o a temperatura ambiente.

Ofrezca una gran cena

Lo que con mayor frecuencia se ve en mi plato por la noche: un trozo de pescado chamuscado, o a veces tofu, con un montón de verduras y ensalada. Es sencillo: compro un buen pedazo de atún o salmón, pongo al fuego una sartén hasta que esté caliente con un chorrito de aceite de oliva o una gota de aceite de coco, luego salteo el pescado para que el exterior obtenga mucho sabor y añado sal y pimienta. El atún se chamusca rápidamente por fuera y se come cuando aún está rosado por dentro; el salmón se cuece a fuego lento durante más tiempo. Ambos pueden cubrirse con mi deliciosa salsa verde-verde, que se describe a continuación. Otras noches preparo carne natural u orgánica en la barbacoa o la aso a la parrilla: primero dejo que se dore a fuego vivo y luego dejo que termine de hacerse a fuego lento. Añada verduras que rebosen frescura; a mí me gustan sobre todo la coliflor, el brécol, las coles de Bruselas, la col roja o una buena guarnición de verduras de hojas al vapor o crudas como la acelga, la col rizada o las berzas, y es una comida muy completa que resulta más rápida que calentar una pizza. A continuación, se recogen algunos de mis otros platos favoritos para cenar, que se ofrecen en cantidades grandes de modo que le sobren para el almuerzo o para alguna otra cena esa semana.

Salsa y aliño verde-verde

1 ramillete grande de albahaca fresca (tiene que ser fresca)
1 bolsa de espinacas tiernas
1 taza de aceite de oliva
1/2 taza de mostaza francesa
4 aceitunas Kalamata y un chorro del zumo del bote de las aceitunas. (Tiene la cantidad justa de vinagre para hacer la salsa agria.)

Póngalo todo en una licuadora y mézclelo hasta que no queden grumos. Úselo para verduras, pescado, carne y pollo e incluso como aliño.

Tofu de mantequilla de naranja chamuscado con col rizada o espinacas

1 paquete de tofu orgánico no transgénico, de medio a duro
2 cucharaditas de mantequilla sin sal o aceite de coco
Zumo de 1/2 naranja o 1/2 taza de zumo de naranja fresco
1 diente de ajo
2 cucharaditas de salsa Tamari o aminos Braggs o salsa de soja sin trigo
1/2 paquete de stevia
1/8 cucharadita de jengibre fresco rallado

1/8 cucharadita de pimienta
3 tazas de col rizada o espinacas picadas (añada más si el tofu domina el plato)

Combine zumo de naranja, salsa Tamari o de soja, stevia, ajo y pimienta; déjelo aparte. En una sartén, caliente mantequilla o aceite, añada filetes de tofu y saltéelos a fuego vivo durante 3 minutos, dorándolos bien por cada lado. Reduzca el fuego a lento y añada escabeche a la sartén y col rizada o espinacas. La col rizada tarda unos 3 minutos en cocerse, y las espinacas entre 1 y 2 minutos; ambas deberían conservar un color verde intenso. Sírvalo con quinoa tal como se especifica por caja, 1/3 taza cocida por ración.

LA COL RIZADA, junto con la coliflor, el cardo suizo, la col, la col china, la mostaza y las hojas de nabo, la rúcula, los berros y las coles de Bruselas, destaca por ser un alimento anticancerígeno. Estas verduras crucíferas contienen compuestos que aumentan la capacidad del hígado para neutralizar sustancias potencialmente tóxicas. La col rizada y las espinacas son ambas fuentes ricas en folatos, una vitamina B fundamental para la formación de células y crucial durante el embarazo. Aunque la col rizada es supernutritiva, hay quien cree que tiene un sabor demasiado fuerte; en ese caso, elija espinacas.

LA QUINOA tiene el aspecto y el sabor de un cereal, pero en realidad es la semilla nutritiva de una planta emparentada con el cardo y las remolachas. Rápida de cocer, agradable al gusto y rica en proteínas, tiene un bajo contenido de gluten y es excelente para quienes no toleran el trigo. Úsela como una deliciosa guarnición parecida al cuscús o el arroz. Antes de cocer, lávela en un colador fino con agua fría, frotándola suavemente.

Pesto de pollo o salmón

2 pechugas de pollo campero enteras, deshuesadas y sin piel o 1 filete de salmón (de 225 a 285 gramos de pescado fresco y salvaje, a ser posible)

A menudo encontrará pesto fresco en la sección de charcutería de su tienda habitual, pero puede hacerlo usted misma fácilmente y guardarlo durante varias semanas o congelar lo que sobre. Si es sensible a los productos lácteos, deje el queso y simplemente añada sal.
2 ramilletes grandes de albahaca fresca
2 dientes de ajo
1 taza de aceite de oliva extra virgen
Queso parmesano fresco rallado fino o
1 cucharadita de sal marina
1/2 taza de piñones o nueces molidos

Precaliente el horno a 350 grados.
Ponga los ingredientes del pesto en un

robot de cocina o una licuadora. Mezcle hasta que no queden grumos o esté ligeramente grumoso, según la textura que prefiera. Reboce las pechugas de pollo o el pescado en salsa de pesto y póngalos en una cazuela. Métala en el horno y cueza la pechuga de pollo durante unos 30 minutos; échele un vistazo al cabo de 25 minutos, y luego póngala debajo de la parrilla para dorar la parte superior. Cueza el pescado durante la mitad de ese tiempo y póngalo debajo de la parrilla para dorarlo. Use el pollo o pescado sobrante para almorzar al día siguiente.

CONSEJO. Limite la comida para llevar durante este programa. No es posible controlar los ingredientes de la comida para llevar. Anticípese y saque de la nevera los ingredientes necesarios para la cena horas antes para que esté usted dispuesta a comer bien. Incluso después de una larga jornada puede preparar un tipo mejor de comida para llevar; compre un pollo asado en el supermercado y combínelo con una ensalada hecha en casa.

HERVIR un buen pescado blanco y consistente en un caldo de verduras lleno de brécol y col frescos, y cebollas, zanahorias y apio salteados, es un modo superfácil de preparar la cena. Use vino blanco, limón y hierbas secas para preparar un plato a la francesa. O mezcle pasta de miso, salsa de soja y wasabi en polvo, si puede encontrarlo, para preparar una deliciosa sopa de pescado al estilo japonés. O bien vaya a buscar un poco de leche de coco y pasta de curry tailandesa al supermercado para darle un sabor tailandés. Ponga trozos de pescado en el caldo durante sólo unos minutos, hasta que la carne translúcida se haya vuelto opaca. Perejil o cilantro fresco por encima le dan el toque final.

Scampi simple

1/2 taza de aceite de oliva
1 cebolla, pelada y picada fina
2 dientes de ajo
Varias hojas de estragón fresco o una pizca de estragón seco
Una pizca de sal y pimienta
12 gambas de tamaño mediano frescas o congeladas (descongeladas)

En una sartén pequeña, caliente aceite de oliva y saltee la cebolla y el ajo a fuego de medio a lento durante 2 a 3 minutos, hasta que queden translúcidos. Añada sal y pimienta y saltee durante 1 minuto más; no deje que se dore. Retire del fuego y déjelo enfriar.

Ponga en un cuenco las gambas con la mezcla salteada y zumo de limón. Use las manos para procurar que las gambas se recubran de adobo. Una vez más, pienso que las manos constituyen las mejores herramientas para cocinar con amor. Deje reposar esta mezcla entre 20 y 30 minutos antes de acabar de cocer.

Precaliente una parrilla. Recubra con papel de aluminio una bandeja de galletas o una parrilla. Coloque las gambas sobre la bandeja y ponga un pegote de la mezcla de cebolla sobre cada gamba. Ase a fuego vivo hasta que las gambas ya no sean translúcidas sino rosadas y la cubierta esté dorada, entre 4 y 5 minutos.

Sirva con «pasta» de calabacín (véase la página siguiente).

CONSEJO. La batería de cocina de acero inoxidable es mejor que las de aluminio o teflón, las cuales tienen efectos ligeramente tóxicos.

Albóndigas de pollo o pavo marinara

ALBÓNDIGAS:

2 cucharadas de aceite de oliva
1 diente de ajo fresco grande picado (o mucho más, al gusto)
3 cucharadas de cebolla amarilla picada
1/2 cucharada de hierbas secas
1/2 kilo de picadillo de pollo o pavo (campero, sin hormonas o, a ser posible, orgánico)
1/2 taza de migas de pan de trigo integral o harina de almendra
2 huevos
1 cucharada de sal marina
1/2 cucharada de pimienta mezclada molida
1/2 cucharada de pimentón picante (opcional)

Caliente el horno a 425 grados. En una sartén para saltear, combine el aceite de oliva, el ajo y la cebolla picados, sal, pimienta y pimentón. Cueza a fuego lento. Caliente hasta que el ajo y la cebolla empiecen a caramelizar. Añada el resto de los condimentos y retire del fuego. En un cuenco de tamaño mediano, combine la carne picada, los huevos y las migas de pan y mezcle bien. Forme pelotillas del tamaño de pelotas de golf y colóquelas en una bandeja de horno recubierta de papel de aluminio con alguna clase de borde. Meta en el horno y cueza hasta que la parte superior se dore ligeramente, luego gírelas. Cuando el otro lado esté hecho, la carne debería estar cocida, aunque esto puede variar según el tamaño de las albóndigas. Para asegurarse, coja un termómetro de carne y compruebe la temperatura interna a 165 grados, o abra una y vea que la carne no esté rosada. Retire y añada la salsa marinara.

SALSA MARINARA:

3 dientes de ajo picados (o muchos más, al gusto)
1/2 cebolla amarilla picada
1/2 taza de aceite de oliva
1/2 taza de vino tinto seco (no dulce) (opcional)
1/2 taza de mantequilla
1 lata de 1/2 kilo de tomates italianos triturados, escurridos, en puré o enteros (orgánicos a ser posible)
1 lata pequeña (de 150-200 gramos) de concentrado de tomate
1 cucharada de sal marina

1 cucharada de pimienta molida
2 cucharadas de orégano fresco o 1 cucharada de orégano seco
2 cucharadas de albahaca fresca o 1 cucharada de albahaca seca
1 cucharada de pimentón (opcional)

En un cazo grande, combine el aceite de oliva, el ajo y la cebolla. Cueza a fuego lento hasta que empiecen a caramelizar y se vuelvan dorados. Añada el vino tinto y deje hervir a fuego lento hasta que el vino reduzca su volumen a la mitad. (Si no emplea vino, vaya directamente al siguiente paso.) Añada los ingredientes restantes, excepto la mantequilla, y métalo en una licuadora o un robot de cocina. Mezcle hasta que no queden grumos. Vuelva al cazo y caliente hasta que rompa a hervir con la tapadera puesta. Agregue la mantequilla y las albóndigas y reduzca el fuego para mantenerlo caliente.

CONSEJO. En vez de servir las albóndigas con pasta, pruebe esta variante. Coja 3 calabacines y use un pelapatatas o la hoja larga de su robot de cocina para hacer lazos de pasta falsa. Caliéntelos al vapor en una olla de estofar grande para no romper los lazos hasta que estén tiernos y ligeramente flexibles pero aún de color verde intenso. Coloque las albóndigas y la salsa encima, acabe con parmesano rallado o sirva con salsa marinara sola como guarnición para otra noche.

Nota: Para hacer una sopa sorprendente, añada 1 taza de nata (a ser posible, orgánica) a la receta de la salsa marinara.

Bisque de calabaza

4 tazas de calabaza moscada, cortada en dados medianos
2 calabacines amarillos, cortados en dados medianos
2 tomates medianos, cortados en dados pequeños
1/2 pimiento amarillo, cortado en dados pequeños
2 tallos de apio, cortados en dados pequeños
1/2 cebolla roja mediana, cortada en dados
1/2 taza de aceite de oliva
2 cucharadas de vinagre de manzana
1 cucharada de tomillo, perejil y romero frescos (picado fino) o un pellizco grande de una mezcla seca
1/2 cucharada de pimentón
1 cucharada de sal marina

Cueza ligeramente las verduras al vapor unos minutos. Mézclelas todas juntas con unas 6 tazas de agua. Añada aceite de oliva y todo lo que se enumera debajo. Bata todos los ingredientes juntos y sirva tibio, ¡pero no demasiado caliente!

Nota: Esta receta sirve por lo menos para 6 raciones, por lo que se puede consumir en varios almuerzos o cenas, o congelar en recipientes pequeños para disponer de raciones individuales listas para tomar.

Guarniciones

Puré de patatas «falso» de coliflor

1 coliflor pequeña, cortada en trozos
2 cucharadas de mantequilla sin sal
1 cucharada de nata orgánica (opcional)
Sal y pimienta al gusto
Un pellizco de tomillo fresco

Cueza la coliflor al vapor para que esté blanda y se deshaga fácilmente, sin estar pulposa. Métala en su licuadora o batidora. Añada mantequilla y un poco del agua de la olla para poder remover. Si desea más sabor, añada una cucharada de nata espesa y sal y pimienta al gusto. Mezcle hasta que esté bien triturado. Aderece con tomillo fresco.

Puré morado

Ésta es mi guarnición personal: la tomo con muchas comidas para obtener una buena dosis de nutrientes, y es divertida y reconfortante de comer. Úsela como sopa o como salsa para todo lo que quiera.

1 coliflor entera, partida en manojos pequeños
1/2 col morada, despedazada

Cueza las verduras al vapor hasta que estén blandas, no pulposas. (Si están demasiado crudas, tendrán un sabor más amargo.) Póngalo todo en su licuadora (por alguna extraña razón, las licuadoras sirven mejor que los robots de cocina para esto). Vierta el agua de las verduras al vapor en su mezcla y bátala. Tómeselo como un puré curativo o como guarnición de cualquier comida proteínica.

■ ■ ■

CON CADA CENA QUE PREPARO, sirvo una ensalada sencilla. Así fue cómo me crie, y así fue cómo se crio mi padre en París, por lo que insistía en ello cuando éramos pequeños. Era una de las pocas pautas alimenticias de mi familia que creí que merecía la pena conservar como tradición. La ensalada es una fuente tremenda de fibra y sienta bien con las comidas. Elija las verduras que quiera —combine muchas lechugas distintas si dispone de varios tipos— y a menudo basta con eso. (A mí me gustan las enormes hojas flexibles de la lechuga de cogollo.) Si tiene la opción de una ensalada superior, adelante, pero para acompañar una comida compruebo por lo general que, cuanto más sencilla, mejor. Limpie y seque algunas verduras, prepare esta simple vinagreta, y listo.

2 cucharadas de aceite de oliva
1/2 cucharada de zumo de limón
Sal y pimienta

Mezcle todos los ingredientes juntos y, si quiere más sabor, añada 1 cucharadita de mostaza de Dijon. ¡Así de fácil!

■ ■ ■

PUEDE QUE YO SEA LA PRINCI-PAL (está bien, la única) cocinera de la casa, pero tengo que adaptar las necesidades y el trabajo de mi familia a una serie de limitaciones, como el tiempo disponible y mis propias ganas de cocinar. No siempre como lo mismo que los demás porque lo que a mí me sirve es distinto de lo que necesita mi marido, y mis hijas adolescentes tienen sus propios gustos. Así pues, cuando se trata de preparar una comida familiar, extiendo unos cuantos componentes en distintas fuentes —pescado, verduras, arroz para quien lo quiera— y dejo que cada persona confeccione su plato a su gusto. El mío acaba siendo montones de ensalada, mientras que mi marido toma más arroz y pescado. De postre, yo me como las bayas sin más y él las recubre de nata batida orgánica. Mi lema es: ofrece opciones saludables y después que cada cual haga lo que quiera.

OPCIONES CONSCIENTES: COMPRA Y PREPARACIÓN

PREGUNTA: ¿CON QUÉ FRE-CUENCIA COMPRA COMIDA?

Si es una vez por semana, piense en qué medida refleja eso algo sobre la importancia que da a la comida. ¿Comprar, preparar e ingerir alimentos tiene que ser lo más cómodo posible para usted, y en ese caso, por qué?

CON EL FIN DE reinventar su dieta, ayuda ver sus hábitos de compra como un acto creativo. Puede que el supermercado le parezca el sitio más aburrido del planeta, un lugar al que entra precipitadamente y trata de salir lo antes posible. De ser así, ¿qué revela esto sobre sus relaciones con la comida? A lo largo de este programa, afloje el ritmo y dedique sólo cinco minutos más de lo normal a mirar qué es lo que se ofrece. Elija una sección del supermercado y percátese de qué no ha visto antes; escoja una verdura nueva, huélala, pálpela, examine su color. O, si le gusta comer pan en su dieta, observe la diversidad de productos de panadería que normalmente pasaba por alto y lea sus etiquetas. Cada vez que compre, conviértalo en una misión de llevar a casa un alimento nuevo, ya sea una verdura de hojas verdes que no haya usado antes, un cereal nuevo como la quinoa o cuscús de trigo integral, o bayas oscuras. Tiene un valor enorme introducir sólo un alimento nuevo cada vez que compre. A los cuatro meses, su dieta será muy distinta y más variada de lo que era antes, y reflejará sus gustos y necesidades, no los dictados de algún experto externo.

✳ **SEPA QUÉ RESTAURANTES** próximos a su casa ofrecen la clase de comida que la sustenta, para no acabar en algún establecimiento aleatorio porque no sabe adónde ir. Ayuda hacer una lista para que tenga siempre una buena idea de adónde ir.

Ejercicio: Coma más fresco

¿Tiene ocasión de comprar más alimentos frescos, como verduras, pescado o carne frescos, el día que le apetece comerlos? En su trayecto de casa al trabajo, ¿pasa por alguna tienda en la que pueda detenerse? Si puede comprar más de una vez por semana, será más probable que coma alimentos frescos a diario. Y establecerá una mayor relación con la comida, obtendrá un placer más sensual al elegir artículos vivos y sanos, y comerlos cuando están en sus mejores condiciones. Hágase el propósito de alterar su rutina de compra de comida durante la semana.

- Si rara vez organiza la compra de comestibles, y las más de las veces adquiere comida para llevar o prepreparada, su reto consiste en ir a su tienda habitual o al establecimiento de alimentos saludables con una lista y pasarse media hora buscando.
- Si realiza una compra voluminosa una vez por semana, haga una parada a media semana para elegir productos frescos para cenar, escogiendo algo que parezca más fresco y atractivo.
- Si ya visita los comercios alimenticios locales asiduamente, su reto es tratar de encontrar una nueva fuente, como un mercado agrícola local, y abastecerse para varios días.

La auténtica belleza

Ejercicio: Compre dos alimentos nuevos

Cada vez que acuda al supermercado durante este programa, asegúrese de que su carrito incluye por lo menos dos alimentos saludables nuevos que nunca haya probado. Si sigue las directrices alimenticias anteriores, esto ocurrirá automáticamente, pero si conoce todos los alimentos de las recetas, mire un poco más y pruebe un producto fresco o un artículo saludable congelado o envasado que despierte su curiosidad. PLANIFIQUE CON ANTELACIÓN. Haga una lista de comidas para toda la semana. Además, confeccione su propia lista de la compra. Estar preparada la ayudará, por ejemplo, a no depender del microondas para descongelar el pollo a última hora. Usted sabe con antelación qué necesita cada noche.

Es el momento de devolver cierto sentido de sencillez y satisfacción a la compra y la alimentación. En una era en que la fruta viaja por medio mundo para que podamos disfrutarla en invierno, me parece más sensato honrar el curso de la naturaleza y las estaciones cuanto podamos. Fíjese en qué productos locales abundan en las tiendas y los mercados en cada estación y procure cocinar con ellos, aunque no se haya planteado utilizarlos. A ser posible, elija alimentos cultivados en su región. Las «reservas vitales» de los alimentos (su valor nutritivo) no sólo son mucho más altas si se han cogido más cerca de la maduración y transportado rápidamente al punto de venta, sino que además, aunque no sean orgánicos, llevarán menos cantidad de los «cosméticos químicos» que se aplican a las verduras para transportarlas desde su lugar de origen hasta el supermercado.

En cuanto al gasto, muchos ingredientes integrales sencillos son baratos, sobre todo comparados con el precio de comprar comidas prepreparadas o comer fuera. Adquirir cereales, granos y legumbres (guisantes, judías y lentejas) a granel en su tienda habitual de alimentos saludables supone un ahorro de dinero y envasado. Si puede acudir a un mercado agrícola local, allí encontrará verduras de excelente calidad a precios competitivos. Otros artículos, como derivados lácteos orgánicos o crudos, o carne de vaca alimentada con pastos, son bastante más caros que las versiones convencionales. No es realista esperar que todo lo que consume sea un producto de gama alta. Tendrá que tomar opciones y evaluar por sí misma qué cosas merece la pena usar más, probándolas y conectando con cómo hacen que se sienta. También podría haber razones morales y éticas dignas de tener en cuenta con respecto al producto animal de su elección. ¿Vale la pena gastar dinero en animales que han tenido una existencia más humanitaria? Cuando tenga en cuenta distintas opciones, piense en la comida como en su seguro de salud: lo que invierta ahora en alimentarse lo recuperará diez veces en el futuro manteniéndose sana y estimulada.

Coma con paz y moderación

PREGUNTA: ¿QUÉ AFIRMACIÓN REFLEJA MEJOR SU ACTITUD HACIA LA COMIDA?

A. Me gusta comer y a menudo pienso en comida, hasta tal punto que a veces eso plantea el problema o de la ingesta excesiva o del rechazo.

B. Alimentarme es una tarea que lleva su tiempo. Si la nutrición se pudiera tomar en pastillas, ¡lo haría!

C. A veces comer puede estimularme, pero mi actitud hacia mi dieta diaria es bastante utilitaria.

SU FORMA DE COMER es tan importante como lo que come. El acto de comer debería proporcionar un momento de respiro durante su jornada. A fin de cuentas, comer es el acto más fundamental de cuidar de sí misma. Si bien elegir alimentos integrales y nutritivos es un aspecto del comer bien, aprender a tratar la comida con la consideración y el respeto que merece —creando una buena experiencia alimenticia, ya sea sola o en familia— es igualmente crucial. Sólo cuando su actitud hacia el comer cambia, la comida se torna una de las piedras angulares de la vida equilibrada, algo que afecta positivamente a su vida y le aporta no sólo salud sino también placer y paz de espíritu.

Debería poder comer de tal manera que la comida la haga feliz, no ansiosa, todos los días de su vida, y sentirse satisfecha después de cada comida. Si está presionada, distraída o lucha consigo misma por sus deseos, no obtendrá tanto beneficio de sus alimentos por muy bien que los elija.

Comer bien pasa por la moderación. Tomar de tarde en tarde alimentos imperfectos no es el problema; es excederse con estos alimentos lo que constituye un problema.

Es el momento de pasarse al modo en que comían nuestros antepasados: sus dietas incluían un poco de azúcar, un poco de hidratos de carbono y sin duda algunas grasas buenas, pero nada de esto se suministraba en las enormes cantidades que hay disponibles ahora. Además, sus dietas mantenían por lo general estilos de vida activos y físicos en vez de sedentarios. En mi familia, la única persona que comía con moderación era mi madre; tomaba sus huevos con tostadas por la mañana; carne, ensalada y patatas al horno para almorzar; una taza de café y quizá una galleta o una porción de pastel por la tarde. Era comida sencilla y casera, y nunca necesitaba más que las raciones moderadas que servía. Aunque tuvo sus problemas (su consumo de alcohol no era tan limitado), no utilizaba la comida para fines emocionales; todo parecía muy sencillo para ella.

Por eso el mensaje más importante sobre la comida es comer con moderación y de manera consciente. No basta con decir simplemente: «Coma menos, pero los viernes siga tomándose su pastel de chocolate.» Primero debe situarse en terreno neutral. Así que reducir del todo los alimentos malos, «ruidosos» y adictivos durante las primeras semanas resulta muy útil. Reequilibra su química y su paleta de colores para que coma menos y empiece a distinguir lo que hay realmente en su comida; entretanto, añadir alimentos saludables satisfará su hambre a un nivel profundo. Ahora dispone de una «cuenta nueva» en la que añadir un capricho aquí y allá como opción intencionada; debería ser algo especial. Los caprichos deliciosos están en el planeta por alguna razón, pero aunque resultan emocionantes cuando se toman de vez en cuando, son contaminantes cuando se ingieren a diario.

Tomarse un tiempo para investigar no sólo lo que come sino también cuándo y por qué come hace que la moderación sea más fácil de alcanzar. Pararse lo suficiente para mirar en su interior cada vez que tiene hambre puede arrojar luz sobre por qué toma malas opciones. Cuando su nuevo repertorio de alimentos se combina con conocimiento y aceptación de una misma, comer saludablemente resulta sencillo, agradable y sostenible.

Comer con paz: El ritual de la comida

PREGUNTA: ¿QUÉ OCURRE A SU ALREDEDOR CUANDO COME?

A. La tele está encendida (tanto si la veo como si no), o escucho música, o leo algo, o estoy en mi ordenador.

B. Varios miembros de la familia o compañeros de piso entran y salen a distintas horas; unas veces se sientan conmigo y otras no.

C. Suelo encontrarme de pie comiendo en la encimera de la cocina porque me ha distraído otra cosa, como hablar por teléfono.

D. Estoy sentada en silencio disfrutando de la comida con algún ser querido.

¿CÓMO PODEMOS SACAR TANTO PARTIDO de nuestra comida cuando la tratamos como si esperáramos muy poco de ella? En muchas culturas, comer es un ritual importante: al preparar y consumir alimentos intencionada e incluso reverencialmente, la gente agradece la comida que tiene delante, la bendice y reconoce la energía que le aporta. Las horas de las comidas se convierten en momentos para descansar, hacer inventario de sus vidas y comprometerse a cuidar de sí mismos. En lugar de ser una tarea o una lata, comer llega a ser un ritual cotidiano que puede arraigar una persona más firmemente a su vida.

Por eso es una vergüenza que, en nuestra vida moderna y acelerada, hayamos perdido la pista de cómo comer. En vez de ser un acto tranquilo e intencionado, a menudo se comprime una comida en nuestra actividad diaria. En vez de apreciar los alimentos, a menudo ni les prestamos atención mientras comemos, o luchamos contra ellos, sintiéndonos culpables por tomarlos o quizá deseando que fueran otra cosa. Volver a centrarse en la comida es fundamental para encontrar el equilibrio comiendo. Durante las cuatro semanas en las que siga usted este programa, deberá acceder a dejar de ver la tele, leer o trabajar mientras come. Tendrá que dedicar algún tiempo a poner la mesa y presentar su comida de manera atractiva, aunque coma sola. Va a tener incluso que hacer la preparación y la limpieza con una perspectiva más creativa y tranquila. La idea consiste en formas sencillas de dotar de más significado al acto de comer.

Trasladar esta actitud a la comida hace que resulte más difícil comer en exceso y abusar: usted se toma un momento para decidir con antelación cuánto consumirá. Observa cómo le afecta la comida mientras la ingiere, y se percata de cuándo está satisfecha. La relación entre usted y su comida se estrecha: sabe exactamente por qué come, en lugar de confundir el objetivo haciendo que la comida satisfaga necesidades emocionales. La mayor parte del tiempo consumimos demasiado porque estamos ausentes.

PREGUNTA: SI CASI SE SORPRENDE CUANDO LA COMIDA DE SU PLATO SE ACABA, ¿EN QUÉ PARTE DE SU COMIDA SE FIJA?
Si su atención no estaba aquí, ¿se ha alimentado tanto como habría podido?

EL ABC DE LA COMIDA EN PAZ
A. Invierta amor en su comida

Cuando la comida se hace con cariño, cambia. Trate de planificar con antelación con el fin de tener tiempo suficiente para preparar la comida sin prisas. Si planifica bien, puede pasar de una actividad de preparación de la comida a otra tomando conciencia de cada paso, y el acto de preparar comida se volverá más creativo y gratificante. Como esposa y madre, me satisface sentir que hago un favor a mi familia... si me tomo tiempo para sintonizar con lo que hago. El plato no tiene por qué ser exquisito —puede ser la comida más sencilla del mundo—, pero si se hace con consideración, transmite un mensaje energético a la comida. Los alimenta a usted y a sus comensales con algo más que sólo nutrientes. Por eso vale la pena evitar el microondas y saber con antelación qué va a cocinar cada noche.

B. Presente las comidas como si fueran importantes

Después de cocinar, tómese un par de minutos más para presentar la comida de un modo atractivo en fuentes y platos, aunque sólo sea para usted o una persona más. Yo a veces decoro las fuentes: una flor cortada de fuera descansa junto a trozos de pescado chamuscado, o volutas de zanahoria color naranja junto a porciones de tofu. Yuxtapongo colores y texturas y ordeno alimentos de formas pulcras. Complace a la artista que llevo dentro prestar atención al aspecto general de la comida. Como las dispares cenas de mi familia suelen incluir platos y cuencos separados, es una buena oportunidad para hacer que una comida esté llena de colorido, resulte atractiva o emplee utensilios para servir divertidos. Cuando una presta atención a todos estos detalles mientras sirve una comida, se concentra en el momento e incluso concede más importancia a un acto cotidiano.

C. Dé importancia a la hora de comer

¿Tiene la mesa en el comedor o en la cocina? Está ahí porque debería sentarse a ella para comer, ya sea sola, con amigos o en familia. Si no dispone de una mesa destinada para comer, ¿podría dedicar un espacio de su casa a las comidas? Yo invierto cinco minutos en poner la mesa mientras se hace la comida. Pongo un cubierto por persona, incluidos manteles individuales y servilletas, y sirvo un vaso de agua para cada comensal. Coloco algo en el centro de la mesa: una planta en una maceta o flores, si las tengo. Los perros se encierran fuera, y el televisor del salón se apaga para no oírlo. No respondemos al teléfono. Cuando estoy sola en casa, la hora del almuerzo suele ser un período para sentarme a reflexionar. La hora de cenar es una oportunidad para relacionarme con mi marido y mis hijas, y a veces, con amigos. La vida pasa tan deprisa que, si no nos sentáramos en torno a una mesa, nuestros días discurrirían con una comunicación mínima. Si es usted madre, creo que perderá la pista a sus hijos si de tarde en tarde no se sientan a la mesa y mantienen estas conversaciones familiares. Puede que sea poco realista hacerlo todas las noches, pero quizá podría avisar a sus hijos con antelación un día por semana: «¡Chicos, esta noche cenamos juntos!»

CONSEJO. Si está en el trabajo y sus opciones son limitadas, haga un pequeño gesto de tratar la comida con respeto. Encuentre un sitio para comer que esté bien alejado de su puesto de trabajo, y salga fuera si hace bueno. Deje atrás el material de lectura y los teléfonos móviles. Haga una declaración en paz y en silencio cuando se siente a comer: «Éste es el momento de alimentarme y relajarme.»

CONSEJO. Todo el mundo toma de vez en cuando comida comprada en el trabajo o en casa. Aunque sólo sea un bocadillo o sushi en una bandeja de plástico, tómese dos minutos para trasladar su comida a una vajilla adecuada y deshágase de los cubiertos de plástico y la servilleta de papel que venían con ella. Utilice cubiertos de verdad y siéntese a una mesa (ojo: no la de trabajo) para comer. No perderá tiempo, pero la experiencia de su comida será distinta.

Conducta prohibida

1. Comer mientras se habla por teléfono móvil: un delito común entre los que comen fuera o almuerzan a la carrera. Muy bien, estaba hablando con su novio. Pero ¿ha reparado en qué estaba comiendo?
2. Comer mientras se conduce: una combinación errónea. Tenga en cuenta que algunos investigadores han establecido cierta correlación entre la obesidad y conducir un coche automático. Cuando los conductores tienen que cambiar de marcha en un coche de transmisión manual, no disponen de esa mano libre para comer.
3. Comer mientras se deambula por la casa: le hace pensar que no está consumiendo tanto o quizás incluso que está quemando calorías. Siéntese y asuma la responsabilidad de lo que come.

Ejercicio: Cena ritual

Altere su rutina alimentaria de modo que empiece la comida sintiéndose centrada, y preste a sus alimentos la atención que merecen. Incluya, por lo menos, tres de los elementos siguientes:

1. **PONGA LA MESA Y PRESENTE LA COMIDA** de un modo que le parezca atractivo.

2. **DIGA UNA ORACIÓN ANTES DE COMER.** Una frase de gratitud pronunciada en voz alta o mentalmente, como usted desee formularla, centra su atención en la comida y hace que el acto de comer sea intencionado.

3. **ENCIENDA UNA VELA.** Si no tiene acceso a un comedor tranquilo, o si come sola y tiene tendencia a la multitarea durante sus comidas, encender una vela le recordará que debe aflojar el ritmo y alimentarse.

4. **PONGA MÚSICA TRANQUILA.** Si está acostumbrada a algún sonido a su alrededor, pase del rock estridente a temas clásicos o incluso a algunos mantras o cánticos melódicos. La investigación ha demostrado que los sujetos comen en exceso cuando escuchan música sobreexcitante.

5. **RESPIRE ANTES DE CADA BOCADO,** o deje el tenedor. Decida aflojar el ritmo y centrar su atención en cada bocado. ¿Qué prisa hay? Repare en el sabor de cada bocado y en cómo le hace sentirse. Pregúntese: «¿Qué sabe bien de esta comida?» Trague y respire antes de tomar el siguiente bocado.

Comida

AVANZAR HACIA LA MODERACIÓN

Moderación = un estado de comer sin pánico. No hay pánico cuando se hacen las cosas con moderación. Esto es especialmente cierto en el caso de la comida: si puede mantener su ingestión de aquello que le gusta en un mínimo relativo, experimenta una sensación de satisfacción, calma y bienestar. Si se excede por la limitada cantidad de placer que le proporcionará en ese momento, después pasará mucho tiempo sintiéndose culpable y estresada, tratando tardíamente de hacer un pacto con su abuso.

¿Por qué, parafraseando un libro de dieta de éxito reciente, las francesas están delgadas? Porque no hay abstinencia, pero tampoco abuso. Consumen pequeñas cantidades de alimentos deliciosos y de alta calidad en su dieta lo bastante a menudo para no temer perderse el placer. Saben que, si sólo toman unos pocos bocados hoy, no pasa nada. La comida buena seguirá ahí mañana.

Para disfrutar de una forma de comer sensata y gratificante, es importante darse el gusto con el alimento más delicioso de vez en cuando, pero sólo de vez en cuando. En lugar de actuar desde la negación y el miedo, aprecie las cosas que deberían saborearse. La plaga de nuestra existencia es querer más. Piense qué ocurre cuando algo delicioso se torna un hábito diario. Pierde su carácter fabuloso, y en vez de alegrarse con la experiencia, simplemente quiere más. La idea consiste en alejarse de la adicción, ese deseo o necesidad constante que no puede satisfacerse nunca.

La moderación es un hábito que puede cultivarse sabiendo que estará contenta y saciada al darse lo que *necesita* en lugar de dejar que esa cosa que desea se adueñe de usted. Cada vez que sienta el deseo de tomar algo, es casi con certeza el momento de intentar deshacerse de ese algo, por lo menos durante algún tiempo. Si le gusta algo y puede aprender a usarlo con moderación, no tendrá que renunciar a ello. Puede tomar chocolate de vez en cuando, ese bocado que la hace sentirse bien en el período premenstrual. Puede decidir que el vino es su capricho y beber una copa o acaso dos; pero entonces toma una opción: dice no al pan o renuncia al postre y disfruta realmente de ese vino porque ése es su deleite sensual. Moderación significa evaluar sus opciones por sí misma y ceñirse a ellas porque sabe lo mal que el exceso hace que se sienta.

Si somos capaces de tratarnos con la suficiente indulgencia para trazar un camino más moderado, podremos disfrutar de nuestra comida, compartirla con nuestros familiares y amigos sin estresarnos y dejar muchas de las malas pautas negativas que ya no nos sirven. Los placeres sensuales están en el planeta para disfrutarlos... si sabemos hacerlo con moderación, con espíritu de celebración.

LAS CLAVES PARA COMIDAS MODERADAS

El vocabulario de la comida, sobre todo para las mujeres, consiste muy a menudo en comer *menos* de algunas cosas y *eliminar* otras, como si la comida fuera el enemigo y estuviéramos asediadas sin tregua. Aun cuando tratamos de estar más sanas, en lugar de perder peso, se pone el acento en la privación: desintoxicación, ayuno y reducción implacable de esto, aquello y lo otro con el fin de tener un mejor aspecto y sentirse mejor.

Provistas de esta actitud negativa, estamos preparando el terreno para la inestabilidad. He llegado a entender que el sufrimiento ocurre, en buena parte, porque la psique no comprende el concepto «no». Si sus pensamientos se concentran en intentar no ingerir comida, lo que su mente registra no es el «no», sino simplemente la idea tentadora. Tratando de desterrar la comida de su cabeza, sólo pensará más en ella. En su lugar, la clave consiste en centrarse en lo positivo, en los alimentos deliciosos y saludables que puede tomar, y en recibir su abundancia buscando activamente nuevas cosas buenas que añadir a su dieta. (Por disparatado que parezca, sólo me percaté de la lógica de esto cuando adiestré a mis perros. Advertirles constantemente que «no» orinaran dentro de casa no servía de nada; seguían haciéndolo. En cambio, encaminarlos hacia lo positivo diciéndoles «¡Sal fuera!» funcionó a las mil maravillas. Un modo extraño de aprender a no tener antojo de rosquillas, pero me dio resultado.)

He aquí los tres pasos para alcanzar un estado de moderación capacitado y positivo en vez de la mentalidad negativa de privación.

Introspección

A lo largo de este apartado, se le inducirá una y otra vez a hacer preguntas. He aquí el porqué: es la manera de estar presente y tomar buenas opciones. Cuando se trata de comida, hacerse preguntas es la clave para ir por el buen camino, comer lo que es apropiado para usted y no excederse. Quizá pasa por la nevera y no puede dejar de picar. A partir de ahora, cuando se encuentre delante del frigorífico y esté a punto de abrirlo, deténgase, baje los brazos y respire hondo. Plantéese una serie de preguntas:

1. ¿Qué siento en mi cuerpo que me hace desear comida? ¿Noto verdaderos síntomas de hambre?

    Si la respuesta es no, aléjese y ocúpese en otra cosa. Si la respuesta es sí, pregunte:

2. ¿Es posible que estas punzadas de hambre provengan de mi humor emocional o circunstancias actuales en vez de la necesidad de combustible en mi cuerpo? Por ejemplo: ¿Estoy aburrida, inquieta o triste? ¿Pretendo posponer algo, busco consuelo o persigo algo nuevo y emocionante? Si determina que una de estas cosas es el caso, tome un vaso de agua y centre su atención en el verdadero problema (su estado de aburrimiento o tristeza) en lugar del síntoma imaginado (hambre).

    Si la respuesta es no, pregúntese:
3. ¿De qué tiene hambre mi cuerpo ahora? ¿Qué nutrientes no he tomado hoy en mi dieta? Puede que sus papilas gustativas griten: «¡Bollos rellenos!», y la verdadera respuesta a esta pregunta sea más probablemente proteína limpia o un aguacate. Si el antojo de alguna porquería persiste, póngase las manos sobre el vientre y pregúntese: «¿Necesito realmente este combustible hoy?»
4. Si es necesario, dibuje un signo de interrogación grande y péguelo en la nevera para acordarse de formularse estas preguntas.

Recuerde planteárselas también en otros lugares, como la barra del bar, el mostrador de la charcutería, el restaurante, la máquina expendedora de tentempiés en el trabajo. Si está fuera, no olvide preguntarse si el entorno le afecta. Por ejemplo, un salón de té acogedor en una tarde lluviosa puede hacer que su mente anhele galletas de chocolate aunque su cuerpo no esté demasiado interesado en ellas. Tome conciencia de dónde vienen los deseos.

❋ PRACTIQUE NO COMERSE TODO LO QUE HAY EN EL PLATO. Deje algunos bocados y retire el plato. Guarde las sobras si quiere, para no desperdiciarlas, pero de vez en cuando deténgase y decida si está bien parar antes de llegar al final. Si no, use un plato más pequeño para acostumbrarse a raciones más modestas.

Autoaceptación

Si es tan rígida en sus hábitos alimenticios que no puede incluir acontecimientos inesperados, su comida ha llegado a dominarla. Cuando se dan situaciones que están fuera de su control o le sirven algo que no es exactamente lo que quiere, no se estrese. Dese permiso para disfrutarlo. Considérelo un festín para sus sentidos, bendiga la comida en silencio y coma un poco. La comida que engorda o incluso insalubre que se ingiere con amor y aceptación no la matará, siempre y cuando sea relativamente infrecuente. Niéguese a comer con estrés o negatividad y celebre el hecho de que alguien le ha servido comida que ha preparado con afecto.

Para mantener una relación saludable con la comida, usted se apoya en hábitos diarios que satisfacen sus necesidades. Encuentra los alimentos que hacen que su cuerpo funcione correctamente... y luego se permite excepciones a la regla. Los riquísimos macarrones con queso que su tía sirve en su casa no van a desviarla del todo del camino de la salud. Piense que mañana podrá volver a su punto de equilibrio, porque sabe con qué alimentarse y tiene un enfoque sereno sobre la comida.

Análogamente, habrá situaciones laborales o sociales que escaparán a su control y no tendrá más remedio que aceptar lo que le ofrezcan. Así pues, perdónese y coma si debe hacerlo. Recurrir a la trágica hoja de lechuga y un cubito de hielo para almorzar puede tener alguna utilidad de tarde en tarde, pero no se puede construir toda una vida saludable sobre eso. Si nos sometemos a unas exigencias que, de tan elevadas, una sola desviación de las reglas lleva a varias horas de autorreproche, jamás encontraremos el equilibrio en lo que a comida se refiere.

Autoconciencia

A veces puede ocurrir algo extraño mientras come. Su comida tiene buen sabor, pero hacia el final le gusta más que cuando empezó y le apetece otra ración. De hecho, no puede dejar de pensar en cuánto lo desea. Por alguna razón, el proceso entero de comer se ha vuelto más interesante para usted porque ha concluido. La verdad es que no prestaba atención al principio porque estaba esperando el final y le preocupaba que llegara pronto. Practicar el estar presente mientras come, haciendo de las comidas un ritual y comprobando cómo se siente antes y durante la comida, puede ayudarla a disfrutar de lo que come ahora en lugar de pensar en el futuro y querer más.

CONSEJO. Concéntrese y conéctese antes de comer. Sentada a la mesa antes de empezar a comer, sienta sus pies arraigados en la tierra. Ponga las palmas de las manos sobre los muslos. Tómese un momento e inspire. Cobre conciencia de sí misma dentro de su cuerpo. Piense en la comida que se dispone a ingerir. Visualice cómo se sentirá al final. Dígase: «Estoy arraigada, estoy aquí, estoy en mi cuerpo, ahora puedo empezar.» Vuelva a adoptar esta postura a lo largo de toda la comida. La mantiene conectada a su experiencia física, no con la mente a la deriva, pensando en cualquier otra cosa.

Comida de consuelo

¿Por qué cuando buscamos consuelo en la comida elegimos tan a menudo alimentos que desbaratan la química de nuestro cuerpo —con azúcar o féculas densas— y que más tarde nos hacen sentir físicamente incómodas o emocionalmente culpables? Si experimenta ese anhelo, es importante indagar de dónde viene; las más de las veces, cuando anhelamos comida de consuelo, no es porque nuestro cuerpo esté agotado. A menudo anhelamos ternura o amor, no donuts. Es un anhelo de recuerdos de momentos en que nos sentíamos bien en el pasado. Así pues, el reto consiste en detenerse, preguntar qué es lo que anhela en realidad y ver cómo puede encontrar esa saciedad, esa ternura, de otras maneras. Yo la encuentro meditando o acurrucándome en una silla junto al fuego y leyendo. Las únicas veces que busco los efectos balsámicos de la comida es cuando estoy indispuesta. Entonces escucho las señales de mi cuerpo: por lo general está cansado y quiere comida limpia, sencilla y caliente que sea fácil de digerir. Compruebo que los alimentos triturados, como sopas de verduras, me proporcionan consuelo; quizá porque se parecen a comida para bebés.

Si tiene antojo de comida de consuelo con regularidad, empiece a usar estas sencillas herramientas para determinar si en realidad tiene hambre. Primero, beba un vaso de agua para cerciorarse de que lo que siente no es deshidratación. Luego dé un corto paseo o haga 25 oscilaciones de brazos (véase la pág. 130). Ahora pregúntese si aún tiene hambre. En tal caso, tome una opción antes de ir a por comida de manera que, cuando llegue a la cocina, haya decidido que diez anacardos y media pera le bastarán (o un poco de queso, si no le gustan los frutos secos). Coma esto y aguarde por lo menos diez minutos antes de decidir que aún tiene hambre. Permítase descubrir que esa razonable cantidad de comida la ha satisfecho. Sencillamente aflojando el ritmo y formulando preguntas, puede disminuir enormemente el influjo de su deseo.

Ejercicio: Añada su capricho

En la semana 4 de este programa, se ha adaptado a la vida sin sus soluciones de comida «ruidosa». Con esta mente lúcida y una química corporal más tranquila, elija el capricho que más le gustaría devolver a su dieta y decídase por una ración razonable del mismo. No redoble los caprichos, como derrochar en la cesta del pan y el vino. Elija una sola cosa y conviértala en la opción más inteligente, pero más deleitable que pueda. Escoja el día que la tomará y márquelo en su calendario. Emociónese con ella y consúmala con cuidado en lugar de corriendo. Lo que es más importante, dese permiso para adorarla y saborear cada bocado o cada sorbo. Deje que sea un festín para los sentidos. Tómese su capricho una vez esta semana, y no más.

Si le chifla el chocolate, haga que su capricho sea una tableta *pequeña* de buena calidad, chocolate negro, preferiblemente orgánico. El chocolate negro no sólo tiene menos azúcar que el chocolate con leche, sino que además lleva muchos más antioxidantes que refuerzan la salud. Cuanto más delicado (y más caro) sea el dulce, más satisfactorio será y menos cantidad necesitará consumir para obtener su efecto.

Si su deleite es el vino, elija *una copa* de caldo de buena calidad; el vino tinto contiene antioxidantes beneficiosos, pero deje que sea su gusto el que dirija su decisión.

Si su debilidad son las galletas o los pasteles, existen muchas variedades hechas con ingredientes completamente naturales y sin transgrasas que aun así están repletas de ingredientes deliciosos. Busque en su establecimiento de alimentos saludables.

Sea cual sea su arreglo, tome decisiones conscientes y eleve su capricho a la mejor variedad que pueda encontrar.

■ ■ ■

PREGUNTA: ¿CÓMO ERAN LAS COMIDAS FAMILIARES EN SU NIÑEZ?

¿Eran alegres o tensas? ¿Qué comía; qué se consideraba «buena comida» en su familia?

SI ESTÁ EN CONFLICTO o se siente infeliz con respecto a la comida, merece la pena observar cómo se crio. Aprendemos a comer desde nuestra infancia, y nuestra actitud hacia la comida está fuertemente determinada por cómo crecimos. Quizás ahora sea el momento de restar autoridad a esos viejos recuerdos, creencias y hábitos quitando algunas capas y viendo qué la moldeó. (También vale la pena pensar en cuál es su herencia genética y qué tipo de alimentos toma su grupo étnico después de su evolución.)

■ ■ ■

YO ME CRIE EN UNA FAMILIA de lo que hoy en día se llamaría «entusiastas de la comida». Había disponible mucha comida excelente, pero se servía siempre con una guarnición de ira y resentimiento. Aunque mis padres no eran felices, ninguno de ellos expresaba sus frustraciones o decepciones en voz alta. Las emociones sin resolver flotaban en el aire como un vacío, una ausencia. No había abrazos ni besos en mi casa; no recuerdo ni una sola vez que viera besarse a mis padres. Sé que mis hermanas mayores también lo notaban, porque lo demostraban a su manera rebelde, mezclándose con chicos y drogas.

La comida se convirtió en el modo en que comunicábamos o expresábamos algún sentimiento. Estoy convencida de que los genes de los Hemingway están codificados para abusar de la comida y la bebida... y también para sufrir por ello. (Cuando por fin tuve ocasión de visitar la antigua casa de mi abuelo Ernest en Cuba, me quedé fascinada por su letra garabateada en la pared del baño, que registraba su fluctuante peso día a día: «7 de abril de 1957: 86 kilos.») De hecho, mi familia no hacía más que hablar de comida, porque era la única cosa que todos podían conseguir. Todo el mundo discutía y estaba fastidiado, pero planeábamos comidas sin cesar. Era surrealista. Despachábamos una comida y ya hablábamos de la siguiente: «Ah, de postre tomaremos milhojas y tal otra cosa. ¿Con qué salsa lo regaremos? Y beberemos una botella de este vino y de ese otro.» Y en un momento dado alguien decía algo malo, y mi madre corría a su habitación y comía sola, o aún peor, una copa de vino se hacía añicos contra la pared del comedor en un ataque de furia, y los demás terminábamos ingiriendo en silencio nuestros elaborados platos en bandejas delante del televisor. El ambiente estaba cargado, desprovisto de auténtica relación. Uno de mis recuerdos más vivos de mi infancia es el de mi padre comiéndose un plato de queso y galletas saladas hora y media después de cenar mientras miraba la tele, como si tratara de llenar un vacío que ningún alimento jamás podría llenar.

Hasta que me hice más mayor, no me di cuenta de cómo esas pautas familiares habían dado forma a mi relación con la comida. Mi interminable ingestión de pan granulado siendo adolescente, mi obsesivo hábito de tomar palomitas de maíz y café a los veintitantos... Estaba repitiendo los hábitos de mi padre: pasaba hambre todo el día y me cuidaba toda la noche. Era un ciclo, empleaba la comida como amor y al día siguiente me sentía increíblemente culpable y aborrecible por ello. Incluso después de casarme y tener a mis hijas seguí mis estrictos regímenes dietéticos, porque en el fondo tenía miedo de abrir mi corazón al amor y la aceptación de los demás. Mi identidad se basaba en estar delgada, y mi orgullo provenía de ejercer control sobre lo que comía. No confiaba en haber creado mi propia dinámica de familia cariñosa, distinta de aquella en la que me había criado, una familia que podía satisfacer muchas de esas necesidades. Para construir un enfoque saludable y moderado sobre la comida, tuve que entender que mis conductas compulsivas y puristas no eran la señal de disciplina admirable que siempre había creído y que tenían orígenes emocionales más profundos.

■ ■ ■

SOY UNA GRAN ADICTA. Aunque mis adicciones son supuestamente saludables, vuelvo perjudicial lo que es bueno para mí excediéndome. Ya sea té verde o mi saludable batido de fruta para desayunar, puedo adquirir fácilmente una dependencia de ciertos alimentos y bebidas y tomarlos un día sí y otro también durante meses, hasta que desarrollo una intolerancia a ellos, como sufrir de repente jaquecas provocadas por el té. Pero a menudo me aferro a mi dosis, como si temiera que mi mundo dependiera de obtenerla. Seguir una dieta poco variada no sólo es malo para el cuerpo, sino que además esta clase de dependencia es restrictiva. Tuve que mirar el condicionamiento de mi familia para entender por qué tiendo a usar la comida como red de seguridad.

No existe ninguna solución inmediata a las pautas alimenticias de componente emocional. Desentrañar por qué usted come como lo hace puede ser un proceso largo. Pero, cuando busca el origen de sus hábitos, a menudo descubre que están arraigados en pensamientos y recuerdos que no tienen por qué dominarla en absoluto. Permítase liberar esos pensamientos y recuerdos y empezará a soltar los hábitos. Por supuesto, la mayoría de los hábitos requieren persistencia. Su ego quiere hacerle creer que no puede sentirse bien sin su antigua conducta. O su ego le hará temer que, pese a su esfuerzo por cambiar, pronto dejará su abstinencia y recuperará su antigua conducta. Yo he experimentado todas estas cosas una y otra vez. Pero he tenido que reconocer que, en ocasiones, aquello que nos desequilibra es una tendencia a buscar un problema cuando las cosas marchan bien. Cuando se sienta mentalmente insegura y confusa con respecto al comer, pregúntese: «¿Estoy buscando algo que me haga sentir mal? ¿Puedo renunciar a buscar siempre un problema?»

SI LOS DEMÁS TRAEN GOLOSINAS y tentaciones a casa, haciendo que le cueste trabajo «eliminar las porquerías» de su dieta, pídales que se las lleven. Reivindique su derecho a recibir apoyo de las personas que la rodean. Esto no es pedir demasiado, sobre todo si es usted quien gobierna la casa.

■ ■ ■

LO ÚNICO QUE SIEMPRE HE QUERIDO en mi vida es suprimir mis pautas negativas para no transmitírselas a mis hijas. A medida que crecían, siempre fui totalmente sincera con ellas sobre los retos que afrontaba en relación con la comida, e intenté enseñarles todos los mejores hábitos que pude. Aunque han tenido sus conflictos, como todo adolescente, usan la comida con inteligencia y regulan su propia conducta, comiendo de un modo más saludable que todas las demás adolescentes que he conocido.

Lo estimulante de modificar su forma de comer es que, a medida que usted cambia, también lo hace su familia. No tiene que hacer nada; es cuestión de dar ejemplo. Si come bien, si practica una respiración y movimientos conscientes y altera su vida, los que le rodean cambiarán de un modo sutil. No sabrán por qué ni tan siquiera harán preguntas, pero cambiarán. Puede que también necesiten un aviso importante para hacerlo, como en el caso de mi marido, Stephen, cuyo cáncer le hizo adoptar el enfoque de ingerir alimentos vibrantes e integrales que se esboza en este capítulo. Dados mis propios retos y lecciones aprendidas a duras penas sobre comida, pocas veces me sentí más orgullosa que cuando Stephen tuvo ocasión de consultar al médico personal del Dalai Lama y el estimado doctor le dijo: «Su cáncer está dormido. Quienquiera que le diga qué debe comer está haciendo un buen trabajo.»

Comida

Silencio

SEGUNDA PARTE

Ejercicio

Hogar

Ejercicio

PREGUNTA: LA IDEA DE HACER EJERCICIO CADA DOS DÍAS ES:

    A. Inimaginable. Apenas dispongo de tiempo para mí.

    B. Factible. Puedo dedicarle treinta minutos cada dos días.

    C. Estimulante. Sospecho que me haría sentir muy bien.

    D. Detestable. ¡Hago todo lo posible por evitar el ejercicio físico!

PREGUNTA: PARA CALIFICARLA DE AUTÉNTICO ENTRENAMIENTO, UNA SESIÓN DE EJERCICIOS DEBE DEJARME:

    A. Sin aliento, extenuada y empapada en sudor.

    B. Consciente de músculos cuya existencia había olvidado.

    C. Renovada físicamente y de mejor humor que cuando empecé.

    D. Cinco kilos más ligera... y quiero una garantía de eso.

EL EJERCICIO ES UNA HERRAMIENTA que todo el mundo debe saber usar. Y no requiere practicar deportes extremos o hacer sesiones de ejercicios interminables. Puede ser una práctica sencilla pero potente que transforma su estado de ánimo y le hace sentirse bien, un tiempo para despojarse de parte del exceso y pasar a considerar su fuero interno. (Sea cual sea ahora su actitud hacia el ejercicio, al final de este programa se encontrará en los estadios B y C, arriba.)

■ ■ ■

SI SUMARA TODAS LAS HORAS que he pasado haciendo ejercicio a lo largo de mi vida, resultaría violento. He tenido más mallas elásticas de las que estoy dispuesta a reconocer y casi tantas zapatillas de deporte como Marion Jones. He hecho yoga desde los tiempos en que sus practicantes llevaban atuendos largos y vaporosos a clase y quemaban pachulí, y durante mis dos décadas de práctica mis talones y las palmas de mis manos han desgastado un sinfín de esterillas. He entrenado al mismo nivel que los atletas olímpicos en pista y campo a través y, dejada a mi libre albedrío, pasé por fases de sobreentrenamiento obsesivo, en las que saltaba a la comba en exceso y veía cómo mi piel se amorataba.

Si bien los deportes y el yoga me han estimulado en mi vida, a menudo han amenazado con tener el efecto opuesto: despojarme de energía. Es mi carácter. Cuando doy con algo que funciona, lo llevo al límite. De un modo muy parecido a cómo algunas personas abusan de las drogas porque quieren volver una y otra vez a ese estado en que se sienten bien, yo he abusado del ejercicio. Durante años fue mi herramienta de supervivencia. Siendo adolescente, dependía del «runner's high» (júbilo del corredor) para huir del ambiente opresivo de mi casa. Durante la veintena y la treintena llegué a depender de sesiones de ejercicio rigurosas para mantenerme cuerda y delgada.

Mi tendencia con respecto a cualquier tipo de ejercicio era poner la directa, quizá porque en el fondo soy una chica de montaña cuyo primer instinto al afrontar un reto físico es hacerlo mejor y más rápido que nadie. Mi principal lección en la vida en lo que al ejercicio se refiere, como con la comida, ha sido aprender la moderación, dejar de intentar demostrar algo, rebajar el tono de mi personalidad de tipo A y sacar mayor partido de menos sudor.

Comparto esto con usted porque es importante romper algunos de los mitos sobre hacer ejercicio. Muy a menudo, cuando leo libros y artículos de revistas de expertos en fitness o los veo en televisión, parecen miembros de una raza especial de superhumanos que mantienen una relación absolutamente sencilla y positiva con el ejercicio. *¡Les gusta hacer ejercicio con una sonrisa radiante todos los días! ¡Lo usan para buenos fines, nunca perversos! ¡No necesitan descansar nunca!* Y, desde luego, *¡saben que tienen un cuerpazo!* Mi experiencia en el mundo real, que incluye abrir un estudio de yoga en Idaho y dirigir talleres por todo el país, no se ha ajustado nunca a esa imagen. Sin duda, yo no soy así. Ni he conocido a nadie que sea tan perfecto, ni siquiera entre practicantes avanzados y profesores de yoga. Entonces, ¿a quién estamos engañando?

La mayoría de las mujeres que conozco tienen ciertos problemas con el ejercicio. La motivación puede decaer el día menos pensado; incluso durante una buena sesión, ese demonio puede permanecer sentado sobre su hombro diciéndole que abandone. Las inseguridades se interponen en el camino, haciendo que se sienta menos que cualquier otra mujer o que piense que aquello que está haciendo no basta para mantenerse en forma, delgada o sexy. También el orgullo puede provocar algunos fallos, como en clase de yoga, donde el repentino deseo de afirmación puede llevar a cometer estupideces que causen lesiones. Yo he sido acusada y culpable de todos los cargos arriba mencionados.

Como la mayoría de nosotras empieza con estos retos, ¿no es el momento de abordar el ejercicio de un modo que no aumente los problemas? Un modo que fomente la autoaceptación, no la autocrítica, de manera que independientemente de los mi-

nutos que nos movamos, o lo rápido o lento que lo hagamos, tengamos la satisfacción de sentir: «¿Es esto lo bastante bueno?» Después de muchos años de usar el
ejercicio de una forma extrema, he encontrado el camino de vuelta a ese término medio. Hoy tengo un enfoque sobre el ejercicio que, puedo garantizar, hará que cualquier
sesión resulte eficaz, rejuvenecedora, reconstituyente o tranquilizante, según lo que
necesite; todo ello con mucho menos esfuerzo del que cree.

Esta actitud nueva y más moderada se intensificó a medida que mi sensibilidad a
mis necesidades físicas y mentales aumentaba, un cambio inspirado en parte por el yoga,
en parte por la meditación y en parte por el simple hecho de volverme más indulgente
conmigo misma con la edad. En lugar de pura intensidad, ahora trato de hacer ejercicio
con una cualidad más sutil: *intención.* En vez de forzar una sesión de entrenamiento agotadora sin importar la energía que tenga (y el tiempo que haga), ahora me consulto a mí
misma para preguntar: «¿Qué es perfecto para mí hoy?» Y en lugar de plantearme que
debería adoptar cualquier tendencia nueva de entrenamiento, sé que consigo lo que necesito tanto física como mentalmente de mis dos ejercicios principales, marcha y yoga.
Constituyen un par sencillo que se ajusta a mi estilo de vida y mi personalidad.

Demasiado a menudo evitamos el ejercicio debido a las limitaciones de nuestra
vida, sobre todo como mujeres con familias y exigencias personales que ocupan todo
nuestro tiempo. La buena noticia es que, sean cuales sean sus limitaciones de tiempo, espacio o capacidad física, puede aprender una forma potente de hacer ejercicio
que tiene en cuenta esas restricciones a la vez que le aporta muchas ventajas. El ejercicio debería atender a su estilo de vida y apoyar sus necesidades en vez de hacerle
sentirse como la esclava de un gimnasio o un plan de entrenamiento riguroso. El ejercicio debería amoldarse a su ajetreada vida en lugar de dominarla. Y debería poder
adaptarse a las circunstancias cambiantes. Lo que me gusta de la marcha y el yoga
es que puedo hacer cualquiera de estas cosas allí donde esté. Tanto si estoy en casa
como rodando exteriores, lo único que necesito es a mí misma, una esterilla de yoga
o unas zapatillas, y algo de ropa cómoda. Estas dos formas de ejercicio me mantienen
activa, despierta y equilibrada. Aquí, en este segmento del programa rápido de 30 días,
aprenderá a usar las mismas herramientas.

LAS VENTAJAS DEL EJERCICIO

Existen muchas buenas razones para hacer ejercicio. Su cuerpo físico se pone en forma. Su corazón está más sano. La ayuda a perder peso.

Pero yo prefiero pensar así: el ejercicio es una herramienta que ayuda a organi-
zarse la vida.

Es importante ver el ejercicio desde el punto de vista de una persona sana. El ejercicio afecta al cuerpo, la mente y la emoción en la misma medida. Le levanta el ánimo y le da seguridad en sí misma. (Si eso es lo que busca, el ejercicio puede llegar a ser también una práctica espiritual.) La ayuda a superar sus miedos y a pasar de ser prudente a valiente. Cuando se siente acorralada, el ejercicio la ayuda a hacer sitio; la acelera cuando se siente abatida. En resumen, necesita el ejercicio porque la conecta a su fuente de energía.

Sin ejercicio, pone en peligro la capacidad de su cuerpo para funcionar a pleno rendimiento y la capacidad de su mente para concentrarse en lo que importa. Emocionalmente, usted sabotea su propia capacidad para *soltar lastre*. Y seguramente no tiene un aspecto tan bueno como podría tener.

Fíjese en que la preocupación por el físico es la última de mi lista, pero no porque no la juzgue importante. Al contrario: sentir que una tiene un aspecto estupendo es una de las mejores ventajas del ejercicio. El aspecto de alguien que hace ejercicio moderado es siempre mejor que el de alguien que no lo hace: tienen un cuerpo más firme, están más erguidos, andan con mayor aplomo e irradian un fulgor alegre y animado en su rostro. Soy la primera en admitir que querer tener un mejor aspecto puede ser una fuerza muy motivadora cuando una está tentada de quedarse en la cama y echar una cabezadita. Pero la vanidad no debería ser la principal razón para hacer ejercicio; es una inspiración demasiado limitada, y para la mayoría de las mujeres puede degenerar en autocrítica cuando lo que queremos crear es una relación positiva con el ejercicio.

Mi enfoque consiste en priorizar la percepción interna frente a las preocupaciones superficiales. Simplemente no hay necesidad de concentrarse obsesivamente en las apariencias externas. Cuando usted usa bien su cuerpo, el cambio externo ocurre orgánicamente porque está transformando su estado por dentro. El primer entrenador de atletismo con el que trabajé a finales de mi adolescencia llamaba este proceso «crear lentamente el tú». Quería decir que, si diriges todos tus esfuerzos a la tarea que tienes entre manos, suprimes las distracciones y cultivas un foco interno profundo, entonces paso a paso y respiración a respiración ocurrirá un cambio potente tanto por dentro como por fuera. El yoga imparte las mismas enseñanzas. Haga su práctica con plena atención a las sensaciones de su cuerpo, no a su aspecto, y estará trabajando con una intensidad que permita a su cuerpo abrirse camino hacia su mejor forma. El exceso desaparecerá y la forma aparecerá. Al igual que con la comida, no ocurre de la noche a la mañana; este cambio es gradual. Pero es mucho más probable que sea permanente porque proviene de un trabajo muy intenso.

He tenido una relación mucho más feliz con el ejercicio desde que dejé de hacerlo exclusivamente para mantenerme delgada y empecé a usarlo para sentirme bien en cuerpo y mente. Ahora que estoy en la cuarentena, por fin me siento agradecida con mi cuerpo, no soy crítica con él. Mi cuerpo está lo suficientemente delgado y tonificado; se ajusta a la mujer que soy. El paso a un foco interno es esencial para las prácticas de marcha y de yoga que aquí se recomiendan. Sugiero que se consulte constantemente a sí misma y se pregunte: «¿Cómo me siento?», y que destierre todos los pensamientos de «¿Qué aspecto tengo?». Si su ego se descontrola y juzga a cada momento qué aspecto tiene, su percepción va a quedarse atascada dentro de su cabeza. ¿Y quién quiere pasar más tiempo atrapada dentro de su cabeza?

Me gusta hacer ejercicio porque lo «desatasca» todo. Si se hace correctamente, es una forma potente de transformar su estado físico, mental y emocional. Calentar el cuerpo y aflojar las extremidades casi siempre disipa el dolor y la tensión, abriendo paso a una nueva perspectiva de la vida. Por eso su potencial es extraordinario. Brinda a cada persona la posibilidad de cambiar su estado siempre que lo necesite. Si no lo usa ya como remedio en momentos de estrés, este programa la animará a hacerlo.

La transformación comienza a nivel físico. El ejercicio fomenta una buena respiración y digestión, una eliminación saludable, una reparación corporal eficaz y un buen descanso. Incluso hacer un ejercicio suave como caminar activará su metabolismo de modo que no sólo queme mejor la energía alimenticia, sino que obtenga más nutrientes de lo que come. (También le hará beber más agua, que es siempre positivo.) Activa la circulación sanguínea, lo cual aporta más oxígeno a sus células y arrastra los productos de desecho. Por eso, aunque parezca contradictorio, cansarse puede remediar la fatiga y hacer que se sienta más activa en su vida diaria. Calienta su cuerpo para

C rear lentamente el tú» significa dejar al descubierto el cuerpo hermoso que ya lleva dentro. No significa adquirir un volumen y una silueta radicalmente distintos a los que la naturaleza le proporcionó. Más bien consiste en ir eliminando el exceso y tonificar el volumen que es genéticamente suyo. Yo aprendí esta lección al cabo de varios años luchando conmigo misma, y la animo a que se ahorre el sufrimiento. No puede alterar del todo su tipo corporal, su silueta o su predisposición natural a ser curvilínea o lisa de arriba abajo. Pero se sentirá y tendrá un aspecto mejor cuando trate su cuerpo amablemente, haga ejercicio de acuerdo con sus posibilidades, abandone los pensamientos autocríticos y, lo más importante, procure *aceptar quien es ahora mismo*, como hará en este programa.

Una solución rápida

Piense que los estadounidenses se gastan millones de dólares en cosas como productos farmacéuticos, estimulantes y entretenimiento para aliviar el estrés y cambiar su humor, pero millones de estadounidenses apenas hacen ejercicio. Comprométase a probar a moverse la próxima vez que necesite una transformación inmediata. El empleo de ejercicios sencillos de uno a tres minutos durante el día puede aumentar su energía, levantarle la moral o serenar una mente inquieta. Estos ejercicios de solución rápida son ideales para ser usados en el acto: puede recurrir a ellos siempre que necesite cambiar su estado.

expulsar toxinas a través de la piel mediante el sudor. Activa la circulación del líquido linfático, haciéndola más resistente a la enfermedad. Impulsa incluso el líquido que corre entre sus articulaciones, manteniéndolas lubricadas. Y la respiración profunda que efectúa mientras se ejercita baja el diafragma de modo que sus órganos internos reciben un masaje, lo cual los mantiene sanos y móviles.

Durante este tipo de ejercicio ocurre un efecto fisiológico muy real que genera un entorno interno libre de estrés. Se llama la «respuesta de relajación». Mediante una respiración regular y profunda y movimientos tranquilos, el pulso cardíaco reduce su ritmo y la respiración y la presión sanguínea disminuyen. El cuerpo aprovecha esta oportunidad para activar los mecanismos curativos.

A medida que las distintas partes de su cuerpo liberan tensión y se limpian de toxinas, su mente hace lo propio. Yo lo llamo «limpiar las telarañas». No se puede ver su efecto de la misma forma en que se ve el sudor sobre la piel, pero después una se siente ligera y limpia. Algunas lo experimentan como una exaltación; otras, como un suave despeje. En mi caso, cuando hago ejercicio me siento como si estuviera procesando o digiriendo mi vida. Hay cosas que «aparecen» mientras me muevo y se enfocan en silencio: los pensamientos negativos o viejos recuerdos son sacados de su escondrijo para que yo los identifique y luego los libere. Algunas personas procesan su vida escribiendo un diario o hablando con amigos; yo lo hago moviendo mi cuerpo.

Así es como el ejercicio se convierte en una herramienta útil. Le permite deshacerse de cosas que ya no le sirven. Y si lo hace bien, le enseña a estar presente. Mediante una combinación de respiración regular, movimiento repetitivo y atención constante a lo que hace su cuerpo, entrena su cerebro para tomar conciencia del

Solución rápida n.º 1: Giros despertadores

Póngase de pie con los pies separados a la altura de los hombros, las rodillas ligeramente flexionadas y el hueso caudal un poco metido, de modo que sienta un potente centro de equilibrio. Mueva los pies hasta que esté arraigada y firme. Respire suavemente por la nariz. Empiece girando los brazos sueltos de izquierda a derecha a unos treinta centímetros de su cuerpo. Deje que el tronco y los hombros se limiten a seguir el movimiento de giro. A medida que gane velocidad, deje que los brazos vayan subiendo y balancéelos como un niño hasta que el dorso de la mano golpee la parte posterior del cuerpo. (Una mano estará a la altura de las costillas; la otra golpeará más abajo, estimulando los riñones.) Mantenga los ojos levemente fijos en el horizonte mientras su

cabeza se mueve de izquierda a derecha y siga respirando suavemente. Libere sus pensamientos, concéntrese en la sensación de las distintas partes de su cuerpo. Esto despertará suavemente su cuerpo y hará que la energía suba y baje por su columna vertebral. Hágalo durante un minuto.

ÚSELO PARA: Despertarse por la mañana, antes de dar un paseo, para descansar de estar sentada a su mesa.

Del mismo modo en que pequeños cambios en la dieta pueden producir una mejora enorme y sorprendentemente rápida de su salud, cambiar un poco sus hábitos de ejercicio añadiendo un paseo a pie donde no lo había, o probar el yoga allí donde antes se ejercitaba con la Stairmaster mientras leía una revista, inducirá un cambio positivo notable en su vida. La investigación ha demostrado que, cuando se combina con una dieta nutritiva repleta de alimentos integrales, la realización de una sesión de ejercicio diaria de treinta minutos produce una importante disminución del riesgo de diabetes, cáncer y enfermedades cardíacas en los sujetos en sólo seis semanas.

momento presente y dejar de vivir en el pasado o pensar en el futuro. Hacer ejercicio correctamente la saca de sus pautas de pensamiento y le permite existir en un estado sin pensar, sólo de ser. Cuando aplica un poco de esta actitud yogui a cualquiera que sea el ejercicio que haga, el movimiento físico se convierte en un modo excelente de enseñarse a estar aquí y ahora.

Al final de una buena sesión de marcha, yoga o aquello que elija —sea cual sea su intensidad—, puede sentirse como si hubiera pulsado su propio botón de reajuste. Esto se traducirá en estar más arraigada, tranquila y presente en toda su vida. Cuando entrena el cerebro para estar presente en un paseo matutino o una corta sesión de estiramientos, resulta más fácil encontrar esa sensación haciendo cosas menos activas, como preparar la cena, ordenar la casa y con el tiempo sentarse a meditar. Si su ser físico accede a una mayor estabilidad y equilibrio, le sucederán sus estados psicológico y espiritual.

Solución rápida n.º 2:
Oscilaciones de brazos

Empiece con los pies separados a la altura de los hombros, las rodillas flexionadas y los brazos colgando fláccidos a los lados. Con un pequeño brinco, salte y levante las manos a la altura de los hombros con los brazos doblados, luego bájelos y échelos hacia atrás mientras cae con las rodillas dobladas. Al caer, balancéese hacia atrás y hacia delante sobre los tobillos para impulsarse, ya que esto estimula puntos en sus pies que activarán todo su cuerpo. Deje que los brazos giren libremente en las articulaciones de los hombros, pero no los sacuda con violencia.

Cuando empiecen a balancearse hacia delante, salte y vuelva a levantar las manos. Repita la oscilación y el salto a un ritmo constante, aumentando la velocidad hasta que genere mucho impulso en sus brazos. Hágalo entre 1 y 3 minutos.

ÚSELO PARA: Hacer circular su energía a primera hora de la mañana, calentar su cuerpo antes de una marcha o en medio de una práctica de yoga para añadir un poco de actividad cardíaca.

EL ENFOQUE DE 30 DÍAS: HACER EJERCICIO CON INTENCIÓN

PREGUNTA: LA IDEA DE INICIAR UN PROGRAMA SENCILLO DE MARCHA Y YOGA ME HACE SENTIR:

    A. Preocupada por no obtener lo suficiente de una sesión de ejercicio.

    B. Preocupada por no tener tiempo de incorporar ejercicio.

    C. Curiosidad por probar algo que no parezca demasiado duro.

ÉSTE NO ES UN LIBRO DE EJERCICIO. El objetivo no es alcanzar un estado físico óptimo en un mes o entrenarse para la competición. En su lugar, aprenderá a usar el ejercicio de modo que contribuya a su vida equilibrada. Concentrándose en tres prácticas básicas —respiración, marcha y una rutina sencilla de yoga— aprenderá a utilizar el ejercicio de una forma nueva. Yo lo llamo *«hacer ejercicio con intención».* Los objetivos son aumentar su percepción de lo que está ocurriendo en su cuerpo ahora mismo, concentrarse intensamente en su práctica para sacar más partido en menos tiempo y disipar parte de la tensión que pueda encerrar en su cuerpo y su mente. Las cuatro fases de este programa la guiarán. El paso 1, «Encienda la respiración», le enseña a usar la respiración para dirigir su atención hacia dentro. El paso 2, «Camine sin pensar», le enseña a llevar esa percepción al movimiento. El paso 3, «Llévelo a la esterilla», presenta una práctica de yoga apta para principiantes y practicantes intermedios. Y el paso 4, «Declare su intención», la ayuda a usar una sesión de ejercicios para transformar el modo en que se siente para que salga más ligera mental y corporalmente.

Aprender a hacer ejercicio con intención puede sonar extraño si está acostumbrada a pensar en objetivos típicos de la preparación física como resistencia, potencia y velocidad. Pero, durante las cuatro semanas de este programa, acceda a dejar de lado esas preocupaciones. Tiene el resto de su vida para llegar a ser más rápida y más resistente si eso es lo que quiere; por ahora, irá más despacio y más pausadamente. Esto no significa que sea más fácil; hacer ejercicio con una conciencia profunda es un reto para el cuerpo y la mente. Pero, una vez que empiece a desarrollar esta relación más íntima con su cuerpo, cualquier tipo de ejercicio que opte por hacer en el futuro llegará a ser muy potente. Puede hacer una sudorosa sesión en una bicicleta de spinning, una tranquila clase de ballet o practicar un deporte de aventura como escalada en roca, y su experiencia será mucho más intensa. (Y, si elige el golf, estará muy a la cabeza del pelotón.) Comprobará que incluso una sesión de estiramientos de tres minutos en el suelo de su sala de estar antes de acostarse será más efectiva para ayudarla a deshacerse de las tensiones de la jornada.

No caiga en la trampa de desechar cosas que parecen demasiado sencillas. Su físico cambiará durante este programa. Descubrirá que su capacidad para caminar durante cierto espacio de tiempo, abrir su cuerpo en un estiramiento o incluso disfrutar (o soportar) de una postura mejorará cada vez que se ejercite. Es ese foco interno lo que posee más valor. Como a ese entrenador de atletismo mío le gustaba decir también, «el ejercicio no hará nada por ti si no eres consciente de lo que estás haciendo». Nuestro objetivo aquí es desarrollar ese enfoque consciente, tanto si acaba caminando un kilómetro cada vez o caminando diez a paso ligero.

Por eso, aunque ya haga una o más cosas para mantenerse en forma, la animo a comprometerse a hacer las prácticas que siguen durante el programa entero de cuatro semanas. Si está casada con su actual régimen de ejercicio, puede ser un reto reducir la intensidad a marcha y yoga básico durante un par de semanas. Observe si aparece frustración o culpabilidad, y si es así, pregúntese por qué. Si siente que necesita realizar su entrenamiento habitual, además de las prácticas que aquí se describen, adelante. Pero comprométase con el hecho de que *ésta es una experiencia distinta.* Cambie su actitud de «hoy tengo que hacer una sesión de ejercicios para quemar grasa» a «podría efectuar más cambios en mi cuerpo si me concentro en hacerlo de un modo distinto».

Si su reto consiste en levantarse y empezar a hacer ejercicio por primera vez, entonces podría tener que afrontar otros tipos de frustraciones y resistencias. No se permita preguntarse por qué está haciendo esto; limítese a confiar en que vale la pena intentarlo. Simplemente comprométase a hacer la respiración, marcha y yoga del programa y ocuparse de reparar en cómo se siente cada vez. No hay más grandes objetivos que cumplir aparte de estar presente.

No espero que realice los ejercicios de este libro durante el resto de su vida. Como en el caso de la dieta, no existe una forma de hacer ejercicio apta para todo el mundo. Una práctica sostenible y agradable se basa siempre en la adaptación a las necesidades individuales, y las preferencias de cada persona serán distintas dependiendo de su edad, constitución corporal y estilo de vida. Más adelante podrá pasar de caminar a correr o decidir tomar clases de yoga que perfeccionen su práctica. Puede añadir deportes nuevos, como levantamiento de pesas moderado (estupendo, sobre todo, para mujeres mayores), o puede probar las artes marciales. Este programa será la base para cualquiera de todas esas exploraciones. Le facilitará los componentes básicos de una relación con el ejercicio saludable y feliz, y la ayudará a cultivar la actitud correcta: una aceptación digna de cuanto puede hacer hoy.

Menos tiempo, más resultados

El principal obstáculo que se interpone entre usted y una práctica de ejercicio puede ser la creencia de que no tiene tiempo. Es comprensible, porque las agendas están muy apretadas y hay infinitas exigencias para el tiempo y la energía de todo el mundo, sean cuales sean las circunstancias de su vida. Pero es posible abandonar esta creencia, porque el objetivo aquí es obtener más de menos.

Disponer de una infinita cantidad de tiempo para hacer ejercicio puede ser muy divertido, pero también contraproducente. Es posible que se distraiga y se desconcentre o divague por el reino del ensueño mientras pedalea en una bicicleta estática durante cincuenta minutos. La sesión puede discurrir sin que siquiera llegue a conectarse con la experiencia. Cuando se le impongan límites de tiempo —debido a su trabajo, su familia o un nivel bajo de forma física que le produce la sensación de que no puede hacer gran cosa—, imagínese las limitaciones como fronteras útiles que se fijan para evitar que su mente divague. La encierran y la obligan a emplear bien el tiempo. Diez, veinte o treinta minutos de movimiento hecho con una mente concentrada pueden hacer que se sienta realizada y satisfecha y cambie considerablemente la sensación de su cuerpo. Marcarse objetivos razonables, como hacer ejercicio durante media hora en vez de una hora, le permite cumplirlos. (Una ventaja añadida: ciertos días, comprobará que alarga de forma natural su sesión sin darse cuenta, no porque sea un requisito sino porque se está divirtiendo.)

La cantidad de ejercicio óptima para realizar en este programa son cuatro sesiones de treinta minutos por semana. Espero que después de este programa siga haciendo ejercicio y utilizando todo lo que ha aprendido aquí. Este programa de 30 días le suministrará las herramientas necesarias para entender mejor y mantener su cuerpo durante el resto de su vida.

Aunque puede empezar con paseos algo más cortos, en la semana 3 hará dos marchas de treinta minutos y dos sesiones de yoga de treinta minutos. Si puede hacer ejercicio cinco o incluso seis días por semana, tanto mejor. Disfrute de una marcha o una práctica de yoga más, o incluso unos minutos de oscilaciones de brazos, pero descanse siempre un día por semana. Si dispone de menos tiempo, no sabotee la misión. Acepte que esto es lo que hoy puede hacer razonablemente, y use las técnicas que se describen abajo para comprometerse plenamente con la práctica. El tiempo invertido en preocuparse porque un cuarto de hora no es bastante, o en irritarse por todos los obstáculos que se interponen en su camino, no es más que tiempo perdido. Lo importante es mantener la conducta de modo que el ejercicio llegue a formar parte de su vida diaria. Si tiene poco tiempo, por lo menos familiarícese con la esterilla de yoga y haga algunos «Saludos al Sol». En cuanto se silencie por dentro, empezará a oír lo que necesita; a veces basta con calentar y hacer estiramientos, mientras que otros días su cuerpo tendrá antojo de esfuerzo.

Sobre todo, haga algún tipo de movimiento a diario, incluidos los días en los que no salga a caminar o no haga una sesión de yoga. Si sólo dispone de cinco minutos para unas cuantas torsiones vertebrales y ejercicios energéticos mientras la tetera está hirviendo por la mañana y cinco minutos para estiramientos por la noche, está bien: eso no afecta a su día libre. Siga concentrándose en su respiración y sepa que esas cosas sencillas mantendrán el diálogo entre su mente y su cuerpo. Y si tiene tendencias de tipo A y se estresa cuando se salta una sesión, acuérdese de admitir la sorpresa y esté en paz con los cambios inesperados de sus planes.

CONSEJO. Siempre que el mensaje «no tengo tiempo» intente distraerla de mover su cuerpo, niéguese a abrigarlo reformulándolo de un modo proactivo y positivo: «Tengo tiempo limitado, y voy a aprovecharlo bien.»

Cree las condiciones para el éxito

■ **PLANIFIQUE CON ANTELACIÓN:** El ejercicio no ocurre, a menos que le destine tiempo. Programe alguna hora con antelación. Diga a su pareja, sus hijos o quienquiera que espere algo de usted que no estará disponible durante esos treinta minutos del día. Cuando llegue el momento de empezar, no se deje distraer por otras cosas que reclamen su atención, como escribir e-mails a sus amigos o hablar por teléfono.

■ **CONVIÉRTALO EN UNA RUTINA:** Cuando se compromete a hacer ejercicio sistemáticamente y lo incorpora a su rutina, evita tener que mentalizarse cada vez.

Sienta su cuerpo

Este ejercicio qigong modificado la anima a moverse de un modo sutil sin esperar otra cosa que sentir su cuerpo en movimiento. Abandone todas las ideas preconcebidas de aquello en que consiste hacer ejercicio y sepa que su intención para todos los paseos a pie y el yoga en este programa es conectarse con su respiración, su cuerpo y su movimiento. Póngase de pie con las piernas dobladas, separadas a la altura de los hombros, y extienda las manos delante de su cintura. Imagínese que sostiene una pelota entre ellas. Separe las manos como si estirara la pelota y luego devuélvalas a su posición inicial. Es como si estuviera arrancando caramelo adherido a sus manos. Haga esto en silencio mientras se sintoniza con lo que hace su respiración; trate de inhalar al separar las manos y exhalar al acercarlas.

Continúe durante tres minutos. Tome conciencia de su respiración, su peso sobre los pies y cómo se siente una vez terminado. Luego póngase de pie con los pies juntos y la espalda lo más recta posible. Sienta la columna vertebral extendida y sus pies firmemente plantados en el suelo. Los brazos descansan a ambos lados de su cuerpo; sus muslos están implicados (no muy contraídos, sino firmes y tirando hacia arriba). Observe el movimiento interno de su cuerpo y el sonido de su respiración a través de la nariz.

Encienda la respiración

¿CUÁL ES EL ELEMENTO DADOR DE VIDA MÁS CRUCIAL AL QUE PRESTAMOS MENOR ATENCIÓN?

¿QUÉ PRÁCTICA ACTIVADORA DEL CUERPO Y ACLARADORA DE LA MENTE PUEDE HACER SIN SIQUIERA LEVANTARSE DE SU SILLA?

¿QUÉ ÚNICA COSA, SI SE HACE BIEN, TRANSFORMARÁ SU PRÁCTICA DE EJERCICIO?

La respuesta es la respiración.

SI HAY ALGO QUE HAGA DE FORMA DISTINTA después de leer este libro, que sea ésta: respirar más lenta y profundamente. Respirar es la clave para el ejercicio intencionado. Así es como deja de huir de la tarea y en su lugar se compromete con ella. Si no es consciente de su respiración, seguramente tampoco lo sea de su cuerpo. De hecho, si no es consciente de su respiración, seguramente no lo sea de su vida. Respirar bien es crítico para una vida equilibrada, en la que usted está presente a cada momento y discurre por su jornada con un objetivo. Por eso antes de empezar a andar o hacer yoga, vale la pena practicar el ejercicio más fundamental de todos: inhalar y exhalar.

■ ■ ■

SI NUNCA SE HA PLANTEADO la respiración como un ejercicio, piense otra vez. Con una simple inhalación y exhalación ponemos en movimiento muchas cosas de nuestro cuerpo. De hecho, el acto de respirar es el ejercicio más importante que hacemos, porque sencillamente no podemos vivir sin él. Podemos sobrevivir sin comida

El oxígeno juega un papel crucial en todas las reacciones químicas del cuerpo, desde liberar energía celular hasta alimentar nuestros órganos. Cuando la sangre está saturada de altos niveles de oxígeno, tenemos la mente despejada y la piel limpia y joven. Piense que cuando inhala profundamente, no sólo aumenta su vitalidad, sino que además purifica su sangre, tejidos y órganos. El oxígeno metaboliza la comida y refresca todas sus células, y además quema toxinas. Usted está alimentando el cerebro, que requiere más oxígeno que cualquier otro órgano. Los estudios han demostrado que más del 70% de las toxinas del cuerpo se expulsan a través de la respiración. Cada exhalación libera dióxido de carbono y relaja los músculos tensos. Cuando respira bien, se mantiene más sana, tiene más energía y puede soportar mejor el estrés. Una respiración plena restituirá un estado de ánimo equilibrado. Cuando respira superficialmente y desde el pecho, puede contribuir a condiciones como ansiedad, presión alta, trastornos nerviosos, depresión, fatiga, trastornos del sueño, dolor de estómago y calambres musculares.

e incluso sin agua durante un tiempo considerable. Pero respirar es irrenunciable. Nos aporta oxígeno, nuestro nutriente más esencial, y se lleva los residuos y las toxinas. Nos alimenta y purifica a la vez.

Sin embargo, puesto que respirar es un acto involuntario —algo que nuestro cuerpo hace sin que se lo ordenemos conscientemente—, tendemos a darlo por supuesto. A menudo pasamos un día entero sin prestar atención ni una sola vez a nuestra respiración. Tenemos cosas más importantes que requieren nuestra atención: los pensamientos, las preocupaciones y las ideas que circulan por nuestra mente. Pero ¿se ha fijado alguna vez en que, cuando está estresada, nerviosa o se concentra con intensidad, hace respiraciones cortas y poco profundas que hinchan más la parte superior del pecho o están más en su garganta que en su cuerpo? Si se concentra para leer este párrafo, es posible que lo esté haciendo ahora mismo.

¿Es así?

Respirando de manera normal, póngase una mano sobre el pecho y la otra sobre el vientre. Cuando inhale, fíjese en qué mano se mueve. Si lo hace la mano en el pecho, respira desde el pecho. Juegue con su respiración para invertir la situación; ¿puede hacer que la mano en el vientre se mueva despacio manteniendo la mano en el pecho inmóvil?

La respiración de pecho rápida y superficial es el modo en que la mayoría de la gente respira la mayor parte del tiempo, tanto si se siente especialmente estresada o nerviosa como si no. En parte, es un hábito aprendido. Perdemos la respiración natural del vientre que teníamos siendo bebés tan pronto como nos volvemos seres pensantes dirigidos por nuestra mente. Muy pronto, las respiraciones superficiales y rápidas se tornan habituales; la respiración de vientre circular que hacíamos en la cuna, en la que el vientre sube y baja sin parar al inhalar o exhalar, queda del todo olvidada. Súmense otros factores que afectan durante la edad adolescente, como la vanidad que nos impide sacar la barriga, y en la edad adulta nuestra respiración se para cada vez más arriba en nuestro pecho.

En parte, nuestra respiración deficiente es una consecuencia del estilo de vida actual. Los hábitos de trabajo sedentario, viaje y ocio significan que podemos pasar con la respiración superficial. El estrés y la tecnología nos encierran más que nunca dentro de nuestra cabeza. Y hay quien dice que, como pasamos más tiempo que nunca en espacios cerrados, donde hay más contaminantes y polvo que en la naturaleza, el cuerpo limita instintivamente sus inhalaciones al mínimo con el fin de mantenerse limpio. Usted debe contrarrestar todas estas tendencias haciendo inhalaciones más profundas por la nariz. Cuando respira por la nariz, y no por la boca, dispone de filtros adecuados para limpiar el polvo.

Para empezar a respirar mejor en su jornada, es importante no forzar el esfuerzo. Su cuerpo quiere inhalar una cantidad satisfactoria de oxígeno y deshacerse de toxinas; su tarea consiste simplemente en permitirlo. Piénselo así: cuando usted adopta la pauta de hacer respiraciones de pecho superficiales, está limitando inconscientemente la respiración plena y natural que a su cuerpo le gustaría hacer.

Alguna parte de su cuerpo está tensa y no permite la respiración. Quizás está comprimiendo demasiado el vientre. Quizá tiene la espalda encorvada cuando está sentada o de pie, lo cual le oprime el pecho, o acaso su cara está tan tensa que no deja alegremente que cada inhalación dilate los pequeños músculos faciales. Dedique unos momentos a palpar varias partes de su cuerpo mientras inhala y exhala para ver si están todo lo abiertas a la respiración que podrían.

CONSEJO. La forma más fácil de acordarse de respirar durante todo el día es la más evidente. Coja un trozo de papel y conviértalo en su señal personal de «respirar», y péguelo donde mejor lo vea: sobre su mesa de trabajo, en la cocina o incluso a la vista de su cama. Decórelo con colores y dibujos, sea tan ridícula y creativa como quiera, y péguelo allí donde lo vea.

Localice la respiración

Durante 90 segundos, explore su cuerpo mientras inhala y exhala en su respiración normal. Está buscando puntos de tensión o rigidez. Fíjese en la sensación en su cuero cabelludo, su cara, su cuello, los hombros, el pecho, la parte inferior de la espalda, el vientre. Si da con un punto tenso, simplemente pregúntese: «¿Esta rigidez está inhibiendo mi respiración?» Y luego: «¿Podría liberar esta tensión?» Deje que la siguiente respiración sea un sí.

■ Fijarse en cómo ajustar su posición cuando está sentada puede contribuir a la apertura de la respiración. ¿Su postura sentada es inclinada, con los hombros ligeramente encorvados? Desplace el trasero hacia la parte posterior de la silla y coloque una almohada o una toalla enrollada en la región lumbar mientras se endereza, con la columna vertebral separada del respaldo. Esto inclinará ligeramente hacia delante su pelvis para favorecer la curva natural de la espalda, abrir la zona del pecho y bajar sus hombros. Levante la barbilla de modo que sus ojos miren al horizonte.

■ Mientras libera los puntos de tensión, deje que su respiración reduzca el ritmo y se intensifique de forma natural (debería respirar por la nariz, no por la boca). Fíjese en cómo el aire empieza a llegar a los rincones más alejados y recovecos olvidados de su cuerpo. Juegue haciendo las inhalaciones más profundas para hinchar el vientre; luego juegue soltando aire desde el vientre para dilatar la caja torácica. Los pequeños crujidos significan que los huesos se están adaptando al espacio dilatado. Compruebe si experimenta una sensación de alivio, energía o incluso hormigueo (señal de que el oxígeno llega a los tejidos). Fíjese en si le produce una sensación extraña dejar que se hinche el vientre.

■ Dilate las fosas nasales al inhalar y compruebe qué ocurre si deja que la respiración suavice lo bastante su cara para sonreír.

Nota: Si concentrarse en su respiración la pone nerviosa o la asusta, este ejercicio le resultará más fácil después de haber realizado algunas de las sesiones de marcha y yoga que siguen. Éstas la familiarizarán con la fuerza positiva de la respiración durante el movimiento, y entonces le resultará más fácil reparar en su respiración sentándose en posición erguida.

Una vez que haya empezado a abandonar las viejas pautas de respiración constreñida, sepa que no existe una manera correcta de respirar. Como veremos en el tercer apartado del programa, «Silencio», hay tipos de respiración que puede hacer para inducir un estado sereno e introspectivo. Por ahora, limítese a permitir la respiración. Recuerde que las exhalaciones son tan importantes como las inhalaciones, y deje que sean también exuberantes. Haga que la sonrisa que viene sea el recordatorio de que las respiraciones regulares y lentas son un regalo para sus tejidos, órganos y músculos.

Durante el día, juegue con distintos ritmos e intensidades de respiración, sólo por curiosidad. Puede hacerlo sentada a su mesa, guardando cola en el banco o limpiando las encimeras de la cocina. Cada vez que esté intensamente concentrada en una tarea, observe si se ha olvidado de respirar. Si descubre que está acortando constantemente su respiración, pruebe a preguntarse: «¿Por qué no soy generosa conmigo misma?» Piense en esta idea: aceptar la respiración es un símbolo de aceptar la vida. Concédase más de ella.

CONSEJO. Hágase amiga de su vientre. En distintos momentos del día, ponga las manos sobre el vientre y respire suavemente para sentirlo subir y bajar sin estrangulamiento. El estado agradable y relajante que esto produce reconvertirá su cerebro para que le permita dejar de retener su estómago a todas horas y efectuar una respiración un poco mejor.

En el yoga, hay un recordatorio constante de respirar. Los maestros suelen decirle que, si transcurriera la clase inmóvil pero respirando atentamente, sacaría tanto partido como si se retorciera como una lombriz. Si sencillamente pasara su tiempo respirando, su mente se tranquilizaría, su cuerpo cambiaría y se sentiría más a gusto con las tensiones de su vida.

Yo recurro a la respiración en todo lo que hago, durante todo el día, tanto si es una marcha exigente como sólo lavar platos. Me sintonizo con el sonido y el contacto del aire que pasa a través de mi nariz y mi tráquea para centrar mi atención en el momento presente. En la respiración hay una especie de música, y cuando una la

Ejercicio: Respire durante la mañana

Comience el día con una larga inhalación después de apagar el despertador y levantarse. Mantenga la inhalación durante cinco segundos, y luego exhale con un sonido audible de liberación. Acuérdese de llevar la sensación de descanso a su cuerpo en pie. Su reto esta mañana es hacer una respiración larga e intencionada antes de cualquier pequeña tarea que haga, desde el momento en que despierte hasta que salga de casa. Respire en el baño: una inhalación y exhalación profundas. Respire antes de abrir el grifo y lavarse la cara. Respire antes de quitarse el pijama o la camiseta. Con estas respiraciones conscientes, está sintonizando con su cuerpo. Cuando vaya a la cocina, deténgase en la puerta e inhale y exhale mientras observa lo nuevo de la jornada. A lo largo de la mañana, cuando se prepare un café o un té o cuando saque la comida de la nevera, haga una respiración profunda antes de cada cambio de acción. Esto demorará muy poco su jornada y mejorará espectacularmente su eficiencia. Si lo suyo es el café —ahora es descafeinado, ¿verdad?—, respire antes de moler los granos; respire antes de verterlo en la máquina; respire antes de llenar el depósito de agua, observe cómo adopta su curso líquido, y luego inhale y exhale profundamente antes de encender la máquina. ¿Qué más? Salga a buscar el periódico: abra la puerta, respire un ciclo entero, mire al cielo y compruebe si hace calor, frío o está templado. Observe si sopla brisa. Deténgase a mirar algo en su jardín, o mire a través de la ventana y fíjese en algo natural afuera. No dé nada por sentado en su vida.

Las cosas que más a menudo hace, como sacar la basura o recoger la correspondencia, son las cosas que debe hacer más despacio.

escucha está escuchando su cuerpo. Respirar conscientemente es una manera estupenda de centrar la atención en cualquier tarea. Es como decir: «Estoy aquí, estoy haciendo esto. No hay ningún otro sitio en el que deba estar ahora.»

Observar las pequeñas partes de su vida y hacer una respiración completa antes de iniciar una nueva tarea cambia su manera de responder a los retos más difíciles de la vida: hacer su trabajo, ocuparse de sus hijos, querer a su pareja... o quizá tratar de querer a su pareja mientras siente una intensa frustración. En la primera clase de yoga, a veces te dicen que dejes que la respiración dirija tu movimiento en lugar de moverte primero y esperar que la respiración siga tu ritmo. Dejar que la respiración dirija sus movimientos durante el día la ayudará a estar

Solución rápida n.º 3:
Respiración energética

Este ejercicio es una manera estupenda de empezar el día. Usa un tipo de respiración enérgica que en yoga llamamos «respiración de fuego» o de fuelle. Piense que puede provocarle mareos al principio, de modo que empiece despacio y aumente la intensidad y velocidad de la respiración sólo si se siente cómoda. Si tiene la presión alta, está embarazada o se ha sometido a cirugía recientemente, haga el ejercicio con respiraciones de nariz regulares y pausadas en su lugar.

Siéntese cruzada de piernas sobre un cojín con las manos sobre los tobillos. Haga unas cuantas respiraciones largas por la nariz, luego inhale hasta dilatar el vientre y exhale por la nariz con fuerza. Deje que la inhalación entre con normalidad y vuelva a exhalar con fuerza. Repita y aumente la velocidad. El ombligo subirá y bajará enérgica y rítmicamente, y el sonido de la respiración será muy fuerte, como un fuelle. Esta respiración por sí sola es muy energética.

Si se siente bien, añada la flexión. Al inhalar, mire hacia arriba y saque el pecho. Al exhalar, meta la barbilla y encorve la espalda de modo que mire a su ombligo. Repita el movimiento y aumente la velocidad a medida que se sienta más cómoda, adoptando un ritmo enérgico de flexión-enrollamiento. Este ejercicio le aporta energía y le pondrá a punto, elimina las impurezas del conducto nasal y los pulmones, desintoxica la sangre y masajea sus órganos abdominales. Las investigaciones también han demostrado que hacer este movimiento durante tres minutos cambia las ondas del cerebro a una pauta más tranquila. Hágalo durante treinta segundos a un minuto.

ÚSELO PARA: Llenarse de energía a primera hora de la mañana, o como apoyo entrada la jornada.

Mejor conciencia corporal

¿Trata su cuerpo amablemente aun cuando no hace nada en absoluto? Cuando se repiten hábitos deficientes un día sí y otro también, la estructura de su cuerpo cambia a la larga adaptándose a la mala postura, lo que causa dolor y desalineación. Además de tomar conciencia de su respiración, tomar conciencia de sus posturas corporales habituales mientras está sentada y de pie durante el día es una de las formas más sencillas de mantenerse equilibrada. Identifique los siguientes problemas.

1. Problema: Ergonomía deficiente en su despacho, incluido un asiento que no sostiene su espalda. Solución: Use una silla de oficina con reposabrazos; añada un cojín que sostenga la región lumbar. Siéntese directamente delante de su ordenador. Las rodillas deberían estar en ángulo recto con el suelo; piense en un reposapiés para elevar los pies. El monitor debería estar a la altura de los ojos. Si utiliza un ordenador portátil, levántelo sobre una plataforma y use un teclado y ratón separados. Mantenga los antebrazos paralelos al suelo mientras escribe.

CONSEJO. Un balón suizo de tamaño grande (un balón medicinal hinchable) constituye un buen sustituto de una silla porque favorece esta postura al mismo tiempo que hace participar a sus abdominales y le sostiene la espalda, con lo que aumenta la fuerza mientras está sentada. Asegúrese de que sea lo bastante resistente para no pincharse con las grapas u objetos afilados que pueda haber en el suelo de su despacho.

2. Problema: Largos períodos escribiendo a máquina sin levantarse y estirar los hombros y las muñecas. Solución: Cada veinte minutos, levántese, extienda los brazos a los lados y recójalos comprimiendo los omóplatos. Doble las muñecas hacia atrás mientras hace esto. Suba y baje los hombros diez veces. Respire.

DESE EL GUSTO: *La costosa pero excelente herramienta Swopper lleva la idea del balón suizo al extremo más sofisticado (véase Índice de productos).*

Mejor conciencia corporal (continuación)

Si trabaja con un ordenador portátil, use un ratón separado para que su mano no esté continuamente encogida sobre el ratón táctil, un hábito que suele ser la causa de dolores en la mano, la muñeca, el antebrazo e incluso en el hombro.

3. Problema: Sujetar el teléfono entre la barbilla y el hombro acortará los músculos de un lado del cuello y estirará los del otro, lo que a la larga provoca dolor crónico. Solución: Consiga unos auriculares de manos libres.

4. Problema: Caminar con tacones altos la saca de su postura natural y obliga a los músculos a esforzarse para sostenerle erguida. Dolores de cabeza por tensión, dolor en la parte inferior de la espalda y dolores o molestias persistentes en los músculos y las articulaciones son síntomas del abuso de tacones altos. Solución: Reserve los tacones para ocasiones especiales y use los estiramientos de yoga que se especifican aquí para desentumecerse.

presente en su vida mientras la vive, conectada con el ahora. Aplicar esta aptitud al ejercicio hará de éste una experiencia mucho más intensa.

PRELUDIO AL EJERCICIO: MÁS DURO NO SIGNIFICA MEJOR

Me propuse hacer ejercicio hasta la extenuación cuando empecé a entrenarme para el papel de una prometedora pentatleta olímpica en la película *Personal Best* a los diecisiete años. Después de experimentar el entrenamiento atlético como una deportista profesional, la disciplina y, quizá más importante, la adicción a ese nivel alto de adrenalina quedaron firmemente fijadas en mi cuerpo y grabadas en mi cerebro. Esforzarme al límite todas las sesiones era mi enfoque sobre el ejercicio. No iba a tener éxito a menos que trabajara mucho... o demasiado. Esto se reflejó en todas mis tendencias competitivas, perfeccionistas y compulsivas.

Durante los diez años siguientes, forzar mi cuerpo hasta el límite de fuerza y resistencia casi a diario fue mi manera de imponer orden y control en una vida en la que parecía haber muchas cosas sin resolver: mi carrera como joven actriz, mis sentimientos sobre mi cuerpo y la comida, mis temores sobre mi familia y su siniestro legado. El ejercicio duro se convirtió en una forma de huir de esos miedos. Corría y entrenaba duro, impulsada la mayor parte del tiempo por pura fuer-

Ejercicio: Revisión en el acto sentada-de pie

Si trabaja en un despacho, conduce o habla mucho por teléfono, fíjese en sus hábitos actuales y vea si puede efectuar algunos cambios para mejorarlos. Es posible que su lugar de trabajo tenga acceso a un experto que puede revisar la postura que adopta en su despacho. Coloque una foto sobre la mesa para acordarse de estirarse y moverse.

DESE EL GUSTO: *Soy muy partidaria del poder preventivo y curativo del bodywork. He aprendido que, cuando mi columna vertebral está desalineada, mi humor, mi energía y mi sistema inmune se resienten —a veces en extremo— porque la función de los nervios y el líquido cerebroespinal está en peligro. Trabajo a menudo con un quiropráctico para volver a equilibrar mi estructura, y esto mejora todas las partes de mi funcionamiento. Tal vez compruebe que el masaje la ayuda a deshacerse de los traumas y subirle la moral. Estos tratamientos no son baratos, pero constituyen complementos muy valiosos a su juego de herramientas. Si es posible, pida siempre recomendaciones personales de un quiropráctico, y hable con él antes de empezar para asegurarse de que se siente cómoda.*

za de voluntad, sin aflojar nunca el ritmo por el temor de no poder volver a correr.

Incluso después de casarme y tener a mi primera hija, Dree, seguí con el hábito de creer que más es mejor. En nuestro pisito neoyorquino encontré una nueva salida para mi obsesión: saltar a la comba. No saltaba sólo durante veinte minutos, sino durante una hora, y a veces dos. Además caminaba kilómetros y kilómetros por Manhattan en lugar de coger taxis o el metro, tratando de hacer más y más ejercicio cada día. A menudo Stephen volvía a casa del trabajo y me encontraba saltando a la comba como una loca con una expresión aburrida y distante en el rostro. Había pasado de caliente y sudorosa a fría y húmeda al tacto. Era algo estrafalario. Aunque técnicamente constituía un ejercicio excelente y estaba muy en forma, también me sentía muy cansada la mayor parte del tiempo. Y estaba muy angustiada por el asunto, siempre un poco nerviosa si no había hecho algo. Nunca tuve sobrepeso, pero para estar «delgada» tal como lo definía la industria del espectáculo debía esforzarme mucho, sobre todo porque me mantenía delgada sin la ayuda de fármacos dietéticos, que proliferaban en aquella época.

En combinación con mis dietas extremadamente bajas en grasas y proteínas, mi hábito de adicción a la adrenalina mermó mi resistencia a la enfermedad. A poco que hubiera un ligero cambio de tiempo, como lluvia o una ola de frío, mi garganta se resentía, y si no podía combatir el dolor con mis remedios naturales, quedaba fuera de combate. Me imponía exigencias absurdas: «Si hoy he hecho una hora y veinticinco minutos, mañana haré una hora y treinta.» Y así sucesivamente, hasta que a finales de mes estaba haciendo una cantidad bárbara, y entonces enfermaba para recuperarme. Pasé años sin concederme ni un solo día de descanso. Siete días a la semana, de dos a tres horas diarias de intenso trabajo, hasta que finalmente mi cuerpo decía: «Eres tan imbécil que me voy a poner enfermo para que tengas que parar porque no aflojarás el ritmo, ¡y yo no puedo seguirte!» Mi cuerpo era sabio: un resfriado o una gripe era una última oportunidad para descansar, porque yo no estaba dispuesta a hacerle caso y reducir la marcha. Era mi modo de sentirme dueña de la situación, pero esa misma necesidad de control me estaba dominando. Mi sensación de bienestar y mi salud estaban siempre en peligro. Así pues, ¿quién era en realidad dueño de la situación? Desde luego, yo no. Ahora me parece evidente, pero no era así entonces. Las cuestiones corporales tienen que ver con el deseo de controlar algo —¡lo que sea!— en una vida en constante cambio. Lo irónico es que no puedes controlarlo todo; así pues, ¿por qué no renuncias a intentar controlar tu cuerpo? Cuando abandonas las compulsiones, el cuerpo encuentra su sitio natural, el peso y el nivel de confort que más le convienen. La mente y su angustia, como pude comprobar, crean más problemas que cualquier aumento o pérdida de peso.

■ ■ ■

LOS HÁBITOS DE EJERCICIO MODERNOS tienden a caer en extremos. La mayoría de la gente hace demasiado ejercicio o demasiado poco, y ningún bando encuentra un término medio moderado en que el ejercicio les ayude en lugar de interponerse. Hay mucha desinformación. Por un lado, se nos ha inculcado durante años que dolor equivale a beneficio y que sólo con realizar una sesión de ejercicios más dura y agotadora estaremos más en forma. No es el caso. Análogamente, al igual que las dietas de moda y las tendencias alimenticias, aparecen al vuelo nuevas tendencias de ejercicio que prometen siempre resultados mejores y más rápidos. El ejercicio, aquello que debería proporcionar alivio y diversión, parece a veces otra cosa a la que responder. A los efectos de este programa, usted va a reducir la marcha, desconectar de todos esos mensajes externos durante unas semanas y sintonizar con una fuente de información más fiable: usted misma.

Existe un peligro real en el enfoque de más es mejor. ¿Sabía que las actividades cardíacas intensas estresan el cuerpo? Producen una reacción catabólica, lo que significa que destruyen tejido. El cuerpo se pone en alerta y busca energía urgentemente. Si no la obtiene enseguida de la comida, la energía se sacará de las fuentes más fácilmente disponibles como músculos y órganos (en vez de los depósitos de grasa, de más difícil acceso). Si su vida ya tiene su dosis de estrés, incluidas una dieta mediocre y falta de sueño, o si su salud está en peligro de alguna manera, esta nueva serie de tensiones la desequilibrará. Enfermedades y lesiones, así como resistencia reducida y falta de fuerza serán mucho más probables. El exceso de entrenamiento puede desencadenar también respuestas emocionales como irritabilidad, ansiedad e hipersensibilidad a la crítica, cosas todas ellas que, irónicamente, usted podría atribuir a no hacer suficiente ejercicio. Las nuevas madres que hacen ejercicio duro demasiado pronto pueden contraer depresión postparto.

Si, en cambio, está usted bien alimentada, descansada y tranquila para empezar, el estrés de los esfuerzos cardíacos intensos podría resultar más fácil de absorber y podrían gustarle. Pero es prudente tomar conciencia de que tal vez añada sin querer más estrés a su vida haciendo precisamente aquello que confía en que la ayude a desestresarse. El flujo de endorfina que acompaña la actividad cardíaca elevada puede causar una sensación estupenda, pero ¿se ha dado cuenta de que es también una señal de que ha llevado su cuerpo hasta una situación de emergencia? Cuando se encuentra en ese estado, todas las funciones corporales no urgentes se desconectan, como la digestión y la función reproductora. Por eso el sobreentrenamiento crónico puede alterar el equilibrio entero de su cuerpo.

Paso 2

Camine sin pensar

HOY MÁS QUE NUNCA, el ejercicio tiene lugar con tantas distracciones que una casi se olvida de que lo está haciendo. El sonido y la estimulación vienen de todas direcciones: entre corredores, ciclistas y excursionistas, los reproductores MP3 son omnipresentes, seguidos de cerca por los teléfonos móviles. En el gimnasio hay hileras de pantallas de televisión que dan noticiarios, vídeos pop y tertulias una al lado de otra (por no hablar de decenas de otros cuerpos que admirar). ¿Y quién no ha intentado leer una revista sentada en la máquina elíptica?

Todas estas cosas sirven para desviar nuestra atención de la tarea que tenemos entre manos. Nos mantienen en un estado en el que somos dirigidos por nuestra cabeza y sólo semiconscientes de nuestro cuerpo. Los resultados son mediocres: se ven personas que hacen la misma ruta o sesión de ejercicio durante años y siempre tienen el mismo aspecto. Hacen todo lo que pueden para huir de la tarea en lugar de concentrarse en ella y sacar ventajas reales. Se podría pensar que resulta más fácil hacer ejercicio mientras ve el último episodio de *The Real World* para entretenerse. Pero hacer dos cosas a la vez sólo lleva a un fin: distracción. Significa que usted llega al final de una sesión de cuarenta minutos en una bicicleta estática y comprueba que no se ha dado cuenta de ello, ni se siente especialmente rejuvenecida. Tanto si proviene de hileras de pantallas de televisión, de sus divagaciones o incluso de una compañera de entrenamiento incapaz de callar, la distracción es destructiva.

El remedio es hacer ejercicio con intención. Es el modo de estar presente en su proceso sea cual sea el tipo de entrenamiento que realice. Es el modo de controlar su mente para regresar constantemente al lugar y el momento. Es el modo de sacar más de menos para que, moviendo su cuerpo, obtenga una pausa verdaderamente refrescante. Se reduce a utilizar tres técnicas sencillas:

1. Muévase de acuerdo con su respiración.
2. Perciba el momento.
3. Póngase en contacto consigo misma haciéndose preguntas.

MARCHA: MANUAL BÁSICO

QUÉ: En esta parte del programa, nuestro objetivo consiste en marchas de treinta minutos a paso enérgico. (Empezará con veinte minutos, pero si tiene más tiempo, siga caminando.) Deberá variar la intensidad de su andar dependiendo de su nivel de energía de un día a otro. Si se siente ya lo bastante en forma, añadir velocidad y subidas si es posible será importante.

DÓNDE: Piense en qué rutas hay disponibles en su entorno más próximo. ¿Hay caminos de senderismo en su localidad? ¿Hay un parque con senderos o una pista de atletismo? ¿Hay un barrio residencial con cuestas cerca? Quizá su recurso más accesible sea un centro comercial. Tampoco está mal: elija una hora a la que esté tranquilo para poder caminar rápido (y deje las tarjetas de crédito en casa). ¿Tiene tiempo para seguir rutas para el estudio de la naturaleza, quizá para una caminata más larga, los fines de semana? Investigue un poco en Internet y tal vez descubra que los grupos de senderismo y atletismo locales han marcado circuitos en su población. Si vive en una gran ciudad, caminar por las calles urbanas requiere una mayor atención al tráfico y a los peatones, pero no deja de ser un ejercicio enérgico y estimulante. Tómese unos minutos para planificar rutas que le lleven por calles de su agrado. Caminar por una pista de atletismo es un buen sustituto. Usar una máquina de andar estática puede ser una buena opción, sobre todo en las noches de invierno, o si no hay subidas cerca de donde vive y quiere aumentar el reto. Siga algunos de los consejos de las páginas siguientes para desconectar del ruido del gimnasio y sintonizar consigo misma.

CUÁNDO: Cualquier hora del día es apta para caminar. Permítase experimentar con horas distintas para ver cuál es la que más le conviene. Tal vez compruebe que un paseo por la mañana temprano le permite empezar el día con estímulo o que media tarde es una hora especialmente agradable para andar por su barrio. Si dispone de una hora entera para almorzar, intente emplear una mitad para una marcha rápida y la otra mitad para comer después. No deje que el mal tiempo sea una excusa para no caminar. A menos que llueva a cántaros, caminar en todo tipo de climatología le permite sentir la naturaleza más plenamente. Vístase con capas, adapte su calzado si es necesario y acepte el día tanto si está gris, azul o incluso blanco de nieve.

QUÉ VESTIR: Ropa holgada y cómoda, con capas para tiempo fresco o húmedo. Unos zapatos de lona o zapatillas de deporte. (A mí me gustan estas últimas porque te permiten andar a paso rápido y echar a correr si te apetece.) Es aconsejable sustituir las zapatillas de deporte cada ochocientos kilómetros para un mejor apoyo. Con nieve, unas botas de calle irán bien.

D ESE EL GUSTO: *A menudo llevo zapatos de lona Masai Barefoot Technology, que están diseñados para imitar el paso natural oscilante de los pies descalzos sobre la tierra. Esto contrarresta la compresión que sufren sus articulaciones cuando está mucho tiempo sentada. La columna vertebral se realinea, los músculos se tonifican y su postura mejora (véase Índice de productos).*

CUESTIONES DE SEGURIDAD: Camine con prudencia. Siempre que sea posible, hágalo durante el día. Por la noche, si la zona es segura, procure llevar cintas reflectantes en su ropa y una muñequera Led o una lámpara frontal. (Si caminar por la calle no se considera seguro para los peatones, plantéese usar una cinta ergométrica en casa.) Si le preocupa su seguridad, haga pareja con un compañero y acuerden caminar juntos en silencio durante el programa.

POSTURA DE ANDAR: Mantenga la barbilla paralela al suelo, la espalda recta y los hombros y brazos sueltos y relajados. Evite inclinarse hacia atrás o apoyarse sobre las caderas. Meta las caderas ligeramente hacia delante para evitar arquear la espalda, y contraiga los abdominales para que su centro sea firme. Deje que la cabeza vaya erguida mientras camina con los ojos ligeramente fijos a veinte metros de distancia. La longitud de su paso debería ser larga pero no incómoda. A medida que aumente la velocidad, use los brazos vigorosamente para impulsarse hacia delante. A marcha más lenta, deje que oscilen de forma natural. Respire.

CALENTAMIENTO: Intente hacer por lo menos dos minutos de oscilaciones de brazos (pág. 192) antes de empezar, junto con cualquiera de las soluciones rápidas de esta parte que quiera. Tómese unos minutos para desentumecer un cuerpo que puede haber estado inactivo durante horas. Encoja los hombros, haga girar la cabeza y el cuello, dé un paso amplio y doble las rodillas hacia los lados. Haga lo que le sienta bien: la cuestión es saludar a su cuerpo. Seguidamente, declare su intención (paso 4). Después arranque.

ENFRIAMIENTO: Si ha forzado los músculos, especialmente en cuestas pronunciadas, tómese unos minutos para hacer estiramientos al final. En este caso, son buenas las posturas de yoga «estiramiento de una pierna reclinada», «inclinación hacia delante sentada» e «inclinación hacia delante de pie».

PRERREQUISITO PARA TODAS LAS MARCHAS:

Apague el ruido. Durante las cuatro semanas de este programa, deje sus reproductores de música, teléfonos móviles y otros aparatos de comunicación en casa. (Si necesita imperiosamente llevar su móvil, póngalo en modo vibrador y conteste sólo las llamadas urgentes.) En el futuro puede que la música le resulte útil para meterse en su rutina si camina en un gimnasio concurrido, pero de momento necesita oír el sonido de su respiración. No obstante, andar con música en el exterior tiene el efecto de suprimir los sutiles sonidos del mundo que la rodea y aislarla de la naturaleza. También resulta menos seguro en un entorno urbano. Se lo desaconsejo.

PREGUNTA: SI SE AÍSLA CON MÚSICA CUANDO CORRE O CAMINA, ¿ES PORQUE SE SIENTE INCÓMODA O INQUIETA AL OÍR SU PULSO CARDÍACO Y SU RESPIRACIÓN?

En este caso, no es usted la única. Pero ¡oír su pulso cardíaco es un recordatorio de que está viva! Es algo bueno; no le hará ningún daño. Así pues, resístase a la tentación de esconderse bajo el velo de la música y no sentir que su cuerpo hace lo que debe.

PIENSE DE QUÉ OTRA FORMA puede hacer la experiencia de caminar más pura. Por ejemplo, si saca a pasear sus perros y éstos requieren su atención, podría tener que atarlos con correa para mantener la concentración. Guarde las llaves en su bolsillo. Procure no llevar prendas que acabarán anudadas a su cintura. Lo que usted busca es aerodinámica y silencio.

Durante las dos primeras semanas de este programa, hará marchas de veinte minutos como mínimo y practicará una de las siguientes técnicas durante cada sesión. En las dos últimas semanas las integrará todas y se concentrará en aumentar la longitud de la marcha hasta por lo menos treinta minutos, incrementando la intensidad y el reto. En las semanas 3 y 4, trate por favor de esforzarse hasta el punto de sudar y respirar con dificultad.

Técnica 1: Respire de acuerdo con su movimiento

Trate de sincronizar su respiración con sus pasos. Durante al menos quince minutos de la marcha, practique la inhalación a lo largo de tres pasos y la exhalación en los tres siguientes. Intente inhalar por la nariz y vea cómo le sienta. En un terreno exigente, como cuestas empinadas, seguramente tendrá que respirar por la boca, pero experimente y compruebe cómo respirar por la nariz crea un estado más introspectivo. Al final de la semana, alargue la respiración de modo que inhale durante cuatro pasos y exhale en los cuatro siguientes. Si tiene unos pulmones fuertes y se siente cómoda incrementando los pasos por respiración, hágalo. La longitud de la inhalación debe ser igual a la de la exhalación para encontrar el equilibrio en el ciclo.

Deje que la repetición la mantenga presente

Realizar un movimiento repetitivo como caminar es la forma de practicar el ritual en su movimiento. Por eso la repetición la mantiene presente: convierte cualquier actividad física en una meditación en marcha. Encuentre el ritmo de sus pasos y deje que su mente siga ese ritmo en lugar de pensar activamente. Imagínese que sus pasos son las escobillas del limpiaparabrisas que quitan el barro y la mugre de su vida. Deje que la repetición la lleve a un estado de ánimo tranquilo y silencioso. Desde ahí puede ver qué ocurre tanto en su interior como en el mundo que la rodea, sin caer en una espiral de conversaciones complejas consigo misma.

Su modo de hacer ejercicio es un buen modelo de cómo se comporta en general. Si está distraída mientras se ejercita, es posible que también compruebe los mensajes en el móvil mientras conduce, que escriba e-mails mientras habla por teléfono, etc. Use el ejercicio como una forma de aprender percepción concentrada para el resto de su vida. Si puede concentrarse en el proceso aun cuando le parezca aburrido, está bien preparada para la vida. Porque, seamos francas, a veces la vida es aburrida. ¿Va a intentar huir de ella, o se quedará ahí esperando a captar un momento hermoso?

Técnica 2: Perciba el momento

Estoy convencida de que, cuando aprenda a observar lo externo, será más capaz de observar lo interno. Cuando se concentra sólo en ver cosas sin juzgarlas ni analizarlas, tranquiliza la mente y se conecta con el proceso. Esta técnica desarrolla esa capacidad de observación. Funciona mejor cuando se encuentra fuera de casa y será más divertida si está en un parque o en algún paraje natural. Ahora que respira bien mientras camina, dirija su atención hacia fuera para observar en silencio el mundo por el que pasa. Abandone su diálogo interno y deje que sus sentidos recojan información sin comentarla necesariamente. Observe los colores y dibujos de la naturaleza, huela los olores que flotan, sienta el cambio de temperatura del aire en su piel. Concédase la mitad de su marcha sólo para observar. No comente; no se pierda en pensamientos sobre aquello que ve. Perciba lo que siente.

Es más fácil acceder a este estado de ánimo cuando tiene la naturaleza con la que jugar, porque eso le suministra automáticamente una sensibilidad distinta. Está estimulada y aliviada por el mundo físico, y su capacidad para notar la brisa y sentir su respiración se incrementa. Caminar al aire libre aumenta la sensibilidad; así pues, hágalo cuando pueda. (Además, en la naturaleza no hay ningún espejo ni nadie más con quien compararse.)

Yo soy claramente una montañera. Los días soleados en California, si puedo ir a las montañas soy como un animal salvaje, libre y feliz. Cuando camino dejo que mis sentidos animales reparen en todo; para cuando vuelvo, me siento contentísima y renovada en muchos aspectos.

Alternativa: Caminar en el gimnasio

Si camina bajo techo en una cinta ergométrica, no intente fijarse en el entorno externo porque lo verá demasiado agitado. Perciba el momento sintonizando profundamente con lo que está ocurriendo en su cuerpo: el contacto del sudor sobre su piel, la sensación en los distintos músculos mientras se calientan. Observe si está sobreentrenando un costado del cuerpo, y repare en la sensación en sus pies mientras golpean la cinta. Fíjese en cómo se mueven sus brazos y si aprieta los puños. ¿Sonríe o hace una mueca de concentración? Vea con qué frecuencia interrumpe su concentración mirando las pantallas de televisión o a las personas que la rodean en el gimnasio. Luego devuelva la atención a su propio cuerpo. *Si se mueve a un paso lo suficientemente lento como para que no haya peligro,* cierre los ojos unos momentos. Lleve su atención profundamente hacia dentro y escudriñe su cuerpo con sus sentidos. Oiga el ritmo de sus pies golpeando la cinta y el sonido de la máquina.

CONSEJO. Cerrar los ojos cada vez que use un *aparato de ejercicio estático* como una Stairmaster, una bicicleta o una máquina elíptica es un modo garantizado de aumentar la intensidad de su experiencia. A partir de ahora, cada vez que emplee una de estas máquinas, cierre los ojos, no haga caso del ruido que la rodea en el gimnasio y fíjese en la diferencia que produce esta concentración.

Técnica 3: Hágase preguntas

Dicen que los que saben escuchar hacen preguntas. En el ejercicio, formularse preguntas es un modo de mantenerse presente en el proceso. Deje de usar su cronómetro o el reloj de la cinta ergométrica para saber cómo le va (y si está en el gimnasio, no use su reflejo para que le diga si le va bien). ¡Usted ya sabe cómo le va porque puede sentirlo!

Al principio y al final de la marcha, pregúntese cómo se siente y qué nota distinto. Además, en varios momentos de la marcha, pregúntese: «*¿Qué buenas sensaciones hay en mi cuerpo ahora mismo?*» Deje que la respuesta llegue simplemente con fijarse en esa sensación agradable, sin analizar ni preguntarse por qué se siente así. Deje que le hable su cuerpo y prescinda de la mente. Así es cómo aumenta su inteligencia física: recoge información valiosa que proviene de un lugar más profundo que su ego.

Hacer esto la ayuda a encontrar belleza en cosas que de otro modo podrían molestarle, contrariarla o que simplemente podría echar de menos. Establece automáticamente una relación más amable y más íntima con su cuerpo. Muy a menudo, los comentarios que nos hacemos cuando realizamos ejercicio son negativos: «¡Esto duele! ¡Uf!, ¿cuándo se va a acabar?» Plantearse preguntas sobre lo que le sienta bien hace girar toda su experiencia hacia lo positivo. Lo hará en yoga, y tal vez compruebe que una flexión hacia delante que supone un reto le está abriendo la parte inferior de la espalda y es una sensación maravillosa. O acaso se percate de que, aun cuando una postura de equilibrio resulta difícil, su respiración se vuelve mucho más profunda y regular. A menudo, el hecho de formularse una pregunta la hará sonreír. Algo en alguna parte de su cuerpo se sentirá mejor.

VENTAJA: Después de haber descubierto una respuesta positiva a esa pregunta positiva, añada otra pregunta que continúe esta nueva amabilidad con su cuerpo: «¿Puedo aceptarme tal como soy ahora?» Vea qué respuesta aparece. Si brota un torrente de pensamientos negativos, no pasa nada. Siga formulándose la pregunta cada vez que se sienta a gusto en su cuerpo durante una sesión de ejercicio y vea cómo sus respuestas pueden cambiar.

Añada más marcha a su vida diaria

1. Aparque el coche en la parte del aparcamiento más apartada de su destino o de la calle. Cuando vaya de compras, cargue el coche y luego lleve el carrito todo el trayecto hasta la puerta principal del establecimiento.
2. Utilice las escaleras, no el ascensor.
3. Sugiera celebrar reuniones informales con sus compañeros de trabajo mientras caminan en vez de sentados a una mesa.
4. Intente comprar en zonas en las que haya una concentración de pequeños comercios para poder cumplir múltiples encargos a pie en vez de ir conduciendo de una tienda a otra.

EJERCICIO EXPRÉS

Dé más pasos

Planifique su semana para caminar más, y comprométase a añadir unos cientos de metros más aquí y allá durante sus encargos y obligaciones más corrientes. Si pasa mucho tiempo en el coche, tal vez deba colocar un adhesivo de recordatorio allí donde pueda verlo que rece: «¡Caminar!», para aparcar más lejos de lo normal e iniciar estos nuevos hábitos.

Solución rápida n.º 4: Sentadillas

Sentarse en cuclillas es excelente para favorecer la digestión y la eliminación. Así es como los seres humanos se han sentado durante épocas, pero desde que empezamos a depender de las sillas, ya rara vez nos sentamos así. La sentadilla forma parte de la secuencia de yoga que sigue, pero puede hacerla en cualquier momento porque aumenta la flexibilidad en la parte inferior de su cuerpo, fortalece grupos musculares mayores y, aún más importante, estimula el flujo sanguíneo en los órganos abdominales y da un buen masaje a los intestinos. Empiece con los pies separados a la altura de los hombros, con los dedos apuntando hacia delante. Doble las rodillas como si quisiera posar el trasero en el suelo, pero trate de mantener los pies planos. Separe más los pies si es necesario, o colóquese una o dos toallas enrolladas debajo de los talones. (Si tiene problemas de rodilla, tal vez prefiera hacer la postura de la silla durante unas cuantas respiraciones.) Juntar las manos en posición de rezo a la altura del corazón y apoyar los codos en la parte interior de las rodillas proporciona mayor estabilidad. A la mayoría de la gente le costará trabajo mantener los talones planos; siéntese sobre el pulpejo de los pies y pruebe a colocar una manta doblada debajo de los talones hasta que su flexibilidad aumente. Fije los ojos en un punto de la pared si el equilibrio es precario. Hágalo entre treinta segundos y un minuto.

UTILÍCELO: Como una forma de condicionar y estimular su cuerpo mientras hace cualquier cosa en casa, incluso ver la tele. También es un antídoto para el dolor lumbar durante la menstruación, y útil como enfriamiento después de una marcha enérgica.

Si puede, haga una serie de movimientos de sentadilla a posición de pie, subiendo y bajando despacio. Exhale al bajar, inhale al subir. Esto proporcionará movimiento a los intestinos. Haga todos los que pueda, ya sean diez, veinte o más seguidos.

Llévelo a la esterilla

EL YOGA ES POR NATURALEZA una práctica de equilibrio. La modalidad de yoga que empezará a aprender aquí se llama hatha yoga; este nombre combina las palabras sánscritas *ha,* que significa «sol», y *tha,* que significa «luna». Así como la respiración crea un ciclo equilibrado de entrada y salida, las posturas de yoga generan un equilibrio de energías opuestas. Usted se dobla y se estira; se dilata y después se contrae; se mueve y luego está inmóvil; gira a un lado y después al otro. El objetivo del hatha yoga es abrir el cuerpo para que reciba energía vital y aportar armonía al cuerpo, la mente y el espíritu. ¿Cómo no iba a sentirse más en paz después de invertir un poco de tiempo de su ajetreada vida en hacerlo?

Lo que me gusta del yoga es que te lleva a un estado natural contigo misma; dentro de tu cuerpo, creas las mismas sensaciones que experimentas cuando te mueves en la naturaleza. Surge calor de lo más profundo de tu ser; una brisa te atraviesa la piel mientras adoptas las distintas posturas. A veces siento un hormigueo en todo el cuerpo después de una torsión de espalda. Esta sensación me recuerda a la de estar en la cima de una montaña.

En esencia, así puede ser el yoga sencillo. Le ofrece la posibilidad de abandonar su apariencia y sentirse real. Con cada estiramiento, su coraza protectora se disuelve y tiene una oportunidad de ablandarse. Con cada flexión, vuelve a conectarse con su propia fuerza, y todos los pensamientos autocríticos negativos pierden su influjo. Cuando ejecuta las posturas de yoga, establece una relación íntima con su propio cuerpo: toma conciencia de músculos cuya existencia desconocía, de lo mucho más larga, suelta y alta que puede sentirse y de que el cuerpo es algo asombroso, capaz de moverse de formas que creía imposibles. Todo esto importa porque la conciencia de su cuerpo es el primer paso hacia la aceptación del mismo, ¿y qué mujer no necesita más de eso?

Piense en la palabra «intimidad» mientras realiza la práctica de yoga que aquí se describe. Puede parecer extraño pensar en intimidad en relación consigo misma. Las más de las veces invertimos energía en buscar la intimidad con los demás, ganándonos a las personas como amigos o amantes. Pero ¿qué le parece intentar ser ami-

La auténtica belleza

ga de sí misma? Mientras se mueve y respira a través de algunas posturas que suponen un reto, lo más importante que puede hacer es abandonar cualquier idea de dominar o forzar su cuerpo y, en su lugar, emplear las tres técnicas que aprendió en el componente de marcha de este capítulo. Respire de acuerdo con sus movimientos, observe qué ocurre en su cuerpo y pregúntese amablemente: «¿Qué buena sensación produce esta postura?» Cuando practica yoga con esta actitud de curiosidad y aceptación, crea un sentimiento más amable hacia sí misma. Es como establecer una relación íntima con un amigo: conocer mejor a esa persona aumenta su compasión hacia ella.

Un maestro de yoga que conozco dice a sus alumnos que, cuando están en una postura, deben respirar, serenar su mente e «ir hacia dentro como una tortuga que se mete en su caparazón». Recuerde esa tortuga mientras avanza lenta e intencionadamente a través de esta secuencia de yoga: imagínese que se escabulle del ajetreado mundo para encontrar alivio en su interior. Si es capaz de dar con un momento de quietud aun cuando esté en movimiento, su práctica de yoga evolucionará desde el mero estiramiento y fortalecimiento físicos hasta una práctica armoniosa en la que el cuerpo, la mente y las emociones hallan alivio y liberación.

El yoga es también una de las mejores terapias físicas que puede suministrar a su cuerpo. Todos los sistemas se estimulan de algún modo: su sistema muscular, óseo, circulatorio, linfático y respiratorio, además del endocrino (productor de hormonas) y el nervioso.

Tengo un secreto. Me pasé la mayor parte de los años en una clase de yoga esperando a que terminara. Me gustaba ir a clase y ejecutar posturas difíciles, e incluso egoístamente me agradaba que me miraran —aunque fingía lo contrario—, pero en el fondo me sentía incómoda. Aquello no me iba. Lo hacía porque deseaba que me quisieran y me aceptaran. Básicamente necesitaba mi propia aprobación, pero desde luego no podía conseguirla porque no estaba haciendo yoga por los motivos adecuados. En cierto momento desperté y me di cuenta de que mi camino traía sin cuidado a los demás, aun cuando me aplaudieran después de demostrar una postura muy difícil a la clase. Cada persona sigue su propio camino. La motivación tiene que venir del simple deseo de sentirse bien y divertirse. Actualmente, si alguien en una clase ejecuta una postura que yo no puedo hacer, en lugar de tener envidia y sentirme inadecuada, pienso: «¡Oh, eso es genial! Apuesto a que sienta bien. Quiero aprender de verdad a hacerlo este año... para mí, no para los demás.» Y si no aprendo, ¿a quién le importa? Disfruto del viaje. Buscamos comparaciones para dar con nuestro sentido de la seguridad, pero es mucho mejor encontrar el aplomo dentro. Si supera su necesidad de reconocimiento, descubrirá la verdadera belleza.

YOGA: MANUAL BÁSICO

Es posible que haya reparado en hasta qué punto está de moda el yoga. Quizás incluso haya encontrado personas que le aportan un aspecto competitivo cuando intercambian impresiones sobre qué maestro o estudio es mejor y qué posturas saben hacer. Nada de esto importa mucho. Su práctica puede empezar en su sala de estar, sin necesidad de lujosos avíos ni clases costosas.

El deleite del yoga reside en que es tanto democrático como modificable. Sus proporciones, edad y nivel de fuerza no vienen al caso porque las posturas pueden ejecutarse con el nivel de intensidad que más le convenga. Su práctica puede adaptarse a sus propias limitaciones de tiempo y espacio. Yo he hecho yoga en habitaciones de hoteles, jardines de amigos y, como he mencionado, caravanas pequeñas con un espacio mínimo sobre mi cabeza. Mientras disponga de sitio suficiente para estirar los brazos y las piernas en todas direcciones, tendrá espacio para practicar. Al final de este programa, conocerá suficientes posturas básicas para poder empezar a integrarlas a su manera especial. Puede que siga considerándose una principiante, pero en realidad habrá avanzado un buen trecho, porque tendrá una práctica de yoga personal sin un maestro que le dé instrucciones.

Hoy en día hago un 75% de mi yoga en casa, mientras que el resto consiste en clases colectivas. Considero mi esterilla de yoga un sostén en mi vida, algo que está siempre disponible cuando necesito mover mi cuerpo o cambiar mi estado. Lo único que debo hacer es presentarme. Deje que el yoga sea su práctica privada, algo que la haga sentirse estupendamente y que no tiene que compartir con nadie. Haga lo necesario para convertir su sesión en un tiempo sagrado, ya sea desconectando teléfonos, colocando a la vista una planta o flores vibrantes o, sencillamente, cerrando la puerta.

QUÉ: Trate de realizar la siguiente práctica de yoga entera por lo menos dos veces por semana. Completar la práctica a un ritmo moderado llevará unos treinta minutos. Si dispone de poco tiempo, haga tanto como pueda, incluyendo siempre por lo menos dos minutos de la última postura de descanso al final. Si el tiempo le permite combinar una caminata con el yoga, hágalo. Llevar su cuerpo calentado a la esterilla resulta especialmente gratificante.

CONSEJO. Si dispone de cinco minutos o menos, pruebe esto: haga unas cuantas posturas para calentar y mover su cuerpo, o varias oscilaciones de brazos o pequeños saltos que se concentren en una caída suave, luego siéntese con las piernas cruzadas, ejecutando la respiración de yoga, y recorra mentalmente la secuencia de yoga. La ayudará a grabar en su memoria cómo una postura da paso a la siguiente.

DÓNDE: Experimente en distintos sitios en su casa hasta que dé con uno que le sirva. Debería estar relativamente despejado, fuera de la vista de cualquier cosa directamente relacionada con el trabajo o los quehaceres domésticos (por ejemplo, una mesa repleta de papeles de oficina y facturas). Practique con luz natural y con aire fresco, si es posible. Interponga una barrera entre usted y sus compañeros de piso o familiares (o animales) para que no le molesten durante la sesión. Quizá necesite realizar la práctica junto al lugar sagrado que usted misma creará, el cual se describe en el apartado «Hogar» de este libro.

CUÁNDO: Una práctica por la mañana temprano puede sentarle maravillosamente para todo el día. Tal vez esté entumecida al principio, por lo que deberá calentar despacio. Una ducha caliente antes del ejercicio la ayudará. La mañana es una hora natural para hacer «Saludos al Sol», una postura que celebra la energía solar. Si quiere una práctica más enérgica, añada más saludos así como más posturas de tabla y flexión. O bien reduzca el ritmo de sus «Saludos al Sol» para mantener cada postura durante varios ciclos respiratorios, lo cual aumentará su fuerza y resistencia. La tarde se presta a una práctica más relajante y reconstituyente. Dedicar más tiempo a la flexión hacia delante sentada, que calma el sistema nervioso, las posturas reclinadas y la postura de relajación final la ayudará a rehacerse de la jornada.

QUÉ LLEVAR: Mallas o pantalones cortos cómodos y tops o camisetas ajustadas. Todo lo que vaya demasiado holgado sobre el cuerpo se apretujará y le molestará. Los pies deben estar descalzos. Puede hacer todas estas posturas sin esterilla de yoga, sobre una alfombra corriente o un parquet. Pero una esterilla de yoga le proporcionará mucha más tracción y le permitirá profundizar más en sus posturas. Las esterillas antideslizantes sencillas sirven perfectamente; las de yoga, más gruesas y firmes, proporcionan una mayor amortiguación a un precio mayor.

CONSEJO. Como con las sesiones de marcha, le recomiendo encarecidamente que haga esta práctica básicamente en silencio durante las primeras semanas para oír su propia respiración (piense que la semana 2 traerá un elemento sonoro sorpresa). Pero, si hay mucho ruido en su casa, poner música ambiental baja o música clásica suave durante la sesión puede ayudar a crear un espacio privado. No utilice música con letra o percusión fuerte.

CÓMO RESPIRAR: Por la nariz, con inhalaciones y exhalaciones largas y suaves. Deje que la respiración dirija cada movimiento, como si lo propulsara el flujo de aire que entra y sale de los pulmones. A medida que se familiarice con las posturas, empiece a inhalar en los movimientos que abren el cuerpo y exhale en los que lo pliegan o que conectan posturas de apertura.

OJOS ABIERTOS O CERRADOS: Inicie la primera postura de «la montaña» con los ojos cerrados para establecer contacto con su respiración y su cuerpo. Termine con los ojos cerrados en la postura de relajación. Entre lo uno y lo otro, mantenga los ojos abiertos y levemente fijos en un punto lejano del horizonte. Cuando lo crea oportuno, puede jugar a cerrar los ojos para atraer su atención hacia dentro, pero posturas de pie enérgicas como «guerrero I» requieren usar la vista como sostén.

CUESTIONES DE SEGURIDAD: En clase de yoga, se suele decir: «Éste es un proceso suyo y de nadie más.» Vaya al ritmo que instintivamente le parezca adecuado y descubra su límite en cada postura. Su límite es el punto en el que se le plantea un reto pero no siente dolor. Una regla general es forzar cada movimiento mientras pueda respirar con comodidad; si comprueba que le cuesta respirar o contiene la respiración tensamente, se está esforzando demasiado y debería dar marcha atrás. Aun así, yo trato de desafiar mi zona de confort porque, cuando las cosas se tornan demasiado repetitivas y fáciles, mi mente se vuelve perezosa y pierdo la capacidad de estar presente. Pero tengo presente que el yoga es un equilibrio entre esfuerzo y rendición. A veces, el simple hecho de respirar perfectamente y hacer la mitad de la práctica descansando la otra mitad puede ser una experiencia transformadora.

Durante las dos primeras semanas del programa simplemente hará la práctica de yoga entera y se familiarizará con las posturas. En la semana 3, juegue a añadir una respiración audible, y en la 4, sea creativa con la secuencia. Antes de cada sesión formulará una intención, aunque sea tan simple como: «Quiero aprender las posturas para no tener que consultarlas en el libro.» Al final lo comprobará, para ver si ha conseguido parte de esa intención. (Véase el paso 4 para más detalles.)

Encuentre su centro

No subestime el poder de permanecer inmóvil. La primera postura de la secuencia, la de «la montaña», es en muchos aspectos la más importante porque con ella usted descubre cómo estar arraigada y equilibrada en todo lo que hace. En la postura de la montaña puede medir con claridad la calidad de su respiración y la intensidad de su mente. Antes de iniciar la secuencia, juegue buscando la colocación en la postura de la montaña que le resulte más adecuada. De la misma manera que habrá un desprendimiento si la montaña se decanta demasiado hacia un lado, la gravedad derribará su postura si no se sostiene bien recta. Sitúese lateralmente junto a un espejo y mire su reflejo para ver si está centrada. La mayoría caemos hacia delante porque nos da miedo lo que tenemos detrás; no queremos volver a visitar nuestra historia. (Por eso las flexiones hacia atrás pueden ser intimidantes; psicológicamente pensamos: «Nunca volveré al lugar de donde he venido.» Si éste es su caso durante esta secuencia, reconozca esa resistencia, luego intente hacer que su cuerpo la supere y juegue con la sensación de hacer la primera flexión hacia atrás, la postura del puente.) Traslade su peso de un pie al otro para

CONSEJO. Trate de encontrar un poco de montaña no sólo en todas las posturas de yoga, sino también en distintas partes de su jornada. Puede hacer la postura de la montaña mientras se cepilla los dientes en el lavabo o mientras espera el autobús. Respire, mantenga la mente serena y oscile un poco mientras clava los pies en la tierra y deja que su cuerpo encuentre su equilibrio natural. El yoga resulta más fácil a medida que su cuerpo memoriza las posturas.

Cuando menos me preocupaba de realizar proezas heroicas de yoga que demostraran ni fuerza y resistencia, empecé a recibir todas las ventajas del yoga. En vez de considerar mi cuerpo como esa «cosa» separada que podía usar para probarme, comencé a escuchar los mensajes más sutiles que éste me mandaba. El yoga consiste casi íntegramente en escuchar a tu cuerpo. Dirige tu atención hacia dentro y pregunta: «¿Qué ocurre aquí? ¿Cómo me siento en esta postura? ¿Sabes qué?, voy a doblar las rodillas porque de otro modo esta postura no me resulta cómoda. Quizá suprimiré algo de flexión.» Reduciendo la marcha, respirando con intención y consultando conmigo misma a lo largo de toda la práctica, me convertí en la cuidadora de mi cuerpo, no en su sargento de instrucción. Provista de esta nueva actitud amable, empecé a aceptar y querer mi cuerpo por primera vez.

dar con la postura en la que esté de pie recta y erguida, y sepa que para estar verdaderamente centrada siempre deberá moverse ligeramente. Si se encuentra medio
hacia atrás, medio hacia delante, ha encontrado su centro.

Traslade esa sensación de arraigo y fluidez a todas las posturas de yoga. Recuerde que el equilibrio no es estático. El mundo se mueve, y usted debe moverse
con él. Tenga la ligereza y espontaneidad de permitirse moverse con el flujo y reflujo de la tierra aunque supuestamente se mantenga inmóvil. Y si esto implica que a
veces se caiga, parezca boba y sea imperfecta, ¡dé la bienvenida a esas cosas! Ca-
yéndose es como usted se construye. Ahora está lista para empezar.

PRÁCTICA DE YOGA

DIVIÉRTASE. Añada sorpresa poniendo cinco minutos de música marchosa y de
baile tan desenfrenada y expresivamente como quiera, luego apague el sonido y lleve
esa alegría y espontaneidad a su esterilla durante el resto de la práctica. Abandone
cualquier idea preconcebida de que debería moverse de determinada forma para el
yoga y de que lo está haciendo mal si no se lo toma completamente en serio. Cuando
traslada la libertad del baile a su yoga y estudia las posturas de un modo fluido y lúcido, lleva la diversión a su esterilla y pierde cualquier tendencia perfeccionista.

RESPIRACIÓN UJJAYI. La respiración ujjayi es un tipo de respiración audible
que los practicantes de yoga emplean tanto para activarse como para relajarse mientras practican. El sonido que hace es fascinante; puede serle de gran ayuda para llevar su conciencia hacia dentro y evitar la distracción. Practíquela primero sentada en
el suelo con las piernas cruzadas. Mientras respira por la nariz con la boca cerrada,
obstruya un poco la abertura de la garganta para ofrecer una ligera resistencia al paso
del aire. Su respiración se parecerá a la de Darth Vader, pero más suave y menos espeluznante. Concéntrese primero en llevar el sonido a las exhalaciones, pues esta mitad de la respiración resulta más fácil. ¿Puede hacerlas sonar como olas del mar que
se alejan de la orilla? Luego trate de inhalar con la garganta un poco cerrada. No se
esfuerce demasiado; debería ser sencillo y agradable de hacer. Traslade esta respiración a algunas posturas como «volcán» y «perro mirando hacia abajo», y compruebe
si la ayuda a concentrarse. ¿Y si deja que este sonido sea su música durante la práctica entera?

YOGA EN LIBERTAD. Tras memorizar una serie básica de posturas de yoga y
pasar de unas a otras con una respiración regular y potente, tiene la posibilidad de jugar. Esto puede ocurrir en la cuarta semana del programa o más adelante. No crea que

tiene que hacerlas en el mismo orden, durante el mismo espacio de tiempo, en cada práctica. Sáltese el guión y empiece a escribir su propia historia. Si le apetece ejecutar una postura cuatro veces y prescindir de la siguiente, pruébelo. Sienta curiosidad por cómo puede combinar y casar las posturas, y no se deje obsesionar demasiado por seguir una fórmula. Una revelación: de vez en cuando, yo también hago mi rutina de yoga viendo reposiciones de *Sexo en Nueva York*. A fin de cuentas, hay días en los que a una chica no le apetece llegar tan lejos.

Hace poco he llegado a considerar todo el ejercicio un arte. La manera de hacerlo puede ser el modo en que usted se expresa. Un día podría caminar con pasos enérgicos como si estuviera esculpiendo una escultura gigante; al día siguiente, hacer yoga de una forma muy sutil, como si pintara el aire con delicadas pinceladas. Otro día podría agregar música, baile y movimiento espontáneo a su práctica de yoga. Cuando se permite experimentar el ejercicio de un modo artístico que expresa algo de lo que es usted, se convierte en una parte de la vida rica y gratificante.

CONSEJO. Si está fastidiada, ha comido mal o se ha dado un atracón, o no ha caminado, guardado silencio o hecho un poco de práctica de yoga, no todo está perdido. En primer lugar, no hay fastidio. Usted siempre está a una comida, cinco minutos de silencio, un corto paseo o unas cuantas posturas de volver a sentirse bien en todos los sentidos. Dese un respiro. Ocurren cosas raras. La vida está llena de sorpresas desagradables, y ése es su encanto. Entonces usted dice: «Oye, acabo de pasar por un mal momento, y ahora sigo adelante.» ¿Y qué? Aunque hoy no sea su «día especial», permítase un lujo y acabe de una vez. Concédase siempre amor y permiso para descarriarse un poco, y luego, siendo amable consigo misma, regrese al buen camino. No tiene que esperar a mañana o a la luna nueva para volver a empezar.

Declare su intención

RESPIRANDO CONSCIENTEMENTE, caminando con una nueva percepción y desarrollando la aptitud yogui de cuerpo activo y mente serena, está adoptando una forma distinta de hacer ejercicio. Si siempre tuvo el hábito de funcionar como una autómata, ahora éste comienza a desconectarse. Usted se está volviendo más presente en el proceso, y se siente más en armonía con los cambios que ocurren en su cuerpo y su mente durante una sesión de ejercicio.

Pero existe una última parte del plan muy sencilla. Para hacer ejercicio con intención, tiene que declarar literalmente una intención para cada sesión de marcha o práctica de yoga que haga. Simplemente tómese un momento antes de empezar a moverse para reunir su energía y decir en voz baja para sí qué quiere obtener de los treinta minutos siguientes. Lo único que se requiere es una simple declaración.

La intención puede ser muy práctica: terminar una marcha de treinta minutos a buen ritmo o completar todo el programa de yoga sin distraerse. Puede ser física: aliviar algunos puntos de su cuerpo al cabo de una larga jornada en un despacho, o quizá sentirse ligera, fuerte y alta después de conducir todo el día. Tal vez sea tener un aspecto algo mejor; eso también está bien. Su cuerpo cambia cuando usted visualiza lo que quiere y declara una intención antes y durante su práctica. A medida que avance, su intención se volverá más personal o emocional. Será un reflejo de cómo se siente ese día y cómo le gustaría sentirse en cuanto haya acabado.

Primero, repare en su estado antes de empezar. «¿Me siento nerviosa? ¿Perezosa? ¿Malhumorada? ¿Demasiado tensa para acostarme?» Luego visualice cómo la media hora siguiente puede ayudarla a modificar ese estado, y pronuncie de forma audible qué se propone cambiar. Si hay gente a su alrededor y se siente ridícula, dígaselo a sí misma, pero sepa que afirmar una intención en voz alta y en un tono que expresa lo que quiere conseguir —energía, tranquilidad, alivio, etc.— es importante, porque la compromete con esa idea.

Una vez declarada su intención, muévase y practique las tres técnicas tanto en la marcha como en el yoga. *Uno, respire de acuerdo con su movimiento; dos, perci-*

ba el momento y vea qué sucede en su cuerpo; y tres, de vez en cuando pregúntese: «¿Qué me sienta bien?» Deje que la intención resuene mientras se mueve para que de tarde en tarde flote en su cabeza, pero deshágase de pensamientos verbosos y preocupaciones al respecto. Cuando haya terminado, acuérdese de tomarse un momento para comprobar si sus sensaciones y energía física han cambiado. ¿Se ha manifestado su intención? En este recuento no hay éxito ni fracaso, sólo observación. Si no se siente como quería después del ejercicio, ¿tiene tiempo para continuar un poco más?

Algunos ejemplos de intenciones incluyen:

- Pretendo flexionarme y estirarme hasta hacer sitio en mi columna vertebral y todo mi cuerpo.
- Pretendo acelerar mi pulso cardíaco, sudar a mares y sonreír.
- Pretendo salir y disfrutar de este hermoso día después de pasar horas encerrada.
- Pretendo aclarar mi mente para poder pensar con más lucidez.
- Pretendo trabajar mi cuerpo hacia mi objetivo de estar más esbelta y más sana.
- Pretendo librarme de esta apatía y encontrar mi optimismo.
- Pretendo disolver esa ira contra mi socio/amigo/compañero/mí misma.
- Pretendo hacer un poco de ejercicio tranquilo y lento para relajarme esta noche.
- Pretendo dedicarme media hora a mí misma y salir entusiasmada con todas mis responsabilidades.
- Pretendo moverme y disfrutarlo, y confiar en que mi cuerpo se sentirá mejor que nunca y tendrá un aspecto óptimo gracias a ello.

Declarar una intención no sólo la ayuda a abordar la sesión de marcha o de yoga con mayor eficacia, sino que además hace que el ejercicio resulte emocionalmente transformador. Contribuye a guiarla de un estado a otro porque usted ha declarado su propósito y se ha embarcado en el viaje. Así es como usa el ejercicio para «limpiar las telarañas» cuando ha tenido un día difícil, ha acumulado estrés o es esclava de la rutina. La actividad física puede ser una forma potente de hacer sitio en su mente y su alma. Si tiene la cabeza nublada o si las emociones negativas la están desequilibrando, use una sesión de ejercicio como herramienta para hacer borrón y cuenta nueva y sentirse renovada. Sea cual sea el tipo o la intensidad del ejercicio que haga, siempre se sentirá distinta al término de una sesión respecto a cómo se sentía al principio.

Lo bueno de la vida es que las cosas siempre cambian. Un mal día, un humor incómodo o pensamientos negativos siempre pasan de largo. Puede tardar horas o incluso días, pero es una ley fundamental de la naturaleza: todo cambia. El ejercicio acelera la transformación. Usted se conecta con su propia energía, aumenta el calor de su interior y, como al cocinar, emana vapor.

Estudie el uso de la marcha y del yoga para cambiar su estado cada vez que se sienta decaída. Por ejemplo, una suave sesión de yoga puede ser provechosa cuando se siente frágil y sola. Una enérgica caminata puede enardecerla para que se concentre en el trabajo cuando haya perdido su entusiasmo. Al declarar una intención y pensar: «*¿Cómo me beneficiarán los treinta minutos siguientes?*», se está tratando con la amabilidad que creo que debe ocupar el núcleo de todas estas prácticas de una vida equilibrada. Tanto si come bien, hace ejercicio o construye un entorno acogedor en su hogar, hágalo no sólo para mantenerse en forma o tener un mejor aspecto de cara al mundo exterior, sino como un acto de afectuosa amabilidad consigo misma. Cuando declara su intención durante el ejercicio, se está comprometiendo a sentirse bien y disipar el estrés antes de que pueda agotarla o enfermarla. Es fundamental recordar que el tiempo que dedica al ejercicio la beneficia a usted y a todos los que la rodean, porque si no cuida de su propio mundo interior, no será útil para nadie más.

Ventaja: Sacar la basura

A veces su intención de desterrar un mal humor y cambiar cómo se siente propicia una potente respuesta emocional. Puede pillarla por sorpresa: una caminata desata un mar de lágrimas o una práctica de yoga provoca un torrente de ira, tristeza o dolor. Todas estas cosas son saludables, porque mover su cuerpo puede desplazar parte de la basura a la que se aferra y sacarla de su escondrijo. De este modo el ejercicio puede ayudarla a procesar y liberar sin peligro cosas que están en su cabeza. La nueva percepción es una de las mejores consecuencias de hacer ejercicio con intención. Es ese efecto limpiaparabrisas: cuando incurre en un ritmo y saca parte de la cháchara cotidiana de su mente, la actividad física se convierte en una especie de meditación en movimiento. Sin pensar conscientemente en un problema, algo aparece, y usted puede verlo y decir: «¡Qué extraño que sienta esto ahora mismo!»

A veces basta con el simple hecho de sudar y superar la pesadez. Se sentirá más ligera y más libre cuando haya acabado. Otras veces, surgen sentimientos complejos y confusos. Si se dirige hacia ellos y formula preguntas, puede adquirir una percepción nueva sobre sí misma. Pregunte: «¿Por qué aparecen estos sentimientos? ¿Dónde está su origen?» Así es como el ejercicio puede convertirse en una investigación. Puede formar parte de su curación y su autoanálisis. Usted puede hacer un trabajo eficaz observando cómo su historial —su familia, su pasado y su formación— determina quién es y por qué toma algunas de las decisiones que adopta en su vida.

Pretendo aceptarme tal como soy

Cuanto más utiliza su cuerpo, más llega a aceptarlo y quererlo. Cuanto más íntima con las fortalezas y flaquezas, los chasquidos y crujidos, puntos tensos y puntos sueltos de su cuerpo, más amable se vuelve con él. Las mujeres pasan una cantidad excesiva de tiempo vapuleando mentalmente su propio cuerpo; repiten los mismos pensamientos negativos sobre su volumen o su silueta un millón de veces y se critican con más saña a sí mismas que a una amiga o una hija. Se gritan por fracasar, aun cuando saben por experiencia que gritar es la peor forma de inducir el cambio: si lo hace con sus hijos, éstos se retiran airados y dolidos. Su cuerpo es igual: se tensará y causará dolor o enfermedad porque se porta mal con él. Yo lo sé porque lo he hecho.

A veces el ejercicio puede causar resistencia si se halla en el estado negativo de concentrarse en todo lo que hay de malo en su cuerpo. *«No tengo un cuerpo de yoga delgado; estoy más gorda que todas los demás que caminan por el sendero; con este pantalón de chándal parezco una foca.»* Sin embargo, el hecho de hacer ejercicio vence esa resistencia. Podría comenzar una sesión de entrenamiento sintiéndose acomplejada o incluso aborreciéndose a sí misma, pero al final ha tenido lugar una transformación. Ocurre continuamente en yoga: usted entra en un estudio muy preocupada por su aspecto y su ropa y comprobando quién tiene un cuerpo mejor, y al cabo de diez minutos está sudorosa, con el pelo revuelto y le trae sin cuidado. Ha vuelto a conectar con su ser físico y salido de su cabeza, ha experimentado *lo bien que puede sentirse en el cuerpo que tiene,* y está agradecida por todo lo que éste puede hacer. (Entonces termina por darse cuenta de que no existe nada parecido a un «cuerpo de yoga».)

Así es como trabaja hacia la aceptación; empieza a basar su autoestima en la fuerza, confianza y seguridad que siente en su cuerpo físico en lugar de basarla en ideas fantasma sobre sí misma que le pasan por la cabeza. El ejercicio físico es muy valioso, porque le permite liberarse de algunas cosas que para empezar no existían realmente.

El reto de aceptar y querer mi propio cuerpo nunca desaparece del todo. Admito que el tener dos hijas adolescentes preciosas, altas y delgadas, interfirió en mi mente hasta que reconocí que mi envidia era absurda —¿qué aspecto tan ridículo tendría una mujer de mi edad con sus cuerpos minúsculos?— y aprendí que era su momento de gloria, su momento de ser criaturas jóvenes que atraen todas las miradas en los restaurantes. Hacerse mayor en la industria del espectáculo saca a la superficie definitivamente toda clase de dudas y miedos: casi no se permite parecer ni un día mayor de treinta años. Cuando aparecen pensamientos autocríticos, ahora sé que hay dos opciones: puedo sentarme a meditar sobre ellos —yo lo llamo «dar de comer a la serpiente», esa parte fea que vive en mi interior y se mantiene con vida sólo si yo decido alimentarla— o puedo llevarlos a la esterilla de yoga o salir a dar un paseo con mis perros y volver a conectar con todo lo que tiene de asombroso un cuerpo capaz de moverse airosamente, mantenerse en posturas hermosas y parecer absolutamente nuevo una y otra vez. Todavía puedo albergar dudas sobre ciertas partes de mí misma —no lo niego—, pero acepto que ésa soy yo y que puedo quererme tal como soy.

Por eso, si se sorprende censurando su cuerpo, declare para algunas de sus sesiones la simple intención de ser amable y hacerse amiga de sí misma. No se trata de fingir de repente que le agradan su volumen y su silueta y no querer cambiarlos nunca. Más bien se trata de aceptar dignamente dónde está, ahora mismo, en su cuerpo. Es reconocer que ha llegado a este volumen o esta silueta a través de algunas opciones que en su momento le sirvieron, pero sabe que no tiene por qué quedarse ahí. Puede afirmar su intención de llegar a estar más sana y delgada, y dejar al descubierto el mejor cuerpo que ya está en su interior.

La mayor parte de mi viaje personal ha consistido en aprender a dejar de causarme sufrimiento y simplemente practicar la aceptación digna de quién soy, qué aspecto tengo, qué puedo hacer y qué no puedo hacer. Y mi práctica de yoga y ejercicio ha sido un sostén a lo largo de todo el proceso. El aceptar quién es usted la curará en muchos aspectos. Y también se refleja en los demás. Como madre, será un mejor ejemplo para sus hijos si se cura y se quiere a sí misma. Enséñeles autoestima prodigiosa mientras crecen si tiene un sentido sano y amable de su persona.

Me gusta formular preguntas que me ayudan a encontrar los puntos que provocan malas sensaciones. Todas tenemos historias del pasado: el primer novio, un profesor o un padre que dijo algo estúpido o sin sentido sobre nuestras facultades, nuestro aspecto o potencial que profundizó en nuestra psique y se convirtió en verdad. Si pela un poco la cebolla, a menudo descubre que esos viejos momentos siguen resonando dentro. Cuando camino con energía, si me pongo sentimental por algo, rebobino la cinta mental y reviso mi vida. Me pregunto: «¿De dónde viene este sentimiento?» Y, de pronto, recuerdo algo del pasado. «¡Oh, Dios mío!, esa horrible maestra que dijo que no merecía más tiempo para hacer los deberes aun cuando mi madre se sometía a quimioterapia, y que no podía seguir el ritmo de la clase por inútil y estúpida. ¡Vaya, me dejó hecha polvo!» Si eso me irrita, visualizo un nuevo desenlace de la historia, como tirarle un pastel a la cara, y luego abandono esa vieja historia. Es asombroso cómo puedes moverte físicamente al mismo tiempo que experimentas toda clase de emociones desordenadas corriendo por tu cuerpo. Y de repente aparece de la nada un momento de lucidez y dices: «¡Ajá! Reconozco esto como un punto que me hace retener el afecto y la aprobación de mí misma.»

■ ■ ■

AYER, DURANTE MI CAMINATA, tenía calor y estaba inquieta. Me sentía tan nerviosa que mientras andaba tenía ganas de forzar la respiración y desafiar a mi cuerpo con velocidad. El ejercicio era intenso, pero quería subir las cuestas aún más rápido y notar el esfuerzo. Me quedé fascinada ante aquel extraño estado. No acertaba a saber por qué me había puesto tan sentimental; pensé que quizás el incesante calor en la cara me estaba atormentando y simplemente trataba de responderle, haciendo como si no me importara: soy dura, ¡puedo superar cualquier inclemencia! Lo único que sabía era que me apetecía llorar, pero tampoco me interesaba averiguar por qué. Sólo quería impulsarme para sentirme mejor mediante el sudor y el agotamiento físico.

Es un estado que ya conozco: he utilizado una marcha a pie exigente para aporrear más de una dificultad y más de un momento emotivo. El día en que murió mi madre, hace casi veinte años, salí a dar una larga caminata: por lo menos, trece kilómetros. Al cabo de más de quince años pensando que iba a morir de cáncer, cuando finalmente falleció me sentí desconcertada por lo poco que lloré. Mis emociones estaban encerradas dentro de mi cabeza y ocultas en lo más profundo de mi ser, y sin embargo sentía una gran inquietud, una necesidad de impulsar mis piernas y mi cuerpo hacia una cima para liberarme del dolor de sentimientos que estaban atascados. Lo único que sentía era físico: la sensación de la respiración en mis pulmones, impulsada por la frustración, dañándome la garganta; el calor ardiente en mis muslos.

Me hizo daño entonces y volvió a hacérmelo ayer, aunque por distintas razones. Con la muerte de mi madre supe qué emociones quería tener pero no pude encontrarlas. Ayer estaba repleta de emociones que no entendía. Algunos días son así, y tienes que rendirte a ellos. Al final de mi marcha, meterme en ese incómodo lugar físico me había resultado útil. Estaba muy viva. Me sentía motivada y concentrada, a solas conmigo misma: sin introspección profunda, sin pensamientos extracurriculares. La caminata había imitado el día de la muerte de mi madre en el hecho de que el calor fue una constante, un sol sin viento, una quietud seca que casaba con mi humor: muerto, irritante, queriendo algo sin saber cómo alcanzarlo. Ayer sólo sentí curiosidad por superar el límite. Lo hice hasta llegar a la cima. No tenía ningún mantra ni ejercicio liberador al que pudiera recurrir, de modo que me contemplé en mi malestar, y como todo en la vida supe que pasaría en cuanto llegara a la cima. La cima es un lugar para detenerse y ver cómo te sientes. Un sitio en el que hacer una suave postura de «la montaña», para examinar tu cuerpo, tu pulso cardíaco, la circulación de la sangre y la sensación de un rostro sonrojado por el calor.

Al principio de mi marcha había anhelado la cualidad de calma que obtengo mediante mi práctica de yoga. En su lugar, forzándome a través de mi inquietud y nerviosismo, recibí una cualidad distinta de conocimiento de mí misma. Estaba contemplando un yo distinto. Estaba presente. El día había sido productivo.

Hago esto siempre que estoy atrapada en sentimientos negativos sobre mi pasado, mi futuro, mi cuerpo, mi edad, mi aspecto..., cualquier cosa que me ponga nerviosa. Podemos dejar brotar nuestros sentimientos respirando hondo como lo hacemos durante una subida empinada o la práctica intensa de cualquier ejercicio que nos saque de nuestros pensamientos. Unas veces examinamos emociones con amabilidad y calma; otras veces debemos omitir ese examen y practicar un agujero a través de las mentiras que nos hemos dicho usando puro esfuerzo.

Solución rápida n.º 5: Croquetas

Esto es útil para arraigarse en su cuerpo cuando haya estado metida todo el día dentro de su cabeza. Hágalo al final de la jornada. (Sienta genial después de que una ducha o un baño haya calentado su cuerpo.) Tiéndase boca arriba con los brazos por encima de la cabeza y las piernas rectas. Haga rodar todo el cuerpo dos vueltas completas hacia la derecha, y luego inmediatamente dos vueltas a la izquierda, y repita en ambos sentidos durante dos minutos. Sea flexible, suéltese, sienta cómo su espalda y los músculos abdominales reciben un masaje mientras ruedan sobre el suelo. A los dos minutos, tanto si termina boca arriba o boca abajo, quédese tendida, respire y repare en el espacio entre su cuerpo y el suelo durante al menos 1 minuto. Le resultará rejuvenecedor y mentalmente purificador. A mí me hace sonreír, y a mi espalda le encanta.

SECUENCIA DE YOGA

1. Postura de la montaña

— Póngase de pie con los pies juntos en la parte delantera de la esterilla y los dedos de los pies bien separados. Sus brazos descansan suavemente a los lados, con las palmas hacia abajo. Tiene los hombros contraídos hacia atrás, lejos de las orejas. Plante los pies firmemente en el suelo, endureciendo las piernas y levantando las rótulas.

— Mientras inhala, absorba energía a través de su centro y déjela subir por la columna vertebral hasta la coronilla. Tómese un momento para girar la cabeza, buscando el lugar donde ésta se alinea de forma natural con la columna vertebral; su cabeza sabe cuándo encuentra el centro. Eche la barbilla un poco hacia atrás para que el cuello y la columna vertebral queden alineados. Mire suavemente más allá de la punta de su nariz unos metros hacia delante, al suelo. Abra la boca y deje suelta su mandíbula. Encuentre ese punto de conexión con el suelo que pisa. Haga 5 respiraciones largas por la nariz.

Piense en encontrar el árbol en su interior. La columna vertebral es el tronco y las raíces son sus pies, plantados en la tierra. Presionando firmemente contra el suelo, está arraigando su árbol en la montaña, la tierra en la que vive. Sienta la estabilidad y fluidez que se unen porque su cuerpo no está estancado; siéntalo moverse con la respiración.

2. Postura del volcán

— Inhale y levante los brazos desde los lados por encima de la cabeza, reuniendo energía desde su tronco. Los ojos miran hacia delante o, si no hay tensión en el cuello, arriba hacia sus manos juntas en una suave postura de rezo. Respire.

— Exhale y dóblese lentamente por las caderas, bajando las manos en la posición del salto del ángel hacia el suelo. Mantenga el cuello suelto. Toque con las puntas de los dedos el suelo, las rodillas o las tibias si le resulta más fácil. Inhale y exhale ahí.

— Inhale y vuelva a subir los brazos mientras levanta el cuerpo. Implique sus muslos de manera que se levante por la fuerza de las piernas y no de la espalda. Si se siente mejor, flexione un poco las rodillas para que no haya riesgo de tensar la parte inferior de la espalda. Compruebe que todo su pie está conectado con la tierra en cuatro lugares: los dedos, el pulpejo y los dos lados del talón presionan hacia abajo.

—Repita el movimiento de subir y bajar 3 veces.

Cuando suba los brazos, visualice la energía como una luz cálida que está recogiendo. Cuando se doble, imagínese que cae en forma de chaparrón a su alrededor.

3. Flexión hacia delante de pie

— A la tercera bajada, mantenga la flexión hacia delante. Doble ligeramente las rodillas si nota tensión en la parte inferior de la espalda o en los tendones de la corva.

— Agárrese los codos y sosténgase. Haga 3 respiraciones completas.

— Flexionando las rodillas, levántese despacio hasta la postura de la montaña, dejando que su cabeza sea la última en subir.

  Sienta todo aquello que desafine en esta postura: los tendones de la corva tensados, su cuello que se afloja y se estira, los brazos que le cuelgan fláccidos desde las articulaciones de los hombros.

Si nota tensión en el cuello, compruebe si está apretando los dientes. Si esta percepción no le afloja el cuello, entonces mire hacia el suelo.

4. Zancada y torsión

— Desde montaña, inhale a volcán y exhale a flexión hacia delante de pie. Ponga las manos o las yemas de los dedos en el suelo (flexione las rodillas si es necesario) y adelante el pie derecho en una zancada. Equilíbrese y mire hacia un punto situado al frente.

— Levante el brazo izquierdo en el aire, gire el cuerpo para seguirlo y mire al cielo.

— Inhale, baje la mano izquierda y dé un paso con el pie derecho sobre la esterilla hasta la flexión hacia delante de pie. Haga una respiración completa.

— Exhale y retrase la pierna izquierda, y gire el cuerpo mientras el brazo derecho se levanta en el aire.

— Baje la mano derecha de modo que ambas queden separadas a la altura de los hombros con las palmas planas y retrase la pierna derecha, levantando las caderas en el aire. Sus pies deberían estar paralelos y separados a la distancia de las caderas.

5. Perro mirando hacia abajo

— Extienda los dedos y presione las palmas y los nudillos contra el suelo. Haga sitio entre los hombros y las orejas; retraiga ligeramente los omóplatos hacia las costillas de la espalda.

Si le resulta más cómodo, separe los pies al principio.

— Flexione suavemente las rodillas con los talones despegados del suelo. Estire la columna vertebral presionando las manos contra el suelo y levantando más el trasero, luego intente poner las piernas rectas. Refuerce la parte exterior de los muslos y gire la parte interior hacia dentro, gesto que aliviará la tensión de la parte inferior de su espalda.

Estire el músculo de la pantorrilla a cada paso, luego deje que el movimiento trabaje con sus caderas de modo que éstas y los talones se muevan hacia arriba y a la derecha, y después hacia arriba y a la izquierda.

— Camine sin moverse de sitio: flexione la rodilla izquierda e impulse el talón derecho hacia el suelo, luego cambie de lado. Repita varias veces.

— Inhale y extienda la pierna derecha en el aire, con los huesos de las caderas paralelos al suelo y la rodilla y el pie orientados hacia el suelo. Haga 3 respiraciones. Exhalando, baje el pie derecho. Inhale y repita con el lado izquierdo.

— Extienda la pierna derecha en el aire otra vez, en esta ocasión sacando la cadera con la pierna doblada y los dedos del pie apuntando hacia las nalgas. Haga 3 respiraciones y sienta la extensión a lo largo del lado derecho del cuerpo desde el sobaco hasta los dedos del pie.

Ayuda visual: ¡un perro orinando en un arbusto! Baje el pie derecho y repita con el lado izquierdo.

— Haga 5 respiraciones completas en perro mirando hacia abajo.

— Adelante la pierna izquierda, adelante la pierna derecha y levántese despacio hasta montaña.

6. Saludo al Sol

Haga la versión normal dos veces o la versión modi-
ficada una vez, seguida de la versión normal.

Saludo al Sol normal

— Comience en montaña.

— Inhale, levante los brazos y suba a volcán.

— Exhale y baje los brazos en la posición del salto
del ángel hasta una flexión hacia delante de pie.

— Inhale, extendiendo el torso hacia delante todo lo
que pueda estirarse, y coloque las manos en el
suelo o sobre las piernas.

— Exhale y retrase la pierna derecha.

— Luego exhale mientras retrasa la pierna izquierda en tabla, con las piernas separadas del suelo, el torso y las piernas rectos y los hombros alineados sobre las muñecas.

— Respire hondo, luego exhale y doble lentamente los codos hasta que los hombros estén a la altura de los codos, los codos a los lados y el cuerpo separado del suelo, con los talones empujando hacia atrás. Esto es *Chaturanga Dandasana*, la postura del bastón.

— Inhalando, gire sobre los dedos del pie de modo que la parte anterior del mismo toque el suelo, y eche las caderas hacia delante mientras presiona con los brazos rectos, llegando a perro mirando hacia arriba. Las tibias tocan el suelo y los muslos están separados de éste. Los brazos están rectos, la espalda ligeramente doblada y sus ojos miran ligeramente hacia delante o un poco hacia arriba.

— Exhale, contraiga el vientre hacia su centro y vuelva a la postura de perro mirando hacia abajo.

— Inhale mientras adelanta el pie derecho, exhale mientras adelanta el izquierdo y levántese hasta montaña o implique con firmeza los músculos de los muslos (para evitar la presión sobre su espalda) y levántese hasta montaña con la espalda recta.

Advierta la diferencia desde su primera postura de la montaña. ¿En qué difiere su respiración? Esta vez probablemente es más profunda y más acompasada. ¿Cómo se siente su cuerpo?

— Manténgase en montaña y observe su respiración.

Saludo al Sol modificado

— Comience en montaña.

— Inhale y suba los brazos hasta volcán.

— Exhale y baje los brazos en la posición del salto del ángel hasta una flexión hacia delante de pie.

— Inhale, extendiendo el torso hacia delante tanto como pueda estirarse, y ponga las manos en el suelo si puede. (Flexione las rodillas, o ponga las manos sobre las tibias, si es necesario.)

— Exhale y retrase la pierna derecha, luego retrase la izquierda y apoye las rodillas en el suelo, con los hombros alineados sobre las muñecas.

— Respire hondo, luego exhale y doble despacio los codos hasta que los hombros queden a la altura de los codos, con éstos a los lados, y baje su cuerpo al suelo con las piernas rectas.

— Presione las caderas y las palmas contra el suelo, mantenga los codos contraídos hacia los lados y luego inhale y lleve el pecho hacia delante y hacia arriba, echando los hombros hacia atrás y hacia abajo para llegar a cobra, una versión modificada de perro mirando hacia arriba.

—Exhale y póngase a cuatro patas, metiendo los dedos de los pies debajo, y luego lleve las caderas hacia atrás y hacia arriba hasta perro mirando hacia abajo.

Deje que sus nalgas permanezcan relajadas; esto no es una clase de aerobic.

7. Saludo B

— A partir de montaña, flexione las rodillas
y haga oscilar los brazos hacia el suelo y
hacia el aire delante de usted, bajando
las nalgas con una posición sentada ima-
ginaria en la postura de la silla. Debería
tener las manos separadas a la altura de
los hombros; levántelas sobre la cabeza
si es posible. Trate de cargar su peso sobre los talones. Aguante y respire.

Ésta es una postura muy potente
que plantea un reto a sus piernas y
brazos. Es un lugar estupendo para
la observación. Trate de liberarse de
cualquier pensamiento o sensación
negativos y mantenga la postura.

— Exhalando, ponga las piernas rectas y
dóblese hasta la flexión hacia delante de
pie. Coloque las manos sobre el suelo o
sobre las tibias, inhale y mire hacia arriba con la espalda recta.

— Flexione las rodillas, ponga las
manos en el suelo y retrase el
pie derecho, y luego el izquierdo, hasta perro mirando hacia
abajo.

— Inhale, adelante el pie derecho en una zancada y plante firmemente el pie izquierdo en el suelo, girado en un ángulo de cuarenta y cinco grados. Implique de lleno los músculos de su pierna izquierda y presione los dedos del pie contra el suelo. Con los huesos de las caderas mirando hacia delante, levante los brazos por encima de la cabeza en guerrero I. Los brazos pueden estar separados a la altura de los hombros, o las palmas juntas. Flexione bien la rodilla derecha, tratando de mantener el muslo derecho paralelo al suelo, pero no deje que la rodilla se adelante a los dedos del pie. Implique activamente todo su cuerpo y sienta la energía que resuena desde sus pies hasta sus brazos a través de la parte superior de la cabeza. Haga 3 respiraciones completas.

Sienta la relación que esta postura estimulante guarda con su respiración nasal profunda.

— Baje los brazos hasta el suelo y retrase el pie derecho hasta tabla. Exhale y descienda lentamente hasta la postura del bastón.

— Inhale e impúlsese hasta perro mirando hacia arriba.

— Exhale y vuélvase sobre los dedos de los pies, regresando a perro mirando hacia abajo.

Saludo B

(continuación)

— Repita la secuencia
en el otro lado, ade-
lantando el pie iz-
quierdo en una zan-
cada y levantándose
hasta guerrero I, lue-
go baje a través de
tabla hasta perro mi-
rando hacia abajo.

— Adelante el pie derecho y luego el izquierdo, y con las piernas flexionadas haga oscilar los brazos hacia arriba mientras inhala y llega a la postura de la silla. Manténgala durante 2 respiraciones. Levántese hasta montaña y ponga las manos en posición de rezo a la altura del pecho.

— Repita el saludo B. Esta vez quédese en montaña después de terminar y examine la sensación de su cuerpo. Haga 5 respiraciones.

8. Ángulo y triángulo lateral

— A partir de montaña, retrase la pierna izquierda en una zancada, plantando firmemente el pie izquierdo en el suelo en un ángulo de cuarenta y cinco grados. Con la rodilla derecha flexionada, implique los músculos del centro y haga oscilar los brazos hacia arriba, sin apenas descansar en la posición de guerrero I, abriéndolos en paralelo al suelo, con los huesos de las caderas y el torso orientados hacia el lado derecho de la habitación. Sus brazos se extienden completamente desde los omóplatos, el brazo derecho sobre la pierna derecha y el brazo izquierdo sobre la pierna izquierda; su cabeza gira a la derecha, y sus ojos miran por encima de los dedos de la mano derecha.

Esto es guerrero II.

Respire.

— Con la rodilla derecha aún doblada, incline su costado derecho hacia el suelo y coloque la mano derecha sobre éste fuera del pie derecho, o apoye el antebrazo derecho sobre su rodilla. Estire el brazo izquierdo hacia el cielo y mire hacia su mano en la postura ángulo lateral. Respire y gire su costado izquierdo hacia fuera para abrir el pecho. Si es posible, extienda su mano izquierda sobre la oreja izquierda para la postura entera. Haga 3 respiraciones.

Si nota demasiada tensión en el cuello, mire hacia delante.

— Extienda el brazo izquierdo recto hacia arriba como una flecha que apunta al cielo. Inhale y enderece la pierna derecha en la postura del triángulo. Su brazo derecho puede estar tocando el suelo en el exterior de su pierna derecha o sujetando su tibia o su rodilla, dependiendo de su flexibilidad. Respire y levante la vista hacia la mano izquierda.

Siga intentando hacer sitio en el pecho girando para abrirlo.

— Coloque la mano izquierda en el suelo, retrase el pie derecho en tabla y pase a perro mirando hacia abajo.

— Repita en el otro lado. Adelante la pierna izquierda, levante el torso en guerrero I y luego pase a guerrero II con los huesos de las caderas y el torso orientados hacia el lado izquierdo de la habitación y los ojos mirando a las yemas de los dedos de su mano izquierda. Pase a ángulo y triángulo lateral en este lado. Mantenga cada postura durante 3 respiraciones.

— Ponga la mano derecha en el suelo, retrase el pie izquierdo a tabla y regrese a la postura perro mirando hacia abajo.

— Adelante su pierna izquierda, luego la derecha, y encójase en montaña. Ponga las manos juntas en posición de rezo a la altura del pecho. Respire.

9. Oscilaciones de brazos

— Póngase de pie con los pies separados a la altura de las caderas. Extienda los brazos por encima de su cabeza, flexionando las rodillas de acuerdo con el movimiento de sube y baja de sus brazos. Cada vez que baje, oscile hacia atrás y hacia delante sobre sus talones con el impulso. Asegúrese de que mueve los brazos en las articulaciones de los hombros y no los sacuda violentamente. Hágalo entre 25 y 50 veces.

— Levante los brazos en la postura del volcán. Estírese hacia arriba, hacia el cielo, y sienta que su cuerpo crece. Póngase de puntillas. Equilíbrese. Vea si puesta de puntillas puede bajar los brazos en la posición del salto del ángel hasta flexión hacia delante de pie.

— Asegúrese de que tiene los pies planos sobre el suelo, doble las rodillas y levante los brazos hasta silla.

10. Silla

— Con los pies separados a la
altura de las caderas, doble
las rodillas como si estuviera
sentada en una silla invisible.
No se incline demasiado hacia delante. Intente estirar la
espalda sin forzarla, meta un
poco el coxis y eche una ligera mirada hacia arriba, levantando los brazos sobre
su cabeza paralelos a los
hombros. Mantenga la silla
entre 5 y 8 respiraciones enteras.

*Recuerde el desafío que
supone esta postura y
lo importante que es
observarse en ella.*

— Levántese hasta montaña
con las manos en posición
de rezo delante del corazón.
Tómese un momento para
evaluar la profundidad y el
ritmo de su respiración.

11. Postura del árbol

— Desde montaña, desplace su peso sobre la pierna derecha, levante el pie izquierdo y colóquelo sobre la parte interior de su tobillo derecho, su pantorrilla derecha o, si es usted flexible y se siente equilibrada, el muslo derecho.

La forma de su cuerpo recuerda al número cuatro.

— Coloque las manos en posición de rezo y mantenga esta postura durante 8 respiraciones nasales enteras.

Juegue con su equilibrio y sonría como un niño en un patio de recreo; vea que se tambalea y se cae con humor y sepa que no pasa nada si no «se sostiene».

— Explore más esta postura extendiendo los brazos por encima de la cabeza y luego mirando hacia sus manos.

Reste importancia a la idea de caerse y vea si puede sentirse cómoda oscilando como un árbol.

— Baje el pie izquierdo y levante el derecho. Repita en este lado.

12. Secuencia de Saludo al Sol

— Exhale en la flexión hacia delante de pie, agarrándose los codos. Doble las rodillas y pase a montaña.

— Inhale y levante los brazos sobre su cabeza a volcán, luego exhale y baje en la posición del salto del ángel hasta flexión hacia delante de pie. Retrase el pie derecho y luego el izquierdo en perro mirando hacia abajo, después exhale y muévase hacia delante hasta tabla.

— Gire el cuerpo hacia el lado derecho de modo que se sostenga con el brazo derecho y el costado derecho del pie derecho. Ponga el pie izquierdo plano sobre el suelo delante de su rodilla derecha, formando un cuatro lateral, para un mejor equilibrio. O bien coloque el pie izquierdo sobre el derecho. Levante el brazo izquierdo hacia el cielo y mire ligeramente hacia arriba. Mantenga esta postura entre 3 y 5 respiraciones.

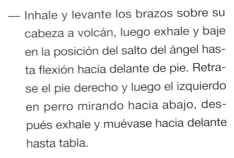

1

2

3

4

5

6

Si nota demasiada tensión en el cuello, mire hacia delante.

— Baje la mano derecha, regrese a tabla y gire el cuerpo hacia el lado izquierdo para repetir la postura en este lado.

— Vuelva a tabla, inhale, exhale y baje hasta el suelo a través de la postura del bastón. Inhale hasta perro mirando hacia arriba, exhale a perro mirando hacia abajo. Adelante el pie derecho, luego el izquierdo, e impúlsese hasta montaña.

Éste es un buen sitio para empezar los cinco minutos de música en la semana 2 del programa. Añada movimientos de danza de estilo libre, o lo que le siente bien, y apague la música antes de la secuencia sentada.

— Repita las oscilaciones de brazos entre 25 y 50 veces. Levante los brazos en volcán. Encuentre su equilibrio sobre los pies planos.

12

11

10

9

8

7

13. Saltos suaves

— Con los pies separados a la altura de las caderas, deje que los brazos oscilen libremente a los lados de su cuerpo y dé algunos saltos ligeros. Balancéese sobre los pies al subir y al caer.

No aterrice con un golpe seco; imagínese que trata de amortiguar su caída como si intentara pasar a hurtadillas por encima de alguien.

Esto implica y fortalece los músculos de las piernas, los muslos y los glúteos al tiempo que abre los canales de energía y estimula el sistema inmunitario. Salte durante 1 minuto, respirando por la nariz o por la boca.

— Separe bien los pies, baje el trasero todo lo posible en una sentadilla y junte las manos en posición de rezo junto al pecho. Apriete los codos contra la parte interior de sus rodillas para equilibrarse. (Vea la pág. 157 como ejemplo.) Haga entre 3 y 5 respiraciones. Luego termine de sentarse en el suelo.

14. Secuencia sentada

— Extienda las piernas y apoye las manos en el suelo, detrás de las caderas con los dedos orientados hacia su cuerpo. Siéntese erguida y respire.

Ayuda visual: Imagínese un cordel sujeto a la parte superior de su cabeza tirando de ella hacia el techo, dando a las vértebras de la columna vertebral, que están comprimidas después de pasar todo el día sentada, una magnífica oportunidad de disfrutar de algo de espacio.

— Recoja las rodillas en la postura del zapatero juntando las plantas de los pies lo más cerca de la ingle que pueda, en forma de rombo. Apriete las rodillas hacia el suelo y estire la columna vertebral.

Fíjese en los músculos abdominales que están trabajando y en la flexibilidad que adquiere en las caderas y los tendones de la corva.

— Sentada erguida, abra las piernas en la postura sentada con las piernas abiertas, formando una V amplia; luego vuelva a colocar las piernas en zapatero y a continuación pase a piernas extendidas. Repita este ciclo 2 o 3 veces.

— Con las piernas extendidas delante, balancéese hacia la nalga derecha y despegue la izquierda del talón, luego repita en el otro lado, para hacer más sitio. Inhale y estire los brazos sobre su cabeza, exhale y gire hacia delante desde las caderas, no la cintura.

Secuencia sentada

(continuación)

Mueva las manos hacia los dedos de los pies en flexión hacia delante sentada, y cójase las tibias, los tobillos o los dedos de los pies. No encorve la espalda; mantenga la columna vertebral recta. Inhalando, extienda el pecho hacia delante; exhalando, baje el cuerpo. Declare la intención de mover su cabeza hacia las piernas. Mantenga la postura entre 5 y 8 respiraciones.

— Suba despacio y vuelva a colocar los pies en la postura del zapatero. Meta el vientre, creando un espacio como si se enroscara alrededor de una pelota en su regazo. Ahora encorve la columna vertebral más adelante haciendo un hueco en su vientre.

— Levante el cuerpo, inhale y exhale mientras abre y pone las piernas rectas. Inclínese a la derecha, ponga el antebrazo derecho sobre el suelo si es posible y estire el brazo izquierdo hacia el aire o, si le resulta cómodo, sobre la oreja izquierda. Estire todo su lado izquierdo, desde la cadera hasta la mano, y haga 3 respiraciones. Regrese al centro y repita en el otro lado.

— Enderécese y, exhalando, dóblese hacia delante con los antebrazos sobre el suelo. Respire y estire la columna vertebral como ha hecho antes, procurando no en-
corvarla. Sostenga durante 3 respiraciones. Suba despacio y, con los codos flexio-
nados, coloque las manos en el suelo detrás de usted con los dedos orientados
hacia su cuerpo. Inhale, ponga los brazos rectos y arquee la espalda de modo que
sus ojos miren al techo. Respire y sienta la tensión en su espalda. Luego tiéndase
boca arriba.

15. Bebé feliz

— Tendida boca arriba, flexione las piernas y recoja los muslos hacia el pecho de modo que las plantas de los pies miren al techo. Sujete el exterior de cada pie y balancee despacio el cuerpo a derecha e izquierda varias veces, sintiendo cómo la columna vertebral se desplaza sobre el suelo.

16. Torsión vertebral

— Extienda la pierna derecha hacia el suelo y atraiga la rodilla izquierda hacia el pecho con su brazo derecho. Extienda el brazo izquierdo hacia el lado, luego lleve la rodilla izquierda hasta el suelo en el lado derecho del cuerpo, girando lentamente el cuello para mirar a la izquierda. Exhalando, libere esa rodilla hacia el suelo. Inhale mientras regresa al centro, cambie de pierna y repita el giro en el otro lado, esta vez girando la cabeza para mirar a la derecha.

17. Flexión abdominal

— Vuelva al centro con las piernas en la postura del bebé feliz de nuevo, pero con las manos extendidas sobre su cabeza. Exhale y encórvese, colocando los brazos y las manos entre las rodillas dobladas con las manos flexionadas hacia arriba, reflejando sus pies. Extienda los dedos de los pies. Mantenga esta posición durante 1 respiración larga entera, implicando sus músculos abdominales centrales, y luego lleve la espalda y el cuello al suelo y mantenga las piernas rectas a 2,5 centímetros del suelo durante una respiración. Devuelva las piernas al centro y entrelace las manos detrás de la cabeza.

18. Abdominales encogidos

— Con las manos entrelazadas detrás de la cabeza y las rodillas aún dobladas en el aire, despegue la cabeza y los hombros del suelo, contrayendo el ombligo hacia la columna vertebral para crear un vientre hueco. Al exhalar, gire hacia el lado derecho, sosteniendo su cabeza con la mano derecha y extendiendo el brazo izquierdo más allá de la rodilla derecha. Inhale para volver al centro. Exhale hacia la izquierda, estirando el brazo derecho más allá de la rodilla izquierda. Repita 5 rondas enteras y luego ponga los pies en el suelo.

19. Puente

— Tendida boca arriba, doble las rodillas y recoja los talones hacia las caderas, separados a la distancia de las caderas. Ponga los brazos sobre el suelo a los lados. Inhale profundamente y sienta cómo, al final de la exhalación, el coxis se levanta ligeramente.

— Vacía de aire, apriete los talones hacia abajo y despegue las caderas del suelo, levantando el coxis tan alto como pueda alzar las caderas con comodidad.

— Entrelace los dedos debajo de la espalda y balancéese despacio de lado a lado de modo que sus hombros rueden, sienta la parte exterior de los hombros y los brazos sobre el suelo y alivie así la presión en su cuello.

Apriete los talones con fuerza hacia abajo para levantar las caderas hacia el techo mientras extiende el coxis hacia las rodillas. Mantenga el trasero blando y use los pies para sostenerse. Esto estirará y protegerá la parte inferior de su espalda.

Modificación

Si le ha sentado bien, pruebe esto en su segunda ronda.

— Desde la postura del puente, ponga las manos en el suelo junto a sus orejas, con las puntas de los dedos de las manos orientadas hacia los dedos de los pies y los codos apuntando al cielo. Los pies deberían te-

ner los bordes exteriores paralelos, de modo que los note algo torcidos hacia dentro. Manténgase lo más relajada que pueda.

— Al exhalar, apriete los talones hacia abajo y también las manos, levantando las caderas y apoyando la coronilla en el suelo. Inhale, juntando los codos y bajando los omóplatos contra la parte posterior de sus costillas.

— Exhale todo el aire y, al inhalar, extienda los brazos y las piernas lo más rectos que pueda. Haga por lo menos 3 respiraciones.

— Baje lentamente, haciendo presión sobre los bordes interiores de los pies para controlar su descenso. Encorve despacio la espalda hasta el suelo.

20. Extensión reclinada de una pierna

— Tiéndase boca arriba con las piernas fuertemente extendidas. Atraiga la rodilla derecha hacia el pecho y abrace el muslo derecho hacia el vientre. Si tiene un cinturón de yoga, páselo alrededor del pie derecho. Si no, use una toalla como cinturón. Sujete el cinturón a cada lado del pie e, inhalando, extienda el pie hacia arriba para enderezar la pierna. Tense enérgicamente el muslo izquierdo hacia el suelo. Ensanche la parte posterior de su cuerpo plano contra el suelo. Mantenga las manos en el cinturón lo más alto que pueda y la cabeza en el suelo. Respire.

— Implique los músculos abdominales y despegue del suelo la cabeza y la parte superior de los hombros, levantando su frente hacia los dedos de los pies. Mantenga la postura durante 3 respiraciones y relaje.

— Baje la pierna derecha y repita con la izquierda levantada.

21. Zapatero reclinado

— Tiéndase boca arriba y coloque las piernas en la forma de rombo del zapatero, con las plantas juntas y los pies en el suelo. Tal vez necesite colocar algún apoyo debajo de las rodillas, como mantas gruesas o toallas plegadas, pues no mucha gente puede reclinarse con las rodillas descansando sobre el suelo. Utilice las que necesite para descansar en esta postura reclinada con facilidad y comodidad. Los brazos reposan suavemente a los lados a pocos centímetros del cuerpo, con las palmas hacia arriba. Sienta la apertura en sus caderas y la longitud de su columna vertebral en el suelo. Haga 3 respiraciones enteras.

Esta postura tranquiliza el sistema nervioso preparándolo para la postura final de descanso.

22. Postura de relajación

— Tiéndase boca arriba, con el cuerpo completamente liberado y relajado. Respire con naturalidad, sin tensión en ninguna parte de su cuerpo. Los brazos descansan suavemente a los lados, con las palmas hacia arriba. Las piernas están extendidas en una V estrecha, con los pies decantados cómodamente hacia fuera o en la posición que le resulte más relajada. Cierre los ojos.

— Trate de pasar 5 minutos en esta postura, respirando y limitándose a observar la energía en su cuerpo. Deje que su conciencia escudriñe su cuerpo desde los dedos de los pies hasta la cabeza, comprobando la sensación de todas sus partes. Deje que los pensamientos fluyan y salgan de su mente; no los siga ni se aferre a ellos. Acuérdese de permitir que su rostro se suavice. Imagínese que todos sus sentidos —vista, olfato, gusto, tacto y oído— se atenúan y se toman un respiro de la estimulación.

— Cuando esté lista para levantarse, exhale y gire hacia un lado. Respire tranquilamente, y a la siguiente exhalación impúlsese hasta la posición de sentada levantando la cabeza en último lugar.

Comida

Silencio

Ejercicio

Hogar

Silencio

PREGUNTA: LA INVITAN A ENTRAR EN UNA SENCILLA HABITACIÓN BLANCA QUE NO CONTIENE MÁS QUE UN CÓMODO SILLÓN ENCARADO A UN VENTANAL. ÉSTE ENMARCA UN CUADRADO DE CIELO AZUL Y DESPEJADO. NO HAY NADIE MÁS, NO HAY SONIDOS, NADA PARA LEER, TOCAR U OLER. LE DICEN QUE NO TIENE QUE HACER NADA MÁS QUE SENTARSE Y DISFRUTAR DE LA HABITACIÓN, Y QUE NO SE RETRASARÁ EN SU JORNADA. USTED SE SIENTE:

A. Incómoda y algo inquieta por el extremo silencio y el espacio vacío. ¡Hay tanta calma ahí dentro!

B. Profundamente aliviada al tener permiso para apagar sus pensamientos y sentimientos durante un rato; todo su cuerpo suspira gratitud.

C. Atraída por la idea de no hacer nada pero nada decidida a soltarse; ¿no debería estar haciendo algo más productivo?

PREGUNTA: ESTÁ EN MITAD DE OTRA JORNADA AJETREADA CUANDO DESCUBRE QUE HA INTERPRETADO MAL LA HORA DE SU SIGUIENTE CITA. DISPONE DE DIEZ MINUTOS MÁS ANTES DE SALIR DE SU TRABAJO O SU CASA. ¿QUÉ HACE?:

A. Vuelve a encender el ordenador para terminar un trabajo o regresa a sus quehaceres en la cocina. ¡No puede perder ni un minuto!

B. Se sienta y hace una lista de los recados que tendrá que hacer más tarde, o llama a algunos amigos con los que quería ponerse en contacto; no es precisamente trabajo, sino un uso eficiente del tiempo.

C. Deja que el tiempo sobrante la relaje. Tarda más tiempo en ir andando o en coche hasta su cita, o pasa unos minutos tranquilamente sentada o tomando el aire antes de irse; no es responsable ante nadie durante esos minutos, así que, ¿por qué no dejar que pasen?

APRENDER A IR A UN SITIO TRANQUILO en su propio interior es uno de los mejores regalos que se puede hacer. Cuando usted baja el volumen, o incluso pulsa la pausa en su jornada durante un breve espacio de tiempo, frena la precipitación, disfruta más de su vida y encuentra más satisfacción.

MI PADRE ME ENSEÑÓ A PESCAR cuando tenía unos nueve años. Enseñaba a un grupo de niños, y la verdad es que no recibí ningún trato especial porque nunca reveló la esencia de pescar como un profesional, como él. Papá pasaba unos minutos enseñándonos a atar gusanos lanudos y algunas otras golosinas para peces en un sedal, pero si la pesca era especialmente buena, me dejaba sola en la orilla con una caña y unas cuantas moscas y tenía que arreglármelas por mí misma. Uno de los motivos de que fuera tan mal maestro era que su padre, Ernest, no quiso enseñarle a pescar siendo niño y tuvo que aprender él solo, lo cual seguramente pensaba que todos nosotros debíamos hacer también. (No se le ocurrió que sus tres hijas podían no ser tan autodidactas como lo había sido él a su edad.) Pero la verdadera razón por la que no sabía enseñar a los demás era que pescaba con la misma facilidad con que respiraba. No había nada aprendido en eso. Se trataba de quién era él: el río era su refugio, la naturaleza su iglesia, y pescar era su servicio. Se quedaba inmóvil y silencioso en el arroyo y permanecía allí durante horas, perdiendo la noción del tiempo, meditando sobre la naturaleza del viento y la sensación del agua contra sus piernas enfundadas en botas altas de goma. Le gustaban por igual el sol y el frío, y con una caña y una mosca celebraba lo nuevo del día. Yo observaba y aprendía sentada en la orilla, asimilando todo lo que él hacía.

Sin darse cuenta, mi padre me estaba enseñando a estar callada. Me enseñaba, por ejemplo, a escuchar «la nada» en un mundo que estaba repleto de ruido. Toda mi cháchara, mis pensamientos de nueve años enmudecían, y me limitaba a observar el mundo en el que estaba. Oía el canto de los saltamontes, el mordisco de una trucha en un sedal o los brincos de los peces en la superficie del riachuelo plateado. Oía los gritos beligerantes de las urracas y el susurro de las marmotas entre la artemisa. Luego el crujido de un ratón, un conejo que brincaba y la cacofonía de hojas secas arrastradas por ráfagas de viento. Todos estos sonidos se volvían importantes para mí mientras me sentaba inmóvil en la orilla del arroyo, esperando pacientemente a que mi padre terminara su sermón a los peces. Aunque pescar nunca se me dio bien, la sensación de quietud junto a ese río quedó grabada en todas mis células porque en aquellos momentos experimenté paz y presencia. Todavía hoy, cuando no puedo estar fuera, profundizo en mí misma cuando medito y recuerdo los sonidos del riachuelo. Los sigo a través de mis venas, y resultan tranquilizadores. Llenan mi entorno interior de paz. Me tomo todos los días algún tiempo para sentarme en silencio, porque las principales ventajas de la vida provienen de guardar silencio y tomarse tiempo para percibir cómo te sientes por dentro.

■ ■ ■

LA CAPACIDAD PARA ACCEDER A LA PAZ interior es una de las facultades más valiosas que usted puede adoptar. Eso la ayuda a avanzar tranquilamente en su vida sin descarrilar por el estrés. La ayuda a sentirse más descansada y recuperada de día y a dormir mejor por la noche. Le otorga un pozo profundo de paciencia para que pueda responder a situaciones con moderación en vez de reaccionar emocionalmente. Y la ayuda a liberarse de parte del peso muerto de su pasado que pueda apartarla de la felicidad.

Como hemos visto hasta ahora, la paz interior no es inalcanzable. Usted empieza a generar paz interior cuando come de tal manera que crea un entorno interno limpio. Luego intensifica la paz cuando usa ejercicio para deshacerse de estrés, toxinas y pensamientos superfluos. Pero las verdaderas ventajas llegan cuando lleva este proyecto un paso más hacia dentro y practica tener una mente serena. Cuando elige intencionadamente el silencio de distintas formas a lo largo de su jornada, empieza a construir un núcleo de calma profunda en su centro que la apoyará sean cuales sean las circunstancias que surjan.

Del silencio emanan cosas maravillosas. Permite que se ponga de manifiesto algo más: si, en una conversación, una persona guarda silencio en lugar de hablar, su interlocutor inevitablemente dirá más. El silencio permite que las cosas sean muy elocuentes: piense en cómo, cuando un gran orador habla, la pausa entre sus frases tiene tanto peso como sus palabras. Y el silencio siempre le recompensa con nuevos descubrimientos. Cuando se permite guardar silencio en el exterior, invariablemente empieza a oír sonidos que nunca habría oído si estuviera hablando, como yo los oía en las expediciones de pesca de mi infancia.

Lo mismo ocurre cuando cultiva el silencio en su mente. Se revelan aspectos de su ser en los que de otro modo quizá no habría reparado. Se priorizan las necesidades y se puede abandonar el exceso de demanda; usted empieza a ver qué es más importante y qué lo es menos. Y comienza a fijarse más en los momentos individuales de su vida. Se vuelve más presente en su jornada tal como sucede en lugar de sentirse arrollada por su ritmo implacable y completamente agotada a la hora de acostarse. Como aprendí por primera vez en la orilla de ese arroyo de Idaho, llegar a sentirse a gusto con el silencio ayuda a observar tu vida mientras la vives. El silencio te permite apartarte de la acción y reflexionar en ella en vez de ser consumida por ella. Aunque no pueda verse ni tocarse, es una piedra angular de la vida equilibrada: el hábito del silencio la conducirá hasta su paz.

Desde luego, me llevó mucho tiempo recordar lo que había comprendido intuitivamente a los nueve años. Como tantas verdades de la vida, era demasiado sencillo

La auténtica belleza

218

—o quizá demasiado sutil— para que lo tomara en serio en mi juventud. Guardar silencio y no hacer nada para remediar el miedo y la inquietud resultaba muy fácil para una Hemingway. Durante años traté de alcanzar mi paz del modo más difícil posible. Alimentarme inadecuadamente creaba una especie de falsa paz: el aturdimiento y el cansancio que resultan de estar desnutrida la mayor parte del tiempo. Hacer ejercicio hasta la extenuación me relajaba la mente, pero básicamente porque estaba demasiado cansada para pensar con claridad. Hasta que empecé a asistir regularmente a clases de yoga en la veintena, no se apagó la bombilla. Podía existir un camino más lento, más tranquilo y más sostenible hacia la paz. Tenderme en la postura de relajación al final de cada sesión era el paraíso: me sumergía en el silencio de mi interior como un excursionista sediento en un lago.

Lo que descubrí fue que una mente silenciosa es una mente espaciosa. Cuando me daba permiso para estar tendida boca arriba sin pensar, mi confusión mental normal se deshacía, mi autocrítica se disolvía, y en su lugar había alivio. Era sumamente descansado, pero distinto al sueño; no estaba dormida como un tronco, sino consciente de esa gran tranquilidad que había encontrado. En aquellos diez minutos al final de la clase, las cosas simplemente reposaban. Como el agua del grifo que está turbia cuando se vierte pero limpia y cristalina cuando reposa, el contenido interior se aclaraba.

Descubrir cuánto silencio y espacio tenía dentro fue como encontrar otra habitación entera en mi casa, un lugar al que acudir que era sólo para mí, en el que podía cerrar la puerta a todo el esfuerzo que mi carrera y mi matrimonio acarreaban y conseguir cierta separación de las preocupaciones acuciantes de la jornada. Sin embargo, esos diez minutos eran demasiado cortos. Un par de horas después de terminar la clase, volvía a estar donde había empezado. Aunque el profesor siempre concluía el período de relajación diciéndonos a los alumnos que «nos lleváramos esa sensación de la esterilla al resto de nuestra jornada», yo pensaba en secreto: «Sí, claro.» Una cosa era estar tranquila en el santuario de un estudio de yoga, y otra muy distinta permanecer en ese estado en las calles de Nueva York o en una acalorada discusión con mi marido.

No obstante, me picaba la curiosidad: ¿por qué me sentía tan bien después del yoga, y cómo podía hacer que esa sensación durara más tiempo? Como experimento, empecé a aplicar algunas de las técnicas que había aprendido en clase de yoga al resto de mi vida. En primer lugar, hice un esfuerzo consciente por reparar en mi respiración a lo largo del día; luego, intenté observar lo que sucedía sin reaccionar a ello; y tercero, empecé a tomarme más tiempo para comprobar cómo me sentía y por qué. Ésas eran cosas que podía hacer fácilmente, estuviera donde estuviera y ocurriera lo que ocurriera mi alrededor. Podía hacerlas en calles ajetreadas, podía hacer-

Encuentre calma, encuentre tiempo. Cuando su vida discurre apresuradamente, la experimenta muy poco. Cuando afloja el ritmo y siente dentro la presencia de sí misma y se toma tiempo con sus actividades, genera más tiempo. No tiene necesidad de llenar cada momento. Lo que parece importante cuando está sumida en una actividad frenética pierde su influjo al cabo de unos momentos de silencio. ¿Es de verdad necesario consultar el correo a toda prisa y conseguir esa camiseta que vio en una tienda? ¿Resolverá algún problema? ¿O puede esperar a planchar todo ese montón de ropa? Si ha esperado hasta ahora, ¿por qué no unas horas más? El silencio ayuda a priorizar sus acciones. También le impide tomar opciones habituales que no le interesan demasiado, como tomarse un helado cuando no tiene hambre y no es día para darse un capricho y puede que lo haga por razones equivocadas. Darse tiempo la distancia de sus emociones, sus pautas y sus reacciones instintivas a los deseos.

las cuando mi marido y yo discutíamos, y podía hacerlas en mitad del rodaje de una película. Su efecto me sorprendía: daban resultado tanto para la vida normal como para el ejercicio. Entrenando mi cerebro como había estado entrenando mi cuerpo, era capaz de encontrar más espacio dentro y apartarme de las circunstancias estresantes.

Estas técnicas sencillas, a las que se suele denominar colectivamente como «la práctica de la atención plena», eran para mí maestros sutiles pero efectivos. Devolver mi atención a la tarea que tenía entre manos, ya fuera cortar verduras, pasear al perro o incluso ducharme, era un modo de hacerme más presente en mi vida a medida que ésta se desenvolvía. Era fijarme más en los momentos en lugar de pasar apresuradamente por ellos para llegar a cosas más importantes. Retrasaban la marcha de mi jornada apenas un poco, como si fueran un remedio para el estado moderno llevado a la máxima expresión (por no hablar del dilema de ser esposa o madre trabajadora). Me daba cuenta de que, con tanta actividad desde el amanecer hasta el anochecer, si no nos concedemos tiempo para observar y reflexionar podemos perdernos la mitad de nuestra vida porque estamos demasiado ocupadas procesándola. (¿Quién no ha tenido esa horrible constatación al final de la semana —¿cómo, ya es viernes?— y se ha visto afectada por los temores de que el tiempo pasa demasiado deprisa?) Viviendo conscientemente, encontraba más tiempo.

PREGUNTA: MIENTRAS LEE ESTE CAPÍTULO, ¿CON QUÉ FRECUENCIA SALTA SU CABEZA A OTROS TEMAS?

¿Sigue pensando en otras cosas que debe hacer ahora? ¿Ha comprobado a menudo que ha dejado de leer y está pensando en alguien o en alguna otra cosa? ¿Se levanta para prepararse una taza de té, regar las plantas o hacer una llamada?

CADA VEZ QUE UN PENSAMIENTO, un deseo o una tarea le vengan a la cabeza mientras lee, fíjese en su llegada. Haga una pausa, respire y pregúntese: «¿Podría esperar?» Si su mente responde «no» instintivamente, vuelva a plantearse la pregunta. Deje que una respiración larga corte ese pensamiento de raíz. Compruebe si le resulta difícil decir: «Sí, podría esperar.» Análogamente, fíjese si resulta encantador y divertido hacer caso omiso de las otras tareas y quedarse con las palabras de esta página.

Si le cuesta trabajo librarse de los pensamientos que surgen, deje una hoja de papel y un bolígrafo a su lado mientras lee. Cuando le venga a la cabeza el pensamiento, el deseo o la tarea, anote la única palabra que la distrae —«té», «plantas», «Stephen»— y devuelva su atención al libro. Liberarse del pensamiento de forma física plasmándolo sobre el papel disminuirá su influencia. Cuando esté satisfecha con las páginas que ha leído, cierre el libro y eche una ojeada a la lista para ver cuál de esas tareas «urgentes» todavía quiere hacer. Lleve a cabo aquellas que aún la atraigan.

Practique usando la pregunta «¿Podría esperar?» durante cualquier actividad en la que se distraiga, como trabajar, escribir, limpiar la casa, pagar facturas... o incluso durante una sesión de ejercicio si está tentada de interrumpirla pronto y devolver llamadas. Si tiene la sensación de que nunca dispone de tiempo suficiente, esto la ayudará a ser más consciente de las pequeñas cosas en las que pierde el tiempo.

Cuanto más he practicado acciones conscientes en mi vida diaria, más me convencía de que en ese espacio de silencio interior mi dolor emocional e inquietud perdían su influjo. La relajación yogui me recordaba aquella sensación natural que había tenido en la orilla del río: expansiva, aceptadora y acorde con el mundo. La capacidad para llegar allí de nuevo debe de estar aún dentro de mí, pensaba, pero necesitaba algo de orientación para dar con el camino de regreso. Así que estudié cómo «llevarme la paz de la esterilla» de formas más estructuradas. Cuando estaba embarazada de mi primera hija, Dree, compré una cinta de meditación guiada titulada *Abrirse a recibir*. Ignoraba en qué consistía la meditación y cómo practicarla exactamente, de modo que me dejaba caer en el sofá y escuchaba esa soporífera cinta todas las tardes. No es de extrañar que practicara mucho sueño dirigido al principio. Pero la orientación me ayudaba a rendirme a un estado más tranquilo, por lo menos hasta el punto en que era capaz de hacerlo por entonces.

Como futura madre, supe por instinto que debía encontrar una forma tranquila y pacífica de traer un bebé al mundo. Supe que mi educación suponía un reto y que, si no tenía cuidado, incurriría habitualmente en las prácticas que había aprendido de mi madre: su actitud siempre victimista, su impaciencia con su marido y sus hijos y sus tácitas frustraciones en la vida. Tenía que librarme de las pautas de mi genética. Había demasiados miembros de mi clan que habían dejado esta vida con una conducta destructiva. Mis propias tendencias de evasión se manifestaban cada vez más —aunque mediante ejercicio y dietas de lechuga, no alcohol y drogas—, resultaba imprescindible descubrir la forma de registrarme y estar presente, sobre todo al fundar mi propia familia. Aunque meditaba con una cinta, era un comienzo; me veía capaz de observarme por primera vez. Estaba impresionada por cómo la contemplación silenciosa proporcionaba momentos en los que me sentía no enjuiciada y serena.

Continué con esta sencilla práctica de relajación durante unos años. Después de nacer mi segunda hija, Langley, me comprometí más con mi práctica física de yoga, la cual me condujo hacia otra rama del yoga llamada Kriya, una técnica de meditación sentada que desarrolla concentración y mente serena. Durante los últimos quince años, esta técnica ha sido mi método preferido para comenzar y terminar mi jornada en silencio y reflexión. Es sólo una de las muchas maneras que una persona puede elegir para sentarse en silencio y descansar de la actividad; hay tantas formas de sentarse en silencio como hojas en un árbol. Precisamente ésa es la que a mí me funciona.

Mi práctica de meditación diaria se ha convertido en una práctica espiritual. De la misma manera que mi padre pescaba para estar en contacto con la naturaleza, la meditación es para mí un tiempo sagrado para sentirme relacionada con algo superior a mí. Ésta puede ser o no la experiencia de otra persona: creo que aquello que surge cuando te retiras regularmente en tu interior es asunto tuyo y de nadie más. Sin embargo, cuando pregunto a los demás sobre los efectos pragmáticos de una práctica silenciosa regular, sus respuestas suelen ser parecidas. Se sienten cambiados: sus tareas mundanas se tornan menos mundanas; el ritmo de vida parece ser más tranquilo y su sueño es más satisfactorio; su gratitud aumenta, su aceptación de *las cosas tal como son ahora* también, y sus relaciones avanzan hacia una mayor armonía. Durante los momentos comprometidos en los que se sienten abrumados o deprimidos, meditar en silencio les ayuda a recobrar la estabilidad. Mediante la contemplación silenciosa, sus poderes de concentración y atención crecen, y en esta época de sobrecarga de información y tecnología a todas horas, ¿quién no lo necesita?

En mi caso, el simple acto de sentarme en silencio ayuda a atenuar cualquier pánico acerca de las cosas del panorama general que escapan a mi control. Disuelve buena parte del dolor pospuesto desde mi pasado y me lleva a ser consciente del presente en lugar de preocuparme por el futuro. Me remite una y otra vez a una sencilla pregunta: ¿qué ocurre aquí y ahora, y qué puedo cambiar de un modo realista para mejorar las cosas? La meditación no hace milagros; da una lección de humildad. Siempre me recuerda que, aunque esté de camino hacia grandes objetivos, de nada sirve preocuparme por ellos. Lo que más controlo son las pequeñas buenas decisiones que tomo cada día.

He probado muchas cosas en mi búsqueda para sentirme más sabia, más fuerte, más sana y más feliz. En mi juventud gasté mucho dinero y tiempo en sanadores, médicos y expertos. Sin embargo, las mejores lecciones de la vida han venido de algo que es completamente gratis: simplemente guardar silencio. Mirar hacia dentro en vez de buscar sin parar orientación externa es lo que me ayudó a convertirme en una experta en mí misma. Poco a poco aprendí a escuchar mi propia sabiduría interior y a confiar en lo que me decía, lo cual ayudó en todos los frentes, desde la vida familiar hasta la cinematográfica. Y el hecho de tomar mayor conciencia de lo que podía hacer razonablemente con mi tiempo, en lugar de pensar que siempre debía probar y trabajar más, me hizo infinitamente más amable conmigo misma. Por eso creo que, si nunca se guarda silencio, se pierden muchas de las enseñanzas de la vida.

Este apartado del programa está dedicado a acceder a esa zona tranquila a través de pequeñas acciones que encajan en su vida cotidiana, por más repleta que esté de actividad y responsabilidad. No se trata de destinar grandes cantidades de tiempo al proyecto, sino de usar algunos momentos de forma distinta. En primer lugar, aprenda a «confiar en el silencio» resistiendo la tentación de poner sonido y optando intencionadamente por el silencio cuando por otra parte podría tener ruido. Segundo, aprenda maneras de «deshacerse del estrés» adaptando sus reacciones a situaciones estresantes y haciendo ejercicios que restablecen la calma. Tercero, «siéntese y calle»: ponga interés en un cojín, e investigue la sensación de destinar unos minutos del día a no hacer nada. Y cuarto, con «la herramienta eléctrica silenciosa», descubra cómo prácticas calladas como la meditación y la conducta consciente le ofrecen la oportunidad de comprender mejor su vida y la ayudan a crear una existencia más feliz. Las prácticas de este apartado pueden ser sutiles, pero son inmensamente importantes y capacitadoras, sobre todo en un mundo que parece girar más rápido cada año. Son acciones moderadas que cualquiera de nosotras puede hacer para recuperarse, descansar y reanimarse de forma continua.

En los apartados de «Comida» y «Ejercicio» del programa, acumula conciencia de lo que la hace sentirse bien y lo que no. Ahora empieza a quitar las capas de la cebolla y ver un poco más en su interior. Es inevitable: cuando aporta más silencio a su vida, llega a conocerse mejor. Tiene momentos de lucidez que la sumergen bajo el flujo constante de pensamientos y preocupaciones en la superficie de su mente. Obtiene algunas respuestas a las preguntas: «*¿Quién soy?*» y «*¿Por qué hago lo que hago?*». Construir una vida equilibrada y pacífica consiste, como hemos visto, no sólo en seguir algunos consejos de este o cualquier otro libro. Se consigue adquiriendo ciertas dosis de autoconocimiento. En este viaje para conocerse mejor, creo que es en el silencio donde puede ocurrir la transformación más potente.

También es un lugar al que puede regresar cuando necesite dar sentido a su vida. Le afectarán momentos de estrés en los que su vida le parecerá estúpida o no sabrá cuál es su objetivo. A mí me afectan tan a menudo como al que más. Nadie vive en un estado de nirvana constante: todas afrontamos momentos de esclavitud o confusión. La clave para calmarse es encontrar satisfacción o incluso belleza en los modestos momentos cotidianos en lugar de hallarlas sólo en los espectaculares puntos culminantes. No caiga en la trampa de esperar que una sesión de peluquería y maquillaje extremado le brindará una vida mejor; mejore su vida actual encontrando la paz a diario de forma sencilla.

Nuestro verdadero hogar está en el presente. Vivir en el presente es un milagro. El milagro no es caminar sobre las aguas. El milagro es caminar sobre la tierra verde en el presente, apreciar la paz y la belleza que existen ahora. La paz está a nuestro alrededor —en el mundo y en la naturaleza— y en nuestro interior —en nuestro cuerpo y nuestra alma—. En cuanto aprendamos a contactar con esa paz, estaremos curados y transformados. No es cuestión de fe, sino de práctica. Sólo debemos encontrar maneras de hacer regresar nuestro cuerpo y nuestra alma al presente para poder establecer contacto con lo refrescante, curativo y prodigioso.

THICH NHAT HANH

Dé una oportunidad a la paz

Hablar de prácticas de mente tranquila puede parecer muy intimidante. Términos como «atención plena» y «meditación» pueden sonar a cosas que hacen *otras* personas, no usted. Si piensa: «Yo no puedo hacer eso. Mi mente no puede estarse quieta», sepa que ésa es precisamente la razón por la que aprende estas prácticas, además de cambiar sus hábitos alimenticios y dar un nuevo enfoque al ejercicio y crear un espacio físico en su casa para estar tranquila.

Los nuevos hábitos alimenticios ayudarán a bajar el volumen en su entorno interno. Deshacerse de la cafeína, el azúcar y la comida basura y alimentarse de la energía lenta y sostenida de alimentos saludables da origen a una química limpia y tranquila. Además, cuando usted prepara y consume sus comidas de un modo más lento y más intencionado, está comiendo con atención plena. Los nuevos hábitos de ejercicio entrenan el cerebro para concentrarse en lo que ocurre en el presente —la respiración y las sensaciones corporales que tienen lugar en este instante— en lugar de navegar de un pensamiento a otro sobre lo que podría ocurrir mañana o lo que ya sucedió ayer.

Así pues, cuando pone empeño en estos dos ámbitos, usted ya ha preparado el terreno para este tercer campo de prácticas de mente tranquila. Seguramente el mayor obstáculo reside en su propia resistencia. El diablillo sobre su hombro podía decir: «¿De qué sirve dedicar tiempo a algo que no puedo ver ni tocar ni demostrar que me hace más delgada, más bonita o mejor?» No le escuche. El truco de estas prácticas consiste en desprogramar esa parte de usted que cree que algo sencillo no es valioso. Tendemos a creer que, si algo no requiere mucho esfuerzo o produce un éxito espectacular, ese algo no sirve de mucho. Pero seguir esta línea de pensamiento nos ha estresado más; así pues, confiemos en que a lo largo de este programa existe un motivo para investigar el silencio. Considérelo un tiempo muerto prescrito: momentos en que la bondad de lo que está haciendo en el transcurso de este programa de 30 días puede tomar forma. (Por cierto, la gente observará que parece usted más tranquila, más alegre y probablemente más joven porque ya no está contraída por la tensión.)

Paso 1
Confíe en el silencio

EXISTE UN PEQUEÑO EJERCICIO que yo hacía durante mis presentaciones en público sobre salud y bienestar. En mitad de la charla guardaba silencio y me limitaba a permanecer de pie en el estrado, mirando al público. Transcurrían cinco segundos de silencio; la gente me miraba con expectación. Luego diez segundos: algunas expresiones burlonas. «*¿Se ha estropeado el micro?*» Veinte segundos. Miradas de asombro y codazos: «*¡Se ha quedado completamente en blanco!*» Treinta segundos. Ahora la gente estaba incómoda y se removía en sus asientos. Parecían acalorados. «*¡Aquí pasa algo malo!*» Y entonces decía por fin: «Éste es uno de los componentes más importantes de una vida equilibrada. Silencio. Así que ¿por qué se sienten todos tan incómodos con él?»

La respuesta es que se nos ha educado para llenar el silencio, y lo hacemos bien. Levante la mano si a menudo llega a su casa y pone música o enciende el televisor. O si se sube al coche y automáticamente conecta la radio. Si camina o utiliza el transporte público en lugar del coche, quizá se coloca el auricular del iPod y lo pone en marcha antes de salir a la calle (esa cajita blanca es el accesorio «no salga de casa sin él» de hoy en día). Nos hemos acostumbrado tanto al ruido y la actividad que, cuando ese ruido desaparece, el silencio puede ser discordante. De repente pasamos de estar llenos, conectados, entretenidos o distraídos a la nada. Sin sonidos. Sin distracciones. El silencio, para nuestros oídos desacostumbrados, resulta ensordecedor.

El vacío no es un estado con el que nos sintamos cómodos. Hemos aprendido a orientarnos hacia la acción, el éxito y el logro. La productividad se valora; de hecho, el estar ocupado se equipara con importancia: a menudo, se supone que la persona que más reuniones y más exigencias que atender tiene detenta más poder. (¿Conoce a gente que alardea de lo poco que duerme porque lleva una vida muy ajetreada?) No hacer nada y rendirse al silencio, por otra parte, tiene poco valor. Eso es lo que vi cuando cerré los labios durante la charla. El silencio en la sala despertó en la gente ese miedo incómodo a perder el tiempo. No hacer nada enciende todas nuestras alarmas: insinúa que de algún modo hemos fallado.

Pero yo creo que lo mejor es lo contrario. Estar en un grupo numeroso de gente y no oír el ruido y la locura es algo fabuloso. Si nos hace sentir incómodas, sintámonos incómodas. Observe qué aporta la incomodidad, y úsela para aprender algo sobre sí misma. Cuando usted prefiere el silencio al ruido en cualquier situación —ya sea en un grupo o sola en casa—, no está siendo improductiva. Al contrario, se permite descansar un momento y dejar de intentar controlar todas las facetas de la vida. Se toma un respiro.

No hace mucho estuve en el norte de la India, donde tuve la suerte de visitar una comunidad de monjes budistas. Me sorprendió hasta qué punto valoran el silencio. Hablan sólo cuando es necesario, y lo hacen sólo amablemente. El valor que conceden al silencio es esencial para sus estados beatíficos. Antes de hacer nada para proporcionar calma y serenidad a nuestra mente, debemos aprender a valorar el silencio en nuestro entorno exterior. El silencio es algo legítimamente nuestro, no algo que debamos evitar. Había silencio en el útero, lo habrá al final de nuestra vida, pero al tratar de sacar más experiencias de todos los años intermedios, nos hemos vuelto compulsivas acerca de llenar el silencio a toda costa. Mantenemos la información manando a chorro y la estimulación encendida, quizá porque sentimos un miedo atroz al aburrimiento o tal vez incluso miedo a que se nos agote el tiempo. La actividad y el ruido nos tranquilizan porque con ellos sentimos que estamos viviendo al máximo durante nuestra breve estancia aquí.

Sin embargo, si podemos abandonar la idea de que el silencio es un vacío que debe llenarse y aprender a disfrutarlo por el respiro que ofrece, empezaremos a avanzar hacia una mayor calma interior. En vez de recelar del silencio, tenemos que aprender a valorarlo y utilizarlo sabiamente.

PREGUNTAS: DE LA MISMA MANERA QUE HA ANALIZADO POR QUÉ PONE MÚSICA AUTOMÁTICAMENTE PARA HACER EJERCICIO, OBSERVE CÓMO ACTÚA EN EL RESTO DE SU VIDA.

SI CONSTATA QUE TIENDE A USAR ESTIMULACIÓN SIEMPRE QUE TIENE OCASIÓN, PREGÚNTESE SI NO SE ESTÁ RESISTIENDO AL SILENCIO SIN PERCATARSE DE ELLO.

¿ESTAR A SOLAS NO LE RESULTA LO BASTANTE EMOCIONANTE, O DETESTA ABURRIRSE?

¿Compagina varias tareas de alguna de las formas siguientes?:
¿Cocina mientras mira la tele?
¿Toma una taza de té mientras escucha una tertulia radiofónica?
¿Hace papeleo mientras suena un CD de música rock o trabaja en el ordenador mientras escucha la radio por Internet?

ES CIERTO que la música y los medios de comunicación pueden suprimir la esclavitud de las tareas domésticas, pero nuestro objetivo aquí es adaptar nuestros oídos a una nueva norma, el silencio, y empezar a entrenarnos para hacer una sola cosa cada vez. Intente aislarse del sonido y concentrarse sólo en la acción principal. En lugar de llenar el silencio, ¿por qué no dejamos que el silencio nos llene, para variar?

Funcionamos bajo la premisa de que el ruido trae consigo nueva claridad y nueva estimulación y diversión. Pero las más de las veces el ruido trae confusión, otra capa de actividad que desordena lo que nos proponemos hacer. Empiece a observar si el ruido en su jornada contribuye a su calidad de vida o aporta confusión.

Ejercicio: Mañana sagrada, noche sagrada

Mi abuelo Ernest afirmaba que presenció todos los amaneceres de su vida adulta; siempre se despertaba temprano para escribir durante esas horas mágicas y silenciosas del día, antes de que el mundo se atareara. Usted no tiene que ser escritora para descubrir algo especial en comenzar su jornada con silencio. Durante una semana, comprométase a empezar y *acabar* el día en un entorno silencioso: sin televisión, sin radio y sin música durante los primeros y los últimos 30 minutos que esté despierta. Use este tiempo silencioso para dejar transcurrir la mañana y la noche de un modo consciente. Observe si se siente distinta durante su jornada después de un comienzo tranquilo, o si le resulta más fácil relajarse y sumergirse en un sueño reparador.

CONSEJO. Si le parece que el silencio en la casa la consume e incomoda, y está tentada a ceder y en su lugar poner el programa matutino, intente «liberar la resistencia», como hemos practicado en apartados anteriores. Primero trate de localizar la sensación de incomodidad en su cuerpo. Quédese con ella un momento y respire hacia allí. Pregúntese: «¿Puedo aceptar esta sensación de incomodidad/irritación/frustración?» Repita la pregunta varias veces hasta comprobar que su respuesta es sí. Entonces pregúntese simplemente: «¿Puedo liberarla?» Liberando parte de la resistencia en su mente y su corazón, tal vez constate que resulta más fácil de lo que creía convivir con la realidad de la situación.

La sociedad está organizada de tal manera que, aun cuando disponemos de cierto tiempo de ocio, no sabemos cómo emplearlo para volver a conectar con

Ejercicio: Un día sin móvil

Elija un día de esta semana para liberarse de su teléfono móvil, su correo electrónico o su busca y, a ser posible, interactuar mínimamente con otras personas. Planifique con antelación y, si tiene hijos, vea si puede encontrar a alguien que se ocupe de ellos durante un rato. (Si esto no es posible, sin duda podrá vivir una jornada sin tecnología en compañía de sus hijos.) El sábado suele ser el mejor día para hacer esto, sobre todo si puede ir a algún sitio tranquilo durante parte del mismo, como a un museo, a una librería, o a dar un paseo muy largo. Haga lo que haga durante su jornada, deje de lado el teléfono. Diga a sus amigos y familiares que estará disponible más tarde. (Si tiene hijos pequeños, siléncielo y deje que atienda las llamadas el buzón de voz, que le permitirá comprobar si proceden de números importantes.) Trate de utilizar parte de ese tiempo para realizar algunos segmentos del programa de 30 días: comprar y cocinar alimentos saludables para la semana siguiente; hacer su práctica de yoga; efectuar cambios en su vivienda, etc. Observe si el día parece más largo o más corto. Observe si estar consigo misma es agradable, neutro o acaso difícil. ¿Qué clase de pensamientos y sentimientos surgen cuando no hay nadie más que usted?

VENTAJA: Convierta este día también en un Ayuno de Tiempo. No lleve reloj ni ningún otro accesorio que le diga la hora. Vuelva los despertadores hacia la pared. Deje que el día transcurra a su ritmo. Deje que cada tarea dure todo el tiempo que requiere. Coma cuando tenga hambre, no cuando el reloj diga que es la hora de comer. Observe con qué frecuencia siente el impulso de saber qué hora es. Consultar la hora continuamente puede servir para recordarle que no dispone de tiempo suficiente. Compruebe cómo le sienta funcionar a un ritmo natural.

nosotros mismos. Conocemos millones de formas de perder ese valioso tiempo: encendemos el televisor o descolgamos el teléfono, o arrancamos el coche y vamos a alguna parte. No estamos acostumbrados a estar a solas, y actuamos como si no nos gustáramos y tratáramos de huir de nosotros mismos.

THICH NHAT HANH, *Ser paz y el corazón de la comprensión*

Ahora que ha bajado el volumen de su entorno externo, es hora de empezar a bajar el suyo propio. Con el fin de construir un núcleo de calma interior, debe aprender a detener el torrente de pensamientos y emociones que fluyen sin cesar por su mente. Como en el caso de la comida «ruidosa» de la que hemos hablado, si es capaz de despejar parte de la actividad mental superflua, podrá mantener mejor un estado de calma constante y sostenida.

Libérese del estrés

PREGUNTA: ¿CÓMO LE HACE SENTIRSE UN EPISODIO DE PRESIÓN INESPE-
RADA?

    A. Mi cerebro empieza a girar a toda velocidad para controlar la situación, y ni si-
quiera siento nada en mi cuerpo hasta más tarde.

    B. Siento oleadas de rabia y frustración en mi cuerpo; el pulso se me acelera y me
noto tensa.

    C. Quiero esconderme y no tener que afrontarlo. Me siento físicamente encerrada,
como si estuviera atrapada sin poder moverme.

    D. Deseo tener un modo mejor de afrontarlo.

PREGUNTA: DESPUÉS DE UN ENFRENTAMIENTO QUE ENCIENDE TODAS SUS
ALARMAS, ¿QUÉ HACE?

    A. Servirme un vaso de vino, un cóctel o un pastelito.

    B. Necesito gritarle a alguien o algo para dar salida a la frustración.

    C. Desconectar con algún tipo de entretenimiento.

    D. Ir de compras como terapia.

    E. Deseo tener un modo mejor de afrontarlo.

PRACTICAR LA CALMA en momentos bajos de su jornada es una cosa;
mantener la calma cuando la presión aumenta es otra. Con el fin de cuidarse de
veras, es importante observar el modo en que responde al estrés. Si logra adquirir algunas herramientas que le permitan enfrentarse a situaciones inesperadas de una forma moderada y tranquila, puede disipar el estrés amablemente en lugar de reaccionar
a él, alimentarlo y empeorarlo. No siempre puede cambiar las circunstancias en las
que se encuentra, pero sí su reacción a ellas.

    Piense en las maneras en que reacciona a situaciones de presión. ¿Aumentan
sus reacciones la presión en su cuerpo y su mente? Podría patalear y gritar o dis-
cutir, como si el hecho de dar salida a sus sentimientos la liberara del dolor. Pero
lo único que logra con eso es estresar más su estado fisiológico; el pulso se ace-

lera, los músculos se tensan, su respiración se comprime. Quizá recurre a un estimulante: un café o un cigarrillo para ayudarla a pensar con claridad, un cóctel para mitigar la ira o comida basura para tranquilizar el alma dolida. Pero estas cosas hacen lo contrario a disipar el estrés: la cafeína y el azúcar agitan su química y contribuyen a liberar hormonas de estrés. El impacto después de consumir alimentos «ruidosos» puede causarle jaqueca, depresión y agotamiento. Si responde al estrés haciéndose un ovillo y tratando de no sentirlo, eso también rara vez es útil. Lo que se necesita es un cambio o un movimiento, y permanecer inmóvil no hace sino sumirla aún más en el miedo.

Cuando yo afronto una situación que está a punto de provocar una respuesta estresada en mi cuerpo y mi mente, recurro activamente al silencio para encontrar una solución. El silencio es la cura. Hacer un ejercicio consciente cuando las cosas se ponen feas en vez de quedarse con el estrés o dejar que aumente —o alimentarlo pensando en lo que ha ocurrido— es como desenroscar el tapón de una botella de refresco en vez de agitarla. La energía se libera en lugar de aumentar hasta que estalla. He tenido que entrenarme para hacer esto, porque tengo una tendencia natural a pensar y analizar demasiado. Pero entonces recuerdo que todas las cosas cambian, incluso los sentimientos negativos, y que puedo precipitar ese cambio respirando y relajándome conscientemente.

Esto me coloca en una buena situación para emprender cualquier acción necesaria. Pierdo parte de la tensión y la inquietud y voy directamente a la raíz del problema, efectuando cualquier cambio necesario para resolverlo. He descubierto que la paz es contagiosa: si afronto el problema con una mentalidad pacífica y por lo menos con algo de alegría en mi corazón, las otras partes implicadas casi siempre lo reflejan, y la interacción se torna menos difícil.

Guardar silencio puede parecer una respuesta demasiado sutil en momentos urgentes, y el instinto abrumador puede ser chillar o gritar o tomarse un vodka con tónica doble. Pero, en realidad, ahondar en sí misma propicia el mayor cambio en sus sentimientos. Podría dudar que funcione, pero debe obligarse a hacerlo. Aunque sólo recuerde hacerlo cuando ya ha perdido los estribos, sepa que algunos ejercicios de silencio consciente le devolverán el equilibrio.

¿QUÉ ES EL ESTRÉS?

Todas hemos estado atrapadas en el tráfico y visto que la gente reacciona de forma distinta. Una persona se lo toma con calma, mientras que otra se pone histérica. ¿Por qué es así? Porque una persona combate la situación y la otra la acepta tal como es.

Los riesgos para la salud producidos por el estrés

El estrés enferma, y existe una razón fisiológica demostrada para ello. Nuestro cuerpo está concebido para reaccionar a situaciones peligrosas con reacciones físicas a la velocidad del rayo. Nuestros antepasados de la edad de piedra desarrollaron la respuesta de luchar o huir con el fin de escapar de tigres dientes de sable y otros depredadores, y esa respuesta todavía forma parte de nuestra compleja fisiología actual. Cuando nuestros sentidos registran una amenaza inminente, nuestro cuerpo se pone en alerta roja. Las glándulas suprarrenales liberan hormonas de estrés para que podamos volvernos y luchar o salir huyendo lo más rápido posible. Nuestro corazón bombea a dos o tres veces su velocidad normal, se liberan coagulantes en la sangre para espesarla con el fin de que se coagule en caso de resultar heridos y nuestros vasos sanguíneos superficiales se comprimen para una mayor protección contra heridas (lo que hace que nuestra presión sanguínea aumente). El ácido láctico impregna nuestros músculos para que se tensen en previsión de un movimiento repentino. Todas las funciones no urgentes como la digestión, la respuesta sexual y la más importante de todas, el funcionamiento del sistema inmune, se interrumpen temporalmente para disponer de energía para nuestras necesidades urgentes. (También podemos tener el impulso de desprendernos de cualquier residuo en nuestro organismo, para ser más ligeros y permitir así una rápida huida.)

Desde luego, los depredadores merodeadores rara vez nos acechan hoy en día; la inmensa mayoría de las situaciones estresantes que afrontamos distan mucho de amenazar nuestra vida. No obstante, si algo desencadena una oleada repentina de miedo o ira en nosotras, el cuerpo se pondrá en modo de emergencia sea cual sea la causa; no conoce la diferencia entre la amenaza de tigres y la amenaza de llegar tarde a una entrevista de trabajo. Por eso cosas aparentemente mundanas como un atasco de tráfico o un enfrentamiento con un compañero de trabajo pueden causar tanta incomodidad física. Con el tiempo, si experimentamos esta respuesta al estrés a menudo, incluso a niveles bajos, su impacto se acumula. En primer lugar, es físicamente agotador pasar al modo de luchar o huir; después, hay que incurrir en la fatiga para recuperarse. El efecto que esto produce en nuestro cuerpo puede acarrear síntomas físicos y mentales como ansiedad aguda, ataques de pánico, agitación, insomnio, además de enfermedades cardíacas, disfunción inmune y sexual y jaquecas. Aunque estas condiciones no ocurran, la exposición a flujos constantes de estrés afectará su estado emocional y sus relaciones. Si la adrenalina circula por su organismo todo el día, para cuando llegue a casa podría estar impaciente e irritable con quienes la rodean.

Actualmente, es común que la gente recurra a fármacos para remediar estos síntomas físicos y mentales. Pero en muchos casos es posible cambiar nuestro estado fisiológico, mental y emocional por nosotras mismas. Podemos aprender a provocar la «respuesta relajación», una respuesta fisiológica que disminuya el pulso cardíaco, temple los nervios y baje la presión sanguínea. La práctica intencionada de técnicas antiestrés desencadenará esta respuesta y la ayudará a evitar el constante nivel elevado de estrés que, si se pasa por alto, puede poner en peligro drásticamente su salud y bienestar.

Técnicamente, el estrés no existe. No hay tal cosa como una situación estresante de por sí. Una situación existe, y su respuesta a ella puede ser estresada —la reacción de luchar o huir— o no estresada. Su reacción a un acontecimiento es su elección; lo que a usted le irrita no necesariamente molesta a la persona que tiene al lado. Cuando se trata de sentir estrés, tiene una opción: luchar o huir.

Creo que las respuestas estresadas provienen de una cosa: una resistencia al cambio inesperado. A medida que me hago mayor, me doy cuenta de que no tengo control sobre cosas que creía que podía controlar. Aun cuando un acontecimiento esté firmemente impreso en la agenda, no hay ninguna garantía de que suceda. Incluso aunque esté segura de haber pensado cómo hacer funcionar algo, no hay ninguna seguridad de que salga como había previsto. La tendencia natural del mundo es la de ser siempre un poco curvilíneo; así pues, ¿por qué nos empeñamos en avanzar en línea recta y luchar como posesos cuando perdemos el rumbo? El estrés llega cuando la idea de tener que adaptarse a una nueva circunstancia le causa enojo, miedo o fastidio. Si es usted flexible y puede combarse según el viento, su nivel de estrés es mucho más bajo. Si puede perder la resistencia, puede perder el estrés.

Para ser flexible, resulta útil disponer de varias herramientas que le permiten cambiar su estado: usted sabe que, pase lo que pase, será capaz de regresar al centro y sentirse bien. He aquí cuatro técnicas antiestrés para cambiar sus respuestas físicas, mentales y emocionales en estados de estrés. Están ordenadas según la intensidad, desde simple inquietud hasta pánico.

Estado: inquieta, irritable, voluble

Combativo del estrés: Respiración relajante

El yoga nos enseña que respiramos demasiado rápido en nuestra cultura, lo que conduce a estados físicos y mentales elevados: no sólo pulso cardíaco más rápido y presión sanguínea más alta, sino también muchos pensamientos, incluidos demasiados pensamientos negativos. En consecuencia, respirando más despacio usted calma el estado corporal y reduce la marcha de su mente. Inicia la respuesta de relajación.

Los yoguis creen que la respiración es el puente entre mente y cuerpo. Desarrollar la conciencia de la respiración nos saca de nuestra cabeza pensante y nos lleva a nuestro cuerpo sensible. Dicho de otro modo, concentrándonos en la respiración nos volvemos más presentes en nuestro cuerpo y menos dominadas por el ego y la mente. Además, los yoguis dicen que la respiración es la forma en que llevamos *prana* —la energía vital del universo, que las tradiciones chinas llaman *chi*— a nuestro cuerpo. Por ese motivo, si economiza en su respiración, tomando sólo sorbitos como un pez en una pecera, está constriñendo su relación con el mundo. (Los yoguis dicen también que el prana sólo puede absorberse por la nariz: otra buena razón para inhalar a través de la nariz, no por la boca.) En situaciones estresantes tenemos tendencia a tensarnos y comprimirnos, como los erizos que se hacen un ovillo para protegerse. Usar la respiración relajante la dilata para que pueda encontrar un estado nuevo y mejor. Cada inhalación invita un estado mejor de cuerpo y mente.

CÓMO HACERLO: Las respiraciones diafragmáticas la ayudarán a acceder a un estado tranquilo e introspectivo. Harán más lentos la respiración y el pulso cardíaco y cortarán las emociones antes de que puedan surgir e impregnar su mente. La respiración diafragmática es algo distinta de la que aprendió en el apartado de ejercicio. Siéntese cómodamente y relaje la mirada o cierre los ojos. Mientras inhala despacio por la nariz, deje que la caja torácica se dilate y atraiga el vientre; esto baja el diafragma (el músculo entre el pecho y el abdomen) para que haya más espacio en la parte superior del cuerpo. Deténgase un momento en el punto culminante de la respiración. Mientras exhala, deje que el vientre se dilate despacio hacia fuera. Haga esto de forma lenta y rítmica durante un minuto cada vez que sienta que su mente se inquieta. La respiración diafragmática induce el estado introspectivo adecuado para la contemplación y la reflexión. Al inhalar, sienta cómo su corazón se dilata, lo cual es un modo de salir de su cabeza y entrar en su cuerpo, calmando así la mente.

Combativo del estrés:
La respiración equilibrada

Cuando se sienta intranquila y voluble, pruebe a respirar una vez por una fosa nasal y la siguiente por la otra durante dos minutos. Es una respiración de yoga que ayuda a equilibrar los hemisferios derecho e izquierdo del cerebro y a menudo se hace como preparación para una relajación o meditación profunda. Levante la mano derecha hasta la cara y coloque el pulgar sobre la fosa nasal derecha y el meñique y el anular ligeramente sobre la izquierda. Mantenga la fosa derecha cerrada e inhale lentamente por la izquierda. Haga una pausa, y cuando los pulmones estén llenos de aire cierre la fosa izquierda al mismo tiempo que libera la presión sobre la derecha. Exhale despacio por la fosa derecha, luego inhale a través de ella, haga una pausa y cuando los pulmones estén llenos de aire mueva los dedos para volver a cerrar la fosa derecha. Exhale. Haga diez ciclos de esta respiración al principio, aumentando la duración a medida que se sienta más cómoda. Pruébelo por la mañana temprano antes de meditar, antes de acostarse para relajar una mente agitada o en cualquier momento en que necesite reajustar sus pensamientos.

Estado: Atrapada en una rutina, con la mente confusa, deprimida

Combativo del estrés: Siga caminando

El filósofo indio Krishnamurti decía que, cada vez que sentía estrés, era el momento de levantarse y andar. (Cuando se le preguntó en qué pensaba mientras caminaba, respondió: «En caminar.») Muévase, respire y camine alrededor de la manzana. El simple hecho de cambiar su entorno puede empezar a cambiar su humor. A menudo el preciso momento en que no le apetece moverse —queriendo hacerse un ovillo, arrellanarse en el sofá y perderse en la televisión— es el momento en el que debe hacer el esfuerzo de moverse. Es el momento de decir: «No. Voy a levantarme. Voy a salir por la puerta y voy a dar por lo menos una vuelta a la manzana. Voy a sacarme de esta situación porque tengo que hacerlo.» Es posible que la energía de la habitación o de otras personas la retenga y la inmovilice. La única forma de despegarse consiste en pasar a un estado distinto. Además, por naturaleza, andar pone freno a su tendencia al pánico y a buscar un cambio inmediato (lo que sólo lleva a más frustración). Sólo hay la distancia que puede recorrer a pie; caminar le proporciona un control saludable de la realidad: «*¿Qué puedo lograr hoy de un modo realista?*»

Estado: Exhausta, agotada, decaída

Combativo del estrés: Postura reconstituyente

Tenderse en el suelo boca arriba con las piernas apoyadas en la pared puede parecer algo bobo a sus compañeros de trabajo o sus hijos, pero es una de las mejores cosas que puede hacer por su cuerpo. El yoga incluye muchas clases de posturas invertidas (cabeza abajo) porque inducen una respuesta fisiológica calmante en el sistema nervioso. Recostar las piernas sobre la pared estimula receptores en su corazón y su cuello, haciendo que manden mensajes a su cerebro a través de los nervios para hacer más lento su ritmo cardíaco y disminuir su presión sanguínea. Esta postura curativa y reconstituyente crea tranquilidad en su mente y su cuerpo y la activa sutilmente de manera que, cuando se levante, pueda seguir con lo que debe hacer. (Además, elimina esa molesta hinchazón en las piernas.)

ÚSELA PARA: Después de que las cosas se hayan puesto difíciles y tenga la sensación de que las ha pasado canutas. Si la jornada le ha hecho una jugada y quiere dejar de pensar en ello antes de que caiga la noche.

CÓMO HACERLO: Apague el ruido y reduzca la distracción en la sala si es posible. Atenúe las luces si puede. Coloque una almohada firme a doce centímetros de la pared, bajo la parte inferior de su espalda, y luego ponga una manta doblada bajo su columna vertebral y su cabeza. Para entrar en la postura, siéntese en el centro de la almohada con el costado orientado hacia la pared. Apriete la almohada con las manos para sujetarla, luego levante las piernas y colóquelas sobre la pared mientras está tendida con la espalda sobre la manta doblada. Levante la pelvis de la almohada de modo que el extremo de su coxis

esté suspendido sobre ella (esto proporcionará a su pelvis una ligera flexión hacia atrás). Asegúrese de que la columna vertebral y la cabeza están completamente apoyadas y mantenga las piernas un poco activadas apretándolas suavemente contra la pared. Hágalo entre 1 y 3 minutos. Un pañuelo anudado sobre los ojos mejora la experiencia.

MODIFICACIÓN CON SILLA: Si le resulta incómodo recostar las piernas contra la pared, empiece colocándolas sobre una silla. Ponga una almohada firme o mantas dobladas en el suelo, a unos 30 centímetros de la silla. Coloque otra manta o almohada delgada en el suelo para su cabeza. Empiece por sentarse como se explica arriba. Levante las piernas sobre el asiento de la silla y ponga los hombros en el suelo con la cabeza sobre la almohada delgada y el extremo del coxis suspendido sobre la almohada firme. Si no se siente cómoda, aleje más la silla de su coxis.

CONSEJO. La posición de yoga conocida como la postura del bebé es otro calmante instantáneo para las emociones descontroladas. La flexión hacia delante calmará el sistema nervioso y permitirá que su mente se vuelva poco a poco hacia dentro. Siéntese sobre las pantorrillas con los pies algo separados. Deje que su trasero se siente en el suelo entre los pies. Luego simplemente encórvese hacia delante para apoyar la frente en el suelo, con los brazos a los lados. Respire tranquilamente durante unos momentos y libere sus pensamientos. Esta posición ofrece consuelo y una sensación de seguridad. Extienda los brazos en el suelo delante de su cabeza si le sienta bien. Aunque la única postura que haga sea ésta durante unos minutos al día, habrá iniciado una práctica de yoga y meditación.

EJERCICIO EXPRÉS

Imagine su oasis

Todo el mundo tiene su propia idea de un oasis personal: el principal refugio que le resultará más reparador, reconstituyente y tranquilizador. Cuando la vida se complique, acuéstese si puede, cierre los ojos, respire con calma y en silencio y pregúntese dónde está ese lugar. ¿Es un escenario de su infancia, es un lugar imaginario, es algún sitio en su vida actual en el que querría poder estar, como su casa o su cama? En mi caso, voy a la cima de una montaña alta, puesto que me crie en las montañas y para mí es una sensación muy intensa haber llegado a la cima. Para otras personas puede ser el mar, contemplando el flujo y reflujo de la marea, o la orilla de un lago al atardecer. Necesita un lugar que la haga sentirse capacitada y libre y que le recuerde que, en el ancho mundo, las cosas van y vienen constantemente. Pase unos minutos sentada o acostada y concéntrese en ese lugar, reviviendo todos sus detalles y advirtiendo todas las sensaciones en él. En la cima de una montaña se pueden ver nubes deslizándose por el cielo, y observar cómo llegan y se alejan. En el mar verá olas renovándose constantemente. Junto a un lago al atardecer, cae la noche con el chirrido de los grillos. Deje que la escena le inspire la confianza en que todas las situaciones cambian, por atrapada que crea estar en una situación estresante. Su cuerpo y su mente se calmarán enormemente. Hágalo durante todo el tiempo que necesite. Está especialmente indicado para antes de dormirse.

Estado: Asustada, presa del pánico, impotente

Combativo del estrés: Visualice su oasis

A veces usted necesita parar el mundo durante unos momentos y huir a un lugar mejor. Hacer un ejercicio de visualización creativa en el que se imagina en un escenario que restablece y tranquiliza resulta muy curativo. Es un modo excelente de aprender a relajarse y centrar al instante su atención hacia dentro, lo que constituye un buen ejercicio preliminar a la meditación.

■ ■ ■

EN LAS AFUERAS DE KETCHUM, IDAHO, donde me crie, había una dura carrera al monte Baldy. En realidad nunca la corrí, porque era toda cuesta arriba. Era atroz. En verano subía mitad corriendo, mitad andando, como integrante del equipo de esquí del instituto, y a menudo volvía allí sola para huir del drama en mi casa. Las montañas siempre me atrajeron porque, si bien resultaban difíciles de subir, siempre llegabas a un final y tenías una sensación de realización. Me gustaba llegar a la cima del Baldy, acceder a una panorámica enorme, un lugar en el que podía pararme a contemplar. Me aclaraba las ideas. Así pues, cuando ahora voy a mi lugar especial de paz, siempre es a la cima de esa montaña, para contemplar una vista familiar: las montañas Sawtooth irguiéndose sobre el plano valle salpicado de casas blancas y caminos. Me imagino la brisa fresca sobre mi piel, el cambio de temperatura de una ráfaga a otra. Escucho el sonido del nuevo tiempo que se avecina. Esta visualización siempre me hace sentir segura y capacitada, y sé que una nueva inspiración y una nueva fe llegarán hasta mí allí, como cuando era adolescente.

A veces lo único que necesita es un abrazo o unas palabras de consuelo. Pero ¿recibe siempre esos abrazos y palabras consoladoras de su pareja, sus amigos, sus hijos? Por supuesto que no. Así pues, cuando no obtiene el apoyo que necesita como corresponde, debe buscarlo por sí misma. Encuentre su espacio, dé un paseo o, como en mi caso, siéntese en el coche el tiempo necesario para que cambie la energía.

La pasada Navidad, una carretada de estrés me afectó. Mi cuerpo estaba afectado, mis hijas adolescentes pasaban por un cataclismo, mi marido y yo chocábamos, había demasiada gente en la casa y, por alguna extraña razón, los viejos recuerdos aparecieron para obsesionarme. Todo aquello era demasiado, y tuve un acceso de pánico, como le ocurre a veces a cualquier mujer que tenga una familia: «Quiero salir de aquí, Calgon, ¡llévame lejos!» Pero era Nochebuena, y lo único que podía hacer era

Usted se merece paz

A las mujeres, puede resultarnos difícil dedicarnos tiempo a nosotras mismas. A menudo tenemos tantas responsabilidades y exigencias de nuestro tiempo que nos sentimos reventadas. Encontrar más minutos que dedicar a nuestro bienestar puede parecer un lujo. Pero es importante considerar estas prácticas desde otro punto de vista: no son un lujo ni llevan tanto tiempo. El silencio en todas sus manifestaciones puede ser una herramienta sumamente útil para algunas de las tareas más arduas: ser madre, ser esposa, trabajar además de llevar la casa, o simplemente estar sola y mantenerse sana y feliz. Tomarnos unos minutos para encontrar ese lugar pacífico en nuestro interior nos impide perder los estribos, o si los perdemos, nos ayuda a recobrar la calma. Nos ayuda a empezar el día con entusiasmo y terminarlo con aceptación. Y ayuda muchísimo en las crisis.

Con demasiada frecuencia, las mujeres nos obligamos a seguir funcionando hasta tal punto que el único momento en el que nos sentamos a descansar es cuando estamos agotadas, quemadas o al borde de la enfermedad. De hecho, muchos maestros espirituales dicen que es el dolor lo que te hace parar, meditar y pedir ayuda, porque el dolor es lo único que te hace aflojar la marcha. Pero podemos inventar una forma mejor de hacer las cosas, un modo más proactivo y preventivo, tomándonos tiempo para cultivar un poco más de paz cada día para no tener que experimentar dolor antes de hacer inventario de nuestra vida. Para cualquier mujer, integrar el silencio en su estilo de vida debería considerarse parte de su plan preventivo de atención sanitaria: algo que requiere un mínimo gasto inicial pero después reporta una importante restitución.

Apártese del drama de su vida y verá que sus problemas se repiten: las mismas cosas aparecen de tarde en tarde, y usted responde a ellas de las mismas maneras estresadas. Aprender a dar respuestas mejores a sus problemas no significa que la vida esté inmediatamente exenta de dolor. Aun así tendrá que poner empeño. Pero sí significa que dispone de un juego de herramientas que funcionan para combatir el estrés, y puede probar técnicas distintas para seguir combatiendo los problemas. Aunque un asunto profundamente arraigado la aleje de la felicidad, siga usando sus herramientas para ir debilitándolo. Y de repente llegará un momento en el que descubrirá: «¡Oh, vaya! ¡Esos nubarrones se empiezan a alejar!» Es sumamente capacitador asumir la responsabilidad de su bienestar emocional.

huir para encontrar un lugar en el que estar sola. Salí en medio de una ventisca y me senté en mi coche aparcado y frío, meditando y liberando mi angustia, hasta que creí que podía volver a entrar con la cabeza despejada y serena. Mi resentimiento había menguado, y el mundo volvía a ser normal.

A veces tenemos que alimentarnos solas. Usted puede pensar que necesita tomarse la semana libre, pero a veces lo único que necesita es algo de tiempo para dejar descansar la mente, que el discurso autocompasivo desaparezca y que todo el mundo, sobre todo usted, vuelva a la normalidad, y entonces se siente como si hubiera hecho unas minivacaciones. Siéntese con su problema el tiempo suficiente con la convicción de que todo cambia y la intención de que pronto todo irá bien. Tiene derecho a tomarse una o dos horas a solas para hacer lo posible por no estallar, y seguramente cuando regrese las cosas se habrán normalizado. Pero tómese su tiempo, y hágalo sin culpabilidad, porque ésta hará que siga sintiéndose mal y no obtendrá el alivio que necesita.

Debemos saber que somos queridas y valoradas más de lo que creemos y que nuestra familia no sería feliz sin nosotras, aunque pensemos a veces que sí lo sería. Cuando hallamos un poco de paz en nuestra práctica silenciosa, descubrimos alguna perspectiva en nuestra vida personal. Nos tranquilizamos de que las risas por lo general pesan más que las lágrimas y de que tener una familia equilibrada implica recibir de todo: dolor, risas, heridas y dicha. Ésa es la naturaleza del equilibrio. Si sabe que puede cuidar de su estado mental y emocional, tendrá la certeza de que no debe echarlo todo a perder cuando la vida parece abrumadora. Si es capaz de sentarse en silencio, confiando en que todas las cosas se equilibrarán, y ceder cierto control, está encontrando su camino.

Paso 3
Siéntese y cállese

UNA VEZ QUE HAYA EMPEZADO a poner conciencia en la respiración y el silencio, no es tan difícil como podría creer realizar una práctica de meditación sentada. Los beneficios de tomarse unos minutos para sentarse en silencio intencionadamente a la misma hora todos los días son múltiples. Si el ruido causa confusión, el silencio crea claridad. Su cuerpo y su mente tienen ocasión de relajarse cada día y descargarse de todas las pequeñas tensiones que acumulan. Sus células empiezan a memorizar cómo sienta hallarse en este estado fisiológico más tranquilo: respiración más lenta, pulso cardíaco más pausado, músculos más blandos y otros efectos del modo «descanse y digiera» de la respuesta de relajación. Al cabo de un rato, un estado más sereno y menos reactivo pasa a ser su nuevo mínimo aceptable; es de donde usted parte las más de las veces, no un estado especial al que sólo accede mediante concentración profunda. Esto afectará todas las facetas de su vida. Su intuición crece y su creatividad aumenta porque salen a la superficie buenas ideas cuando usted está tranquila por dentro. Es capaz de ser más espontánea, e incluso su amor propio se incrementa. La meditación desarrolla conciencia, una cualidad mayor que la mente pensante.

Uno de los maestros con los que estoy habitualmente me ha dicho que la meditación resulta más fácil para las mujeres que para los hombres, porque nos sentimos más cómodas despojándonos de nuestro ego y conviviendo con aquello que aparezca. Al mismo tiempo, los sentimientos de dolor, congoja o alegría pueden ocupar el escenario central en nuestra experiencia y enturbiar nuestra percepción de la verdad. Si bien los hombres sienten ira, son propensos a aferrarse a su ego y suelen tapar sus emociones. La meditación ayuda a las mujeres a apartarse un poco de las oleadas de sentimientos y responder tranquilamente a situaciones sin juzgarlas o reaccionar a ellas. Cuando tenemos una mente espaciosa y más silenciosa, podemos desarrollar el hábito de mirar antes de reaccionar: literalmente abrimos cierto espacio entre nosotras y los problemas en nuestra vida. Esto no hace que las cuestiones difíciles lo sean menos, pero sí hace más fácil enfrentarse a las dificultades, porque una práctica de meditación la ayuda a observar los problemas de su vida en lugar de convertirse en ellos.

Realizar una práctica de meditación regular diaria es como cavar un pozo. Cada vez que lo hace, se acerca más a una fuente de compasión y paciencia, hasta que llegue un punto en que podrá beber de ella en cualquier momento. Pero fíjese en que he dicho una fuente de agua, no una mina de oro. Usted no alcanza automáticamente un estado inmediato, dichoso y maravilloso cuando medita. Es un viaje continuo, una exploración en sí misma.

Sentarse puede ser también una experiencia muy educativa. Esos días en los que se siente sola o triste, busque un sitio cómodo en el que sentarse en silencio. Piense que está inspirando átomos de aire que han entrado y salido de un número incalculable de otras personas: comparte literalmente el elemento básico de la vida con los demás hombres y mujeres. No haciendo más que respirar, experimentamos un momento dulce de intimidad en un mundo que puede parecer a veces enorme y solitario.

Hasta hace bastante poco en nuestra cultura, las prácticas de meditación se vinculaban siempre a algunas creencias religiosas de la filosofía oriental. Pero hoy en día la gente empieza a darse cuenta de que la meditación no es más que una técnica. Es una práctica que la ayuda a descansar y restablecerse, a comprender mejor su existencia y a estar presente. No se necesita ningún credo especial, estilo de vida o idea más amplia para beneficiarse de ella. Constato cada vez más que el interés por la meditación trasciende las barreras culturales, porque todos tenemos los mismos problemas.

Hablando claro, meditar significa concentrar la mente en un objetivo —ya sea la respiración, una palabra o incluso un objeto—, pasar luego a una percepción relajada de ese objetivo y, finalmente, deshacerse de él por completo para poder existir descansada y pacíficamente en un estado sin pensamiento y estimulación activos. Mucha gente pregunta: «¿Cómo es posible "no tener pensamientos" en la meditación?» Usted sigue teniendo pensamientos, pero no se aferra a ellos y en su lugar sigue regresando al espacio vacío, está meditando. En lo esencial, la meditación es una práctica de enganchar la mente para que sus pensamientos no corran desbocados y la lleven a donde ellos quieran. Cuando la mente se engancha suavemente, se puede soltar durante un rato —usted simplemente deja de usarla— y permitir que esa cualidad de conciencia más tranquila y más inefable asuma el control. Es entonces cuando todo su ser tiene ocasión de descansar y restablecerse.

Fisiológicamente, hay buenos motivos para realizar esta práctica. En mi tradición, el yoga Kriya, decimos que hacer más lenta la respiración es un modo de reducir la carga tóxica del cuerpo. Puesto que la actividad mental genera un pulso y una respiración más rápidos, cuando usted tiene muchos pensamientos todo el organismo debe trabajar más para liberar dióxido de carbono y tomar oxígeno. Los niveles de actividad en el cuerpo se mantienen elevados. La meditación permite que el cuerpo baje de esos niveles altos durante cierto espacio de tiempo cada día. Ofrece alivio al ser tan mental y físicamente activa.

En el sueño, usted podría pasar la mayor parte de la noche soñando con una mente activa; por eso quizá despierte por la mañana sintiéndose muy cansada. La meditación ayuda a su mente y su cuerpo a sumirse en un nivel más profundo de descanso para que después se sienta renovada y recuperada. Una práctica regular la ayudará a tener más energía en su jornada y a dormir mejor por la noche, lo cual es fundamental para alcanzar un bienestar continuo. (También es clave para estar delgada: dormir demasiado poco da lugar a trastornos en el nivel de las hormonas que controlan el apetito, haciendo que tenga más hambre.)

Hay quien dice que la sensación de la meditación es parecida a ese momento entre el sueño y la vigilia; usted se siente cómoda y tranquila sin esfuerzo, pero consciente de todo aquello que siente. Cuando esta práctica se convierta en una constante en su vida, comprobará que sus beneficios llenan su espíritu, no sólo su cuerpo. Podría sentir que una gran alegría mana de dentro. Cualquier deseo extremo de estimulación externa, entretenimiento y distracción empieza a disiparse; las adicciones pierden su influjo, y usted se siente más realizada. Esa sensación de armonía en sí misma —cuerpo, mente y alma coexistiendo en vez de luchar por la supremacía— es uno de los mayores dones que ofrece esta práctica.

Pero, para empezar, la meditación consiste en adquirir el hábito simplemente de guardar silencio y descansar el cuerpo y la mente. Mi amigo y colaborador en la serie de DVD *Yoga Now,* Rodney Yee, dijo que considera el yoga un lujo porque le permite ir a un lugar de su psique y de su cuerpo al que no puede acceder en ningún otro momento durante el día.

CREAR SU PROPIA PRÁCTICA

CUÁNTO: En meditación, es bueno empezar con poco. Si es usted una personalidad de tipo A que cree que cuanto más tiempo haga algo mayor recompensa obtendrá, controle ahora esas tendencias. La mayoría de la gente comienza tratando de sentarse demasiado tiempo, y entonces, cuando no obtienen resultados inmediatos o se distraen o se sienten incómodos, lo dejan. En este programa se sentará tres minutos al día durante la primera semana, cinco minutos la segunda, siete minutos la tercera y diez minutos o más —hasta veinte minutos, si le sienta bien— la cuarta semana.

CUÁNDO: En lo que respecta a cuándo hacerlo, depende de usted. Mucha gente está más fuerte por la mañana después de despertar, antes de que los pensamientos de la jornada hayan empezado a inundar su mente. Hacer unos minutos a primera hora —antes de que haya desayunado o tomado cafeína— pondrá perfectamente en marcha su jornada. (Resulta especialmente bueno si la espera un día ajetreado.) Pero, si no le sienta bien, podría darle resultado hacerlo por la noche. Hay quien dice que meditar antes de acostarse lo activa demasiado para dormir; tendrá que experimentar con distintas horas del día para ver cuál es la que más le conviene. (No olvide la opción de hacerlo al mediodía o entre el día y la noche.) En última instancia, debería tender a meditar a la misma hora y en el mismo sitio cada día. Como con cualquier ritual, el poder proviene de la regularidad y la repetición.

CONSEJO. Meditar después de una sesión de ejercicio puede resultar especialmente intenso, porque su cuerpo ha tenido ocasión de relajarse y quemar el exceso de energía. Para cuando haya terminado una marcha o una práctica de yoga, su cuerpo está ansioso por descansar y restablecerse, haciendo la transición a un estado meditativo todavía más fácil. Aunque habitualmente haga meditación por la mañana o por la noche, intente realizar una breve sesión sentada después de un entrenamiento, por lo menos una vez a la semana, y vea cómo le sienta.

DÓNDE: Busque un espacio en su casa que esté tranquilo y despejado. Aun con los ojos cerrados, notará si se encuentra en un espacio alterado y desordenado, y eso la inquietará. Pruebe varias habitaciones de su casa para ver cuál le sienta mejor. Si su dormitorio es su refugio, puede ser un lugar excelente para meditar, pero no se acomode demasiado en la cama porque podría dormirse. Pruebe a sentarse en el borde de la cama, o llevar una silla a la habitación. La luz debería ser tenue, no intensa. Cierre la puerta para saber que no le molestarán y desconecte o apague teléfonos y medios de comunicación.

FIJE SUS LÍMITES: Si vive en una casa muy poblada, puede ser un reto dar con el espacio y el silencio que necesita. Es importante pedir silencio. Suponiendo que usted respeta las necesidades de los miembros de su familia (o compañeros de piso), ellos deberían respetar que necesita estar sola unos minutos y procurar mantener bajo el nivel de ruido en el resto de la casa. Yo soy estricta al respecto con mi propia familia. Solemnemente anuncio: «Voy a meditar», y me retiro a mi dormitorio. Parece que mis hijas mantienen su música a un volumen razonable en el piso de abajo y no vienen a buscarme hasta que he terminado.

CONSEJO. Usar auriculares puede resultar útil si hay demasiado ruido dentro o fuera de la casa. Los auriculares no amortiguan todos los sonidos, pero mitigan el ruido para que pueda centrar su atención en su interior; para mí, es una experiencia casi uterina, escuchando el interior de mi cuerpo y sumiéndome luego en la meditación. Sin embargo, no se vuelva adicta a usar auriculares porque uno de los principales aspectos de una práctica consiste en ser capaz de acceder a su calma interior cuando hay actividad a su alrededor. Tenga por seguro que, aunque al principio los sonidos del canto de los pájaros o los coches que pasan la vuelvan loca, aprenderá a no reparar en ellos.

HIJOS PEQUEÑOS: Si es usted la única cuidadora de sus hijos y son demasiado jóvenes para dejarlos solos, intente invitarles a guardar silencio con usted. Trate de usar la vieja técnica: «Ahora mamá está haciendo lo que ella quiere y después haremos lo que tú quieras.» Cuando mis hijas eran pequeñas, las hacía sentarse en la esterilla conmigo durante unos minutos y practicar el guardar silencio. Muchas veces se dormían, lo cual era estupendo. Otras veces se desmandaban: me contaron más tarde que se divertían haciendo expresiones ridículas delante de mis narices. Si sus hijos son muy pequeños, resultará más difícil. Intente realizar su sesión mientras hacen la siesta o, si eso no es posible, saque unos momentos sentada junto a su cuna o su parque y acepte sus ruidos sin sentirse frustrada.

Método:

Postura

Siéntese en el borde de una silla sin recostar el trasero contra el respaldo. (Apoyar toda la parte posterior de su cuerpo puede relajarla demasiado para concentrarse.) Mantenga ambos pies bien plantados en el suelo; sienta la tierra debajo de los dedos de los pies y los talones, sienta su columna vertebral recta. Mueva el cuello y los hombros hasta notar que su torso está situado directamente sobre sus caderas, descargando el peso sobre la silla. Las manos pueden descansar sobre los muslos junto al pliegue de las caderas, con las palmas suavemente abiertas hacia arriba. Intente colocar las manos cómodamente sin tensión. Al principio quizá quiera sostener un reloj en la palma de su mano para consultarlo durante la práctica. No utilice un despertador para fijar su tiempo de meditación; es innecesariamente discordante. No tiene que cumplir el tiempo a rajatabla.

Para empezar, extienda una mano delante de su cara a unos sesenta centímetros de su nariz y fije la mirada en el índice. Siga su dedo mientras éste se mueve hacia la nariz hasta cruzar los ojos cuando se acerque mucho, y luego cierre los ojos. Esto centrará su atención en el punto entre sus cejas, y el efecto es vaciar muy suavemente su cabeza. Este punto entre los ojos es el espacio vacío, y está siempre disponible para devolver su atención a él. Cada vez que empiece a pensar y a estar demasiado activa mentalmente durante la sesión, devuelva su conciencia a ese espacio vacío entre los ojos.

Comience la sesión inhalando por la nariz mientras cuenta hasta ocho, contenga la respiración contando hasta ocho y luego suéltela al llegar a ocho, hasta que sienta que su respiración se calma y encuentra un ritmo lento. Después simplemente empiece a respirar suavemente sin fuerza, una respiración natural. Invite a la mente a guardar silencio. Respire y tranquilícese; incluso puede hablar despacio consigo misma, como si detuviera el cuerpo.

Mientras respira, fíjese en si nota resistencia física. ¿Se crispa su cuerpo, está tenso, combate la postura inmóvil? No adapte su postura; manténgase inmóvil. Luego repare en cómo su mente quiere literalmente hacerla trabajar. Pensamientos como «¡Levántate ahora mismo y limpia esa mancha en la alfombra!» o «¡Hum!, ¿me queda suficiente mantequilla para la cena?» pueden abrirse paso. La mente quiere que empiece a hacer algo; pero limítese a advertir a ese pensamiento, dígale que se vaya y observe cómo se disipa. Verá cómo esa idea pierde su urgencia. Si es lo bastante importante, la recordará más tarde con tiempo suficiente para ocuparse de ella. Los pensamientos seguirán llegando, y usted seguirá teniendo que preguntarles si es verdaderamente importante y decirles que ya se ocupará de ellos después.

Mientras inhala y exhala de forma natural, permítase percibir cómo se siente por dentro. No piense en ello, sólo observe qué está pasando en su cuerpo y permítase sentirlo todo. Imagine que sigue su respiración en un viaje al interior de sus fosas nasales, a través de la tráquea y hasta los pulmones. Visualice el aire tan ligero que accede a la corriente sanguínea y sube y baja por su columna vertebral, que es su fuente de energía y poder. Mire si puede dirigir su respiración, guiando su camino dentro de su cuerpo y su mente. En cualquier lugar donde sienta incomodidad, imagine que la respiración ablanda esa energía obstruida hasta que se convierte en una suave corriente de agua que se pierde en la nada. Lleve su respiración a través de todo el cuerpo y siga rompiendo los bloqueos imaginando que se convierten en agua o quizás en polvo que desaparece. Ahora devuelva su conciencia a ese espacio vacío entre los ojos y limítese a respirar tranquilamente. Mire si puede disfrutar de un período sin pensamientos ni sensaciones físicas. Al cabo de varios minutos, devuelva su conciencia a su cuerpo y al mundo físico que la rodea. Siéntese durante unos momentos reparando en sonidos y sensaciones, y después abra lentamente los ojos. También puede llenarse de una maravillosa sensación de paz.

Si existe un pensamiento persistente que no deja de distraerla o un problema que su mente quiere resolver y que le impide estar tranquila, imagine que coloca ese pensamiento en una bandeja delante de usted. Póngale una caja, un envoltorio de colores y un lazo y pida a su yo interior —el que se toma sus intereses verdaderamente en serio— que se lleve la caja y vuelva a usted en algún momento posterior con una solución. No pregunte cómo quiere que se manifieste, pero dígase que confía en que recibirá orientación en el momento adecuado y cuando tenga mayor repercusión. Lo más seguro es que ese pensamiento u obsesión haya absorbido ya tanto tiempo suyo de reflexión que ha agotado sus posibilidades conscientes. Así pues, mandarlo lejos no es ser irresponsable; está entregando el pensamiento o el problema a su intuición y guía interior, esa parte de usted que sabe qué hacer. Ríndase a la idea de que la resolución llegará de forma natural en algún momento del futuro, siempre y cuando deje de controlar la necesidad de conocer la respuesta ahora.

Si existen sensaciones marcadas en su cuerpo que reclaman su atención y hacen que le cueste trabajo concentrarse en ese espacio vacío entre sus ojos, trate de concebir un límite imaginario alrededor de la parte de su cuerpo que experimenta sensaciones. Precíntela visualmente, imagínela rodeada de una cinta de colores o un haz de luz, sepa que puede abandonarla sin peligro y devuelva su atención al espacio vacío entre sus ojos. Las sensaciones en su cuerpo no son malas; no se enfade por tenerlas. Es bueno observarlas. Lo que debe evitar es tener una reacción emocional a la sensación, que puede desencadenar entonces ese molesto flujo de pensamientos. («Vuelve a dolerme la cadera. [...] ¡Cielos, me estoy haciendo vieja! [...] ¿Qué he hecho con mi vida?») Si siente verdadero dolor debido al modo en que está sentada, debería moverse. Pero, si no es más que incomodidad, intente «precintarla» y sepa que su cuerpo estará bien durante unos minutos sin que piense activamente en ello.

En meditación, ceder el control de la experiencia es clave. Yo consulté el reloj durante mucho tiempo. Siempre quería saber cuánto tiempo llevaba allí sentada. ¿Había hecho lo suficiente? ¿Acertaba a adivinar cuántos minutos habían pasado? Pero a la larga empecé a saber instintivamente cuántos minutos llevaba sentada y pude dejar de mirar el reloj. Todo el proceso comenzó a requerir cada vez menos esfuerzo.

Dicho esto, en la práctica de la meditación hay implicadas ciertas dosis de perseverancia. Unas veces obtengo una maravillosa sensación de tranquilidad y serenidad después, y otras veces nada. Nada de nada. Mi viaje con la meditación me ha enseñado aceptación porque he tenido que aceptar las sesiones corrientes junto con las sensacionales. Tengo tendencia a aspirar siempre a la mejor sesión, con los resultados más efectivos, y a estar insatisfecha con los ordinarios. Pero he aprendido a seguir apareciendo y confiando en la práctica, porque en su mayor parte el resultado se experimenta después de la sesión, cuando estoy más tranquila y más libre

Cuestiones de compromiso

El verdadero beneficio de la meditación llega cuando se practica a diario. Pero recuerde que en el origen de todas las prácticas de mente tranquila está la amabilidad. Si no tiene tiempo para sentarse u olvida hacerlo, no se regañe por echarlo a perder. Reconozca que algunas veces eso no va a ocurrir. En primer lugar, libérese de la resistencia y la frustración, y luego piense de qué otro modo puede conseguir tiempo para tranquilizar la mente. Como en el caso del ejercicio, encontrar el equilibrio en una vida ocupada puede significar improvisar. Sea creativa y amable consigo misma, y encuentre la salida en las cosas que tiene que hacer. Considere el doblar la colada como una meditación; imagínese la limpieza de la casa como su marcha a pie. Dígase: «Esto es mi paseo de hoy. Esto es mi meditación de hoy.» Traslade la misma intención y mente tranquila a esas tareas, y sepa que no se está saliendo del camino.

de estrés en mi vida diaria. Es ahí donde reside lo extraordinario. Además, confío en ella porque he visto cuánto me ha transformado. Y de vez en cuando hay un avance durante la propia sesión, como ocurre con el ejercicio físico cuando de repente correr resulta fácil y libre. Siento que una energía se desplaza por mi cuerpo, alcanzo un nuevo nivel de percepción sobre mí misma y digo: «¡Muy bien, de modo que en esto consiste!» Debo admitir que esos momentos me resultan muy emocionantes.

CONSEJO. Llevarlo más lejos: no le hará ningún daño estar sentada más tiempo. Para las principiantes, entre cinco y treinta minutos es beneficioso. Si se siente concentrada y despierta y está haciendo la práctica con entusiasmo y no porque piense que debe hacerlo, siga más tiempo. No le vendrá mal estudiar los efectos.

■ ■ ■

YO NO SOY UNA GRAN MEDITADORA. No siempre me resulta fácil, pero soy disciplinada, de modo que medito a diario sin reparar en cómo me siento. Y las más de las veces lucho con mis pensamientos y a menudo con mi cuerpo. A veces estoy incómoda; pero, si persisto, por lo general supero la incomodidad y accedo a un estado de calma profunda. Constato que me resisto a creer que pueda sentirme tan bien, tan cuidada o rodeada de tanto amor y alegría. La capacidad de recibir es la más difícil para nosotras. Creemos que debemos ganarnos el derecho a tener alegría en nuestra meditación. Convertimos nuestra creencia en «¡Es difícil!» porque en el fondo, al menos yo, estoy pensando que si sienta tan bien no me lo merezco. Pero tenemos la alegría y la curación a mano. Están a nuestro alrededor; no distamos nunca mucho de nuestra paz y alegría o amor y dicha.

Personalice su práctica

No hay una forma correcta o errónea de meditar, pero existen otros elementos que puede llevar a su técnica para ayudarla. Con el tiempo la mayoría de la gente da con el tipo de práctica que más le conviene. Puesto que este programa consiste todo en experimentación, plantéese probar algo de lo siguiente:

MÚSICA. La música relajante, sobre todo si ha sido compuesta específicamente para favorecer la meditación, puede ser muy útil en la fase inicial. No deje que se convierta en un apoyo porque a la larga deberá apartarse de la música y acostumbrarse a permanecer en silencio, pero puede ser una forma muy agradable de empezar. Busque CD y emisoras de radio en Internet dedicados al new age, ambiente y géneros clásicos.

EL CÁNTICO se utiliza también en muchas prácticas de meditación. Un gran maestro es el doctor Dharma Singh, que vende CD de cánticos en su sitio web. Considero el cántico algo distinto a escuchar música; es una forma intensa de concentrar la mente y procurarse curación física y mental. Es poderoso en su capacidad para transformarnos.

MANTRA. Usar un mantra puede ayudarla a estar concentrada y relajada. Un mantra es una palabra o frase que se repite mentalmente en voz baja para ayudar a concentrar la atención. Puede ser cualquier palabra o palabras que la inspiren, aunque dos sílabas son útiles, ya que confieren cierto ritmo a su práctica. Personalmente creo que las palabras orientales tienen un mejor ritmo como mantra: la frase sánscrita *Om shanti* significa, básicamente, «Paz, paz». (*Om* se considera el sonido original del universo; *shanti* designa la paz.) Si la palabra «amén» o cualquier otra con significación espiritual la conmueve, pruébela.

CONTAR. Si le cuesta mucho mantener la mente callada durante la meditación, pruebe esta técnica. Mientras respira, empiece a contar mentalmente del uno al diez a ritmo lento. Cada vez que aparezca un pensamiento, vuelva a iniciar la cuenta en el «uno». Puede que al principio no pase de «dos» o «tres» antes de regresar a «uno». Hágalo con suavidad y sin expectativas, y limítese a concentrarse en el sonido de las palabras en su cabeza. Deje que su cuerpo se sumerja en una conciencia relajada.

MEDITACIÓN CON LOS OJOS ABIERTOS. Un método alternativo para concentrar la conciencia es mirar un objeto delante de usted con una mirada levemente concentrada. Podría ser una flor, un cuadro, una vela o cualquier otro objeto hermoso que le agrade. No lo mire enérgicamente; deje que sus ojos se posen en el objeto y limítese a verlo. Evite los pensamientos activos acerca de su aspecto o su significado. Devuelva la conciencia a su color y forma una y otra vez.

> **D**ESE EL GUSTO: *Un cojín, asiento o banco para meditación puede hacer su práctica más cómoda y especial (véase Índice de productos).*

Creo que, en última instancia, descubrirá aquello que hará que su experiencia de meditación le dé resultado. Es un proceso de descubrimiento. Esta práctica es experimental por naturaleza: cada vez que se siente, observará cómo responde hoy. Si esta técnica básica la incita a aprender más, es sencillo ir a mirar escaparates espirituales. Asista a clases o talleres, o alquile algún DVD o CD que enseñen distintos tipos de meditación; también podría buscar un tipo concreto de práctica de yoga que le convenga. Diferentes tipos de meditación tienen efectos distintos; unos son más energéticos, y otros más tranquilizadores. No todo el mundo considera la meditación sentada tan atractiva como yo. A algunas les resulta más fácil relajarse y concentrar la mente en movimiento. Si éste es su caso, entonces las artes curativas chinas del qigung y el tai chi, que combinan movimiento físico, mente tranquila y una percepción de la energía, pueden atraerla. Sin embargo, su exploración puede comenzar con unos minutos al día sentándose en silencio. Comprométase a ello durante treinta días y vea adónde la lleva.

Existe una faceta de la meditación que está fuera del ámbito de la racionalidad y la lógica científica. Cuando sienta la paz, vea si puede sentir más que eso. Quizá descubra también una alegría intensa, o algo más. La alegría está ahí; permítase sentirla. Creo que, cuando usted entra en contacto con la alegría en sus momentos más tranquilos, está sintiendo amor incondicional. Podría considerar que proviene de su creencia en Dios o de su propio yo, o de su devoción por Jesús, Mahoma o quizá simplemente la Madre Naturaleza. Venga de donde venga ese sentimiento, es suyo y está ahí para curarle y quererle. Deje que surja e inunde todo su ser. Ésta es la principal ventaja de la meditación: que abandona buena parte del ruido y la confusión que le impide ser amable consigo misma y experimentar los mejores sentimientos internos. Me gusta la idea de que todos somos iguales a ojos de Dios y de que, sean cuales sean nuestras creencias, lo que todos queremos es regresar a ese gozo ahora y al final de nuestra vida. Encontrar paz, dicha o amor en nuestro interior no tiene color ni religión. No hay necesidad de definirlo. Es como su gusto a la hora de decorar su casa: siga aquello que la haga sentirse cómoda, lo que la haga sentirse tranquila y querida.

Mi sentido de dios se manifiesta más intensamente en la naturaleza. Tengo que salir fuera y oler y percibir el aire; de lo contrario, no me siento estable. Pero todas podemos encontrar algo que nos proporcione esa sensación de hogar interno, el lugar que está siempre presente y nos alimenta en todos los sentidos. No tiene por qué ser una creencia en un dios o una figura religiosa; el guía interior está siempre ahí, esperando a que se reúna con él en silencio.

Paso 4
La herramienta eléctrica silenciosa

PREGUNTA: ¿QUÉ MEJORARÍA MÁS SU CALIDAD DE VIDA: ESTAR MÁS OCUPADA Y SER MÁS PRODUCTIVA, O COMPRENDERSE A SÍ MISMA, RELACIONARSE MEJOR CON SUS SERES QUERIDOS Y ENCONTRAR ALEGRÍA EN LO QUE YA TIENE A SU ALREDEDOR?

GUARDAR SILENCIO por dentro intervendrá en su vida diaria y en sus relaciones de maneras profundas. El silencio tiene una fuerza sutil. Cuantos más momentos silenciosos introduzca en su vida, más manifiesta su importancia. Aprender a detenerme y reflexionar en silencio antes de actuar me ha permitido acceder a reservas de paciencia y compasión que ignoraba tener. Soy más paciente y compasiva con mi familia, e infinitamente más paciente y compasiva conmigo misma.

Por eso este vacío —lo que no se puede ver ni tocar— tiene en el fondo el poder de transformar su vida. Si, de vez en cuando, en lugar de pensar o hablar, se limita a observar y fijarse, crea un espacio de campo abierto en el que pueden sorprenderla nuevas constataciones. No existe ninguna fórmula ni ecuación para esto; llamémoslo crecimiento. Sin embargo, así como sentarme a la orilla de ese río siendo niña me ayudó a oír nuevos cantos de pájaro, vivir mi vida de una manera más consciente y silenciosa como adulta me ayuda a descubrir nuevas facetas de mí misma. El ruido ocasiona verdaderamente confusión; cuando estamos ocupadas y tenemos prisa, nos precipitamos hacia delante y nos perdemos los matices de nuestra historia, la comprensión de nuestra conducta y nuestras pautas. Y a veces nos perdemos lo más evidente, así como temas importantes. Es como recorrer un museo mirando de cerca todos los cuadros impresionistas y quejarse después de que no muestran nada. Sólo con que aflojáramos la marcha, retrocediéramos y los miráramos de lejos, veríamos cada escena con claridad y comprensión. A veces, para ver lo que tenemos delante de las narices hay que distanciarse un poco.

En cuanto empiece a adquirir el hábito de mirar antes de reaccionar, podrá cambiar en un nivel profundo. Respirar con calma, meditar y suprimir proactivamente la respuesta al estrés son todas técnicas que la ayudarán a cultivar un grado saludable de objetividad y adquirir cierta lucidez. Usted deja de conectarse con los síntomas de vida —los dramas y los altibajos cotidianos— y evita dejarse llevar en ese viaje enloquecido por sus emociones. Si su estilo es remover dramas cotidianos —encaminarse hacia los problemas, profundizar en ellos y tratar de arreglar los malos sentimientos con todas sus fuerzas—, guardar silencio la ayudará a distanciarse de esos dramas. El silencio la ayuda a ver la verdad de lo que ocurre ante usted, no cualquier historia que haya puesto encima de la situación por hábito emocional.

Si, cuando las cosas se agitan o se vuelven desagradables a su alrededor, deja de reaccionar por un momento y se hace muy presente en su cuerpo —respire, cierre los ojos, guarde silencio—, se dará cuenta de que en realidad no está atrapada en las circunstancias ni está definida por sus emociones. Usted es usted, y las circunstancias que ocurren son sencillamente hechos que suceden a su alrededor. ¿Y esas emociones que la atraviesan intensamente? Tampoco son usted. Son olas de energía temporales que habrán cambiado en una hora. Cuando usted guarda silencio, puede volver a conectarse amablemente con la que está siempre ahí, sean cuales sean las circunstancias del momento: una mujer tranquila, competente y segura de sí misma.

Eso significa distanciarse: usted se convierte en observadora de su propia vida, capaz de ver desenvolverse los dramas delante de usted en vez de quedar atrapada dentro de ellos. Casi testigo de su propia conducta, puede observar cómo actúa en el contexto de su familia, su carrera o sus amigos, y fijarse en cómo podría repetir habitualmente ciertos comportamientos o pautas que ya no le sirven. Puede entender algo mejor de dónde vienen esas pautas: quizá su educación o sus padres se las inculcaron, y no son válidas para quien ahora es usted. No es infrecuente sentirse aprisionada por malos hábitos, pero lo cierto es que, en cuanto una observa sus pautas, a menudo puede abandonarlas. Con un grado saludable de objetividad llega la percepción de que los malos hábitos no están más adheridos a usted de lo que el lápiz que sostiene está pegado a su mano. Se da cuenta de que tiene una opción: a menudo puede simplemente deshacerse de los pensamientos o emociones que le impiden estar todo lo alegre y sana que quiere.

Durante años, como ya he dicho, me sentí atrapada con la carga de mis primeras experiencias y el miedo a mi legado familiar. Mis prácticas silenciosas me ayudaron a tomar conciencia de quién soy de un modo mucho más profundo; soy algo más que las circunstancias de mi educación. Era capaz de separarme de mi historia viendo que no era más que una serie de recuerdos y que éstos no están pegados a mí...

ni en realidad pueden hacerme daño, por dolorosos que parezcan. Para llegar hasta aquí, tuve que entender mi conducta y aceptarla y luego preguntarme amablemente si podía cambiar ciertos hábitos, tan suavemente como dejar caer un lápiz de mi mano. Encontrar la autoaceptación fue una epifanía, el comienzo del viaje para llegar a ser una persona equilibrada y consciente. Aceptar quien eres es el principio de la curación; y también el inicio de la capacidad para librarte de lo que ya no te sirve en la vida.

■ ■ ■

COMO OTRAS MUCHAS PERSONAS, a menudo caía en viejas pautas de conducta. Con los años, llegué a creer que siempre debía de haber hecho algo para meterme en problemas y que las cosas eran culpa mía. Ahora entiendo que esa creencia provenía de mi infancia. Nadie me explicó nunca por qué mi familia era tan infeliz; lo único que sabía era que llevábamos nuestras comidas gastronómicas a la sala de televisión y que mi padre salía mucho a pescar. No sabía que los problemas de mis hermanas con las drogas provocaban grandes desavenencias en el matrimonio de mis padres y que la ira de mi madre hacia mi padre se debía a que se sentía abandonada por la temprana muerte de su primer marido. Los hijos que crecen con esta clase de tensión en casa suelen creer que, de alguna manera, es culpa suya. Quizá yo no era todo lo buena que podía, y por lo tanto era *hasta cierto punto la causa de su dolor y sus problemas.* Había empezado a dormir al lado de mi madre cuando contrajo el cáncer para cuidarla por la noche, y al hacerlo me di cuenta de que mi padre no estaba allí. Me culpaba por eso, pero estaba demasiado asustada para dejar de estar al lado de mi madre porque, en el fondo, temía que se muriera.

Deposité tanta culpa equivocada en mí misma a tan temprana edad que el hábito de creer que soy la causa de toda la discordia en la vida arraigó en mí. Y todavía juega su papel tres décadas después; cada vez que advierto tensión con mi marido, tengo el hábito de preguntarle: «¿Estás bien? ¿He hecho algo?» Pero la diferencia es que ahora la contemplación y el silencio ayudan a romper esa pauta. Cuando empieza a aparecer ese pensamiento o asoman esas palabras en mis labios, me detengo, guardo silencio y me hago una pregunta. En vez de incurrir en una vieja reacción, pregunto: «¿Es esto cierto?» Al tomarme un momento para guardar silencio, encuentro mi armonía y por lo general me doy cuenta enseguida de que no todo tiene que ver conmigo; la tensión proviene de una causa completamente distinta. La mejor respuesta que tengo ahora a la tensión consiste en romper los pensamientos negativos formulando esa pregunta, y luego llevar aquellos pensamientos que todavía puedan asediarme a mi rincón de meditación. Me sumo en un silencio sentada, y durante mi sesión respiro y observo cómo los pensamientos se disipan y pierden su influjo. Es así como reciclo mis sinapsis y trabajo hacia mi libertad personal.

En estos momentos de silencio, soy capaz de verme en la situación y observar que estoy reaccionando a mi infancia y no a la experiencia que tengo entre manos. Otras veces observo que estoy actuando como lo hacía mi madre, frustrada o incluso resentida por la boba exuberancia de mis hijas, porque cuando eran jóvenes tenían una libertad de expresión que yo nunca tuve a su edad. Me enfurecía con ellas por reírse tontamente a la mesa, envidiosa de su espíritu despreocupado. Ese momento acababa siempre por hacerme llorar, odiándome por actuar como Jekyll y Hyde: ora afectuosa, ora hipercrítica. Cuando ocurre esto, detengo mi reacción preguntándome en silencio: «¿Es esto cierto? ¿Así soy realmente?», y recuerdo que ya no soy la hijita de mi madre y que sus hábitos no tienen por qué ser los míos. En lugar de ser una mujer desgraciada, como lo fue ella, puedo permitirme disfrutar de mis hijas. Logré ser mejor madre cuando constaté por fin que mis reacciones a la conducta juguetona de mis hijas se basaban en mi infancia, no en quien soy. En el silencio de la observación, cambio las pautas de mi vida.

■ ■ ■

BUENA PARTE DE MI EQUILIBRIO PERSONAL deriva de mi hábito de observar la vida tal como se desarrolla. He comprobado que es de hecho una práctica, algo que una debe hacer de manera continua. Cuando practico el estar lo más silenciosamente presente que puedo durante los momentos ordinarios de mi vida, como levantarme por la mañana temprano, bajar las escaleras, dar de comer a los perros, mirar qué día hace, preparar el té, etc., aumento mi capacidad para ver qué ocurre en situaciones más complejas en las que mis emociones amenazan con complicar el asunto que tengo delante. Practicar la conciencia plena en momentos ordinarios del día puede hacer de toda su vida una meditación continua. Es un excelente ejemplo de llevar la paz y la conciencia desde la esterilla de yoga al mundo real.

CONCIENCIA PLENA

Un principio sencillo aplicable a todo lo que haga, ya sea trabajo u ocio: puede retirarse de la tarea que tiene entre manos y hacerla con la mitad de atención, o bien dedicarle toda su atención. Cuando usted practica lo segundo, destinar toda su mente a la tarea que realiza, recapacita el cerebro para que permanezca en la experiencia presente y detiene el hábito de perderse en pensamientos tangenciales. Este estado de concentración silenciosa se conoce como «conciencia plena» y, cuando la desarrolla de formas modestas a lo largo de su jornada, es un remedio excelente para la sensación de agotamiento que puede provenir de una ocupación y multitarea constantes. Cuando simplemente puede devolver su atención a la acción que está llevando a cabo aquí y ahora, liberarse del monólogo interno que discurre sin cesar y no hacer caso del impulso de pasar a una nueva tarea, se está enseñando a permanecer en el presente. Ésta es la esencia de todas las prácticas meditativas. Me gusta cómo lo expresa mi amigo, el autor y profesor Hale Dwoskin: «Haga lo que esté haciendo cuando lo hace; no haga lo que esté haciendo cuando no lo hace.»

Parece un tanto absurdo decir a los adultos que tienen que aprender a prestar atención a lo que hacen: ¿no lo oímos lo suficiente en la escuela primaria? La verdad es que debemos volver a aprenderlo. Nos hemos acostumbrado demasiado a hacer cien cosas a la vez y, por lo tanto, a no hacer ni una sola cosa bien. De hecho, hacer muchas cosas con media atención en lugar de pocas cosas con conciencia plena sólo sirve para inquietarnos y volvernos menos eficaces, entre otras razones porque tenemos la sensación de que los trabajos sencillos no están terminados.

La conciencia plena consiste en confiar en la capacidad para hacer una cosa bien: comenzar una sola tarea, tomar conciencia de ella mientras la hace y terminarla con una sensación de satisfacción. Aun cuando se aplique a las actividades cotidianas más mundanas, la conciencia plena es tranquilizadora porque reduce el ritmo de la jornada, le permite hacer inventario de dónde está y refrena la sensación de vida desbocada que afecta a tantas mujeres: el temor de que nunca hemos hecho «lo suficiente» y el hecho de que estamos siempre persiguiendo una lista de quehaceres.

Para practicar la conciencia plena, se toman los componentes básicos de «Hacer ejercicio con intención» se aplican esas técnicas a las obligaciones cotidianas. Las tareas mundanas que usted hace a diario son un momento estupendo para practicar el estar aquí y ahora. Puesto que no debe pensar mucho en ellas, puede sumergirse en la experiencia.

Ejercicio: Conciencia plena doméstica

Esta semana, elija una tarea ordinaria que haga a diario de una duración bastante corta y que no requiera aptitudes activas de resolución de problemas. Podría ser lavar los platos, cepillarse los dientes, hacer la cama, cortar zanahorias (o cualquier faena de cocina repetitiva). Cada vez que la haga, empleará esos minutos muy intencionadamente para aflojar la marcha y sumirse en su mente tranquila. Tómese un momento antes de iniciar la tarea para afirmar la intención: «Estoy practicando cómo estar aquí y ahora.» Propóngase permanecer en la experiencia que la ocupa. Observe la situación que tiene ante sí (una cama sin hacer, un montón de verduras). Comience la tarea deliberadamente mientras practica las tres técnicas intencionales:

1. **FÍJESE EN SU RESPIRACIÓN.** La respiración consciente es su vía de acceso a estar presente en todas las actividades. No intente hacer nada sofisticado; simplemente dedique su atención al modo en que respira. Si nota que su respiración es rápida y superficial, ¿puede alterar el ritmo y hacer que sea un poco más lenta?

2. **OBSERVE** qué ocurre sin tener pensamientos complejos al respecto. Limítese a observar el aspecto, el tacto, el olor y el sonido de la experiencia: el color intenso de las zanahorias, el satisfactorio golpe cortante del cuchillo sobre la tabla de cortar. Repare en la sensación de sostener el cuchillo en su mano. Fíjese en cómo coloca su cuerpo y en el contacto de sus pies con el suelo. No inicie un diálogo interior al respecto; perciba todo lo que pueda acerca de la experiencia.

3. **HÁGASE UNA PREGUNTA** si advierte que sus pensamientos empiezan a desviar su atención de la tarea: «¿Puedo permitirme permanecer en la experiencia?»

Cuando haya terminado la tarea, aunque haya durado dos minutos, párese a observar qué ha cambiado de la situación ante usted (una cama recién hecha, una sartén llena de rodajas de zanahoria). Reconozca que ha completado su tarea satisfactoriamente.

En cuanto se sienta a gusto haciendo este ejercicio con una sola tarea al día, aplíquelo a otras cosas que puedan durar un poco más, como conducir hasta el trabajo, darse un baño o una ducha o jugar con sus hijos. (Jugar con su perro o su gato constituye un buen sustituto.) Todas estas experiencias cambian cuando empieza con un entorno exterior tranquilo, tiene la intención de concentrarse en la tarea o el juego antes de empezar y se traslada al presente una y otra vez durante todo el proceso. Desde luego, no se hallará en un estado concentrado todo el tiempo, ni siquiera durante la mayor parte del tiempo. Pero practique las tres técnicas y fíjese en los breves momentos en que sus pensamientos sobre qué otra cosa debería estar haciendo menguan y usted entra en la corriente de la experiencia. Realizar actividades cotidianas de este modo consciente es una forma de meditación continua. La cualidad de la experiencia aumenta: usted acepta la vida tal como es ahora y obtiene más placer de ella (como sus hijos, sus perros y gatos). Y es un bálsamo para una mente inquieta o dispersa.

Un modo de aflojar la marcha y estar presente durante la jornada consiste en designar algo como un catalizador de conciencia plena. Este sencillo ejercicio la ayuda a comprobar las tendencias a la prisa y el estrés.

Ejercicio: Catalizador de conciencia plena

Durante un día, convierta un sonido o una imagen ordinarios en su recordatorio para respirar. Podría ser el timbre del teléfono o cada vez que llegue (y se detenga) ante un semáforo en ámbar mientras conduce. Podría ser cada vez que llega un e-mail. O bien cada vez que sus hijos le preguntan algo. A cada ocasión en que se active el catalizador, respire hondo antes de responder, moverse o actuar. Responda sólo después de respirar. Si nota resistencia a hacer una respiración lenta e intencionada, fíjese en los sentimientos que la impulsan a contestar al teléfono al primer timbrazo, a acelerar cuando el semáforo se pone en ámbar o a consultar el correo electrónico enseguida. ¿Por qué apresurarse a responder más rápido debería mejorar la experiencia? ¿Puede liberarse de aquello que la insta a correr?

REALIZAR LOS QUEHACERES DOMÉSTICOS no es mi forma preferida de pasar una tarde. Pero a veces, si estoy haciendo la cama, pienso: «¿Sabes qué?, estoy haciendo un favor a mi familia y quiero hacerlo bien.» Me concentro profundamente en la tarea que tengo entre manos y abandono mi monólogo interior, y esto cambia mi actitud. Pierdo la resistencia a la actividad y encuentro cierto placer en la silenciosa armonía de mi mente y mis acciones, ambas cosas concentradas en el mismo objetivo. Retirar las sábanas, alisarlas, sacudir las almohadas y remeter la ropa de cama. Soy capaz de usar ese momento como un momento de descanso y calmarme respirando. En el caso de las mujeres trabajadoras que llegan a casa del trabajo y luego tienen que ocuparse de la casa, realizar los quehaceres domésticos como una práctica de meditación continua les aporta una nueva clase de beneficio. Usted limpia su mente y su espíritu al tiempo que limpia su casa.

En elogio de los hobbies de tecnología poco avanzada

Entrar en la corriente del momento es más fácil cuando usted hace cosas que le gustan. Actividades que pueden parecer monótonas para algunas, como coser, hacer punto, cuidar del jardín, pintar o hacer trabajos en la casa pueden ser formas maravillosas de practicar la conciencia plena, porque hacen que se concentre en una sola tarea a la vez que efectúa una acción repetitiva con su cuerpo. Como quizás ha descubierto caminando con intención, cualquier actividad física repetitiva puede serenar la mente y generar un ritmo hipnótico que la mantiene implicada en el momento presente. Nuestros antepasados lo sabían por instinto: mi abuelo materno era conocido como «Tallapalillos», porque hallaba consuelo tallando madera y disfrutaba sentado solo durante horas mientras trabajaba con las manos. Pero nos hemos concentrado tanto en los extremos de los pasatiempos de acción intensa, por un lado, o de la contemplación pasiva de la televisión, por otro, que a veces subestimamos el valor de pasatiempos que están en medio y permiten una concentración mental silenciosa y suave. Estos tipos de hobbies repetitivos pueden permitir a las ondas beta activas en el cerebro aflojar la marcha y dejar paso al modo de ondas alfa relajadas... y posiblemente incluso a ondas zeta, a las que se accede mediante meditación profunda y oración. Vale la pena plantearse la pregunta la próxima vez que se disponga a relajarse con algún entretenimiento al final de la jornada: ¿podría relajarse con un hobby tranquilizador?

■ ■ ■

DE LA CONCIENCIA PLENA proviene la comprensión. De la comprensión se derivan la amabilidad afectuosa y la compasión. Cuando usted es plenamente consciente de sus relaciones, sabe escuchar mejor. También le hace asumir más responsabilidad de sus acciones, porque son intencionadas, no fortuitas.

Así es como esta práctica se convierte en una herramienta tan capacitadora; porque la clave de convivir con éxito con otras personas, como su pareja o sus hijos, reside en asumir la responsabilidad. Son su vida y sus pautas, y una vez que entiende que sus pautas fueron creadas (quizá por su educación o quizá por usted), también comprende que puede cambiarlas. Ese conocimiento conlleva la responsabilidad de mejorar su actitud cuando resulta inoportuna. Es una inversión del modo normal de enfrentarse a las dificultades. En lugar de desear que su pareja no fuera un gilipollas o sus hijos no fueran tan pesados, se concentra en sí misma. Porque lo bueno —y el reto— consiste en que, en el fondo, el único control que detenta es sobre su propia actitud. En vez de «¡Cambia mis circunstancias!», el ruego silencioso debería decir: «¡Cámbiame!» En vez de sentirnos frustradas por los defectos de la otra persona, podemos reconocer: «Tengo un problema, de modo que es mejor que me siente allí y me tranquilice.» Sea lo que sea lo que la otra persona haya hecho para volverle loca, no hace más que exhibir sus propias pautas, y seguramente usted no va a cambiarlas mediante una discusión. Por eso cuando las cosas se vuelven tensas en mi casa, me retiro a meditar o salgo a dar un largo paseo. En lugar de dar vueltas y más vueltas en una discusión, digo: «Déjame espacio para cambiar mi actitud», y me alejo para poder ver la verdadera causa de la tensión. Con el tiempo, casi siempre compruebo que puedo resolverlo y regresar sintiéndome mejor y más dispuesta a llegar a un arreglo.

Cuesta más trabajo y mayor esfuerzo hacer las cosas de este modo, pero rompe la tendencia perezosa a creer que somos víctimas de nuestras circunstancias. Incluso cuando mi matrimonio no es armonioso y no sé si puedo resolverlo, sí sé que si cambio mi actitud —aunque tenga «razón» sobre algo, o crea que la tengo—, el problema deja de tener importancia. Esta respuesta más amplia también mejora mi relación con mis hijas. Cuando su conducta no está de acuerdo con lo yo que creo que está bien, siempre me pregunto si debo o no cambiarlas a ellas o si puedo aceptar que son quienes son. Cuando mis hijas estaban en plena adolescencia, malhumoradas y a veces verbalmente agresivas, yo debía rezar para tener fuerzas. Recurría a mi propio silencio para poder escuchar, escucharlas a ellas, algo difícil de aprender porque nadie de mi familia me escuchó nunca cuando tenía su edad. Escuchaba y me concedía a mí misma el tiempo y espacio para preguntarme: «¿Qué puedo aprender de esto?» Intentaba recordar que este humor pasaría y esta frustración debía expresarse para que se sintieran mejor consigo mismas y para averiguar cómo manejarse en este mundo. En el silencio, las constataciones de lo que significaba ser adolescente vinieron a mi encuentro, y mi paciencia me enseñó cómo responder.

■ ■ ■

LA MAYOR PARTE DE NUESTRO DOLOR no está aquí, en el presente. Está vinculada al pasado o al anhelo del futuro. Está vinculada a cierta manera de afrontar situaciones que nos enseñaron. En silencio, podemos desprendernos de las creencias negativas preguntando si son realmente ciertas. «¿Soy en realidad menos esto y lo otro, o soy menos digna que él o ella?» No. «¿Hemos sido creados iguales, y tengo la capacidad para sentir alegría como cualquiera?» Sí. En cuanto usted empieza a pedir verdad, echa abajo esa prisión autoimpuesta que la aleja de su derecho natural a la alegría. Comienza a ver lo absurdo de todos sus problemas y se percata de que la mayor parte del tiempo están ahí para enseñarle algo sobre sí misma. Cuanto menos peso ponga en su poder, más alegría sentirá.

Comida

Silencio

Ejercicio

CUARTA PARTE

Hogar

Hogar

PREGUNTA: CUANDO SE METE EN LA CAMA DESPUÉS DE UNA LARGA JORNA-DA, ¿CÓMO SE SIENTE EN SU DORMITORIO?

    A.   No muy distinta que en cualquier otra habitación de la casa, sólo que estoy cansa-da y en pijama.

    B.   Como si el mundo exterior hubiera menguado y me encontrara en un refugio aco-gedor y rejuvenecedor.

    C.   Un poco fuera de lugar; nunca me siento todo lo tranquila que podría estarlo allí, y no sé por qué.

LOS ENTORNOS QUE ME PARECEN MÁS RELAJANTES PARA MIS SENTIDOS SON:

    A.   Acogedores y clásicos, provistos de muebles de lujo, cortinajes y colores neutros o pastel.

    B.   Minimalistas y modernos, con suelos de hormigón, instalaciones metálicas y mue-bles de madera de líneas puras.

    C.   Exóticos y excéntricos, con colores vivos, muebles étnicos y alfombras con di-bujos.

S U ENTORNO EXTERIOR influye profundamente en su estado interior; si fo-menta la comodidad y la calma, contará con apoyo para tomar las decisiones apropiadas en toda su vida. Hacer que su entorno doméstico sea adecuado es esen-cial para su viaje hacia la salud y el equilibrio. No existe ninguna fórmula mágica para un hogar ideal; pero, cuando usted elimina cualquier exceso y lo convierte en algo que le funciona, los entornos que más le convienen empiezan a tomar forma.

Durante la mayor parte de mi vida adulta, viví en espacios blancos. Dondequiera que residía había paredes blancas, sofás blancos, tapetes blancos; era prístino, lim-pio y mínimo. Volviendo la vista atrás, ahora entiendo que durante aquellos años me asustaba comprometerme con mi vida y disfrutarla. Comprendo que buscara deses-peradamente seguridad y claridad a través de todos mis hábitos disciplinados... refle-jados en mi entorno blanco y austero. Después de que mi marido, dos bebés y cinco perros entraran en escena, el interior blanco se convirtió en otra excusa para estar tensa y ser disciplinada, porque no podía dar cabida a ninguna imperfección. Requería limpieza constante; de hecho, nunca estuvo lo bastante limpio para mí. Ni que decir tiene que no contribuía a mi felicidad o estabilidad.

Pero, a medida que fui haciéndome mayor y comencé a disfrutar de la vida y encontrar paz en mi interior, mi entorno exterior se transformó a su altura. Aprendí que, a medida que tu vida cambia, tienes que mirar a tu alrededor de nuevo y ver qué se necesita. Mi casa se volvió pintoresca; actualmente, cada habitación es de distinto color. Objetos decorativos, arte y estatuillas importantes para mi marido y para mí adornan paredes y superficies. La última adquisición es el agua: fuentecillas de sobremesa colocadas aquí y allá producen un sonido agradable que da vida a mi hogar. Ahora la casa tiene muy buen aspecto. Es mi santuario y mi refugio: cuando entro en ella, me siento segura y serena. Sé que estoy en un buen sitio para renovar mi cuerpo, reponer mi ánimo y descansar. Sé que mi marido está en un buen sitio para mantener su salud y que nuestras hijas se quedan más de lo normal para las chicas de su edad porque el ambiente les agrada. Igual de importante es que otras personas se sientan cómodas en nuestro hogar. No es perfecto ni tiene un diseño interior chic, pero es cálido y acogedor y me gusta su aspecto.

Para hacer su vida más equilibrada, debe examinar su entorno del mismo modo que evalúa su alimentación, ejercicio y hábitos silenciosos. Pregunte si su hogar alimenta todos sus aspectos y fomenta hábitos saludables o se interpone en su búsqueda de la paz. Podemos estar atrapadas en un entorno insalubre así como nos atascamos comiendo los mismos alimentos. Podemos ahogarnos en un entorno desordenado sin darnos cuenta, como nos ahogamos respirando superficialmente. Puede ser tentador rechazar lo externo, pensar que es un montón de detalles superficiales que pueden esperar a más tarde. Pero el entorno para vivir que creamos nos apoyará en el camino hacia el bienestar o sembrará obstáculos que se interpondrán en ese camino. Si el éxito, la felicidad o la calma que busca no llega, intente despejar algunas cosas que no necesita y jugar con su espacio para vivir. A veces, cambiar una cosa comporta otros cambios.

■ ■ ■

AHORA ES EL MOMENTO de desviar la atención de su mundo interior —el que está mejorando a través de comida, movimiento físico y una mente silenciosa— al mundo que la rodea. Cuando se trata de crear equilibrio, entender su relación con el entorno en el que vive es una pieza esencial del rompecabezas. ¿Espera con impaciencia refugiarse en su dormitorio al final del día? ¿Es la habitación que relaja y conduce a un estado tranquilo? Cuando entra por la puerta después de una tarde agotadora, ¿la invita su espacio a respirar y relajarse, o se siente abrumada por objetos y desorden? ¿Existe un lugar especial de la casa que sea sólo para usted, un lugar al que pueda retirarse sin que la molesten, o que se consideraría un lujo en su ocupado hogar? Dicho de otro modo, ¿la apoya su entorno doméstico en su búsqueda de salud y felicidad? Quizá porque se requiere un tremendo esfuerzo para establecer un hogar que satisfaga nuestras necesidades básicas (por no hablar de las necesidades de hijos, pareja e incluso mascotas), a menudo olvidamos formular las preguntas más sutiles, como por ejemplo: «¿Cómo me hace sentir este espacio?» «¿Me siento cómoda?» «¿Me gusta estar en mi casa?»

Si hacer funcionar su hogar de un modo (hasta cierto punto) sabio y eficiente le plantea un reto, entonces incluso formularse esas preguntas puede parecer un poco hortera o autoindulgente. ¿Quién tiene tiempo para preocuparse por cómo le hace *sentirse* una sala de estar cuando en la práctica va a necesitar cuarenta minutos para limpiarla? Sin embargo, esas preguntas son fundamentales. El entorno exterior que usted crea no es más que otra forma de tomar opciones que o bien la ayudan o bien interfieren en la búsqueda de equilibrio. El hogar no es una idea adicional; es una de las cuatro piedras angulares del bienestar, porque tiene un efecto directo sobre su estado interior: energía, humor y mentalidad. Cuando su entorno doméstico está desequilibrado, por ejemplo en desorden, usted se siente hasta cierto punto fuera de lugar. O si la iluminación, los colores o incluso la disposición del mobiliario en sus habitaciones se contradicen con lo que le induce paz, su capacidad para relajarse y recargarse estarán en entredicho.

Sin embargo, cuando todo está tranquilo y ordenado en su entorno, y cuando su aspecto refleja su idea individual de lo que es agradable, entonces el hogar se convierte en el escenario en el que puede cumplir mejor el trabajo de este programa, un lugar en el que hacer inventario de sus hábitos y conductas existentes, y un marco tranquilo en el que introducir algunas rutinas nuevas. Cuando conduce su vida en un escenario de apoyo, sorprende cuánto más fácil resulta que prosperen conductas nuevas: un entorno espacioso, ordenado y atractivo la invita a cocinar comida nutritiva o desplegar la esterilla de yoga mucho más fácilmente que un entorno poco atractivo, claustrofóbico o monótono, entre otras razones porque usted quiere pasar el tiempo allí.

En consecuencia, plantéese mejorar su entorno doméstico para crear las condiciones idóneas para el éxito, tanto en este programa como en el resto de su vida. Resulta crucial, porque el hogar es el lugar en el que se reúnen las prácticas de comer mejor, tratar su cuerpo de un modo más consciente y actuar con mayor conciencia. Dejan de ser ejercicios de un libro y con el tiempo se convierten en un estilo de vida. En esta última parte del programa, usted está creando ese espacio en el que practicar y disfrutar de todas las nuevas aptitudes que ha aprendido en las partes anteriores.

HACER DEL HOGAR UN REFUGIO

PREGUNTA: ¿QUÉ IMPORTANCIA TIENE UN EDIFICIO?

Piense en lo siguiente: ¿Ha habido algún período en el que no haya tenido un hogar seguro? Quizás estuvo viviendo entre pisos o en un largo viaje fuera de la ciudad, o era estudiante o pasaba por un cambio de vida. ¿Cómo afectaba a su cuerpo y su mente el no tener un lugar seguro y uniforme donde empezar y terminar cada jornada? ¿Cómo afectaba a su capacidad para concentrarse y lograr cosas?

Aunque haya permanecido mucho tiempo instalada en una casa propia, intente recordar un tiempo en que no la tenía. Para la mayoría de la gente, resulta mucho más difícil mantener hábitos saludables, por no hablar de un estado de ánimo positivo, si no se siente arraigada en el mundo físico. El compromiso, la confianza y la claridad se resienten cuando carece de un entorno para vivir en el que pueda confiar. Por eso aumentar la sensibilidad al modo en que su hogar actual le sirve es crucial. Para conseguir equilibrio, ayuda el hecho de tener raíces firmes.

Las mujeres en particular tienden a hacer su nido. Nos gusta la familiaridad; nos hace sentirnos en paz y seguras. Pero las exigencias que nos impone una vida ajetreada suponen que a veces nos sintamos como cuidadoras en nuestra propia casa, constantemente implicadas en tareas de limpieza y control del caos. (Aunque viva usted sola los platos, la colada y la correspondencia pueden absorber toda la tarde después de una larga jornada en el trabajo.) Súmese el modo en que los estilos de vida actuales son más materialistas que nunca, con los precios medios de la vivienda cada vez más altos y casas llenas de más pertenencias de las que nuestros padres necesitaron jamás, y la consecuencia es una creciente carga de trabajo doméstico para las mujeres. En vez de un lugar sagrado en el que reiniciar nuestro sistema y alimentar nuestro espíritu, nuestro hogar puede parecer un lugar estrictamente funcional en el que trabajamos de lo lindo... y nuestra energía se agota en vez de reponerse.

Evidentemente, no podemos cambiar de repente la forma de administrar nuestro hogar ni renunciar a obligaciones clave que mantienen las cosas juntas. Tanto si tenemos un trabajo fuera de casa como si estamos ocupadas formando una familia y manteniendo el frente doméstico en su puesto, lo más probable es que seamos el centro alrededor del cual gira el hogar. Pero, sin hacer nada drástico, podemos encontrar formas de equilibrar un poco la balanza para que el hogar llegue a ser un lugar reconstituyente, no sólo un escenario en el que realizar quehaceres domésticos. Podemos encontrar maneras de hacer que la casa sea más un refugio, un sitio que nos alimenta con energía positiva y nos protege de los dramas y las exigencias de la vida diaria.

Convertir un hogar en un refugio no implica hacer un repaso o un rediseño radical. No se trata de transformar su piso de dos habitaciones, su casa adosada o incluso su habitación de un dormitorio comunitario en un spa o el sustituto de una boutique hotel. Se reduce a introducir algunos cambios que apacigüen los sentidos en vez de agitarlos y que estimulen su ánimo en lugar de deprimirlo. Esas modificaciones pueden ser bastante menores: cambiar cosas de sitio de modo que su sofá esté orientado hacia la ventana llena de luz, no a la oscura puerta de la calle, o añadir cortinas de tonos cálidos o luces más suaves a un dormitorio para que resulte más acogedor. Quizás es tan sencillo como retirar el televisor de su habitación y poner algunas plantas. Pero estos pequeños gestos pueden ser efectivos porque se hacen con una intención concreta. Como en el caso del ejercicio, cuando usted trabaja con intención, las limitaciones de espacio, presupuesto o tiempo no son un problema; al contrario, la ayudan a mantenerse concentrada porque hacen su proyecto factible y alcanzable. (En cambio, rehacer una casa entera puede resultar abrumador.) Su trabajo también es satisfactorio porque los pocos cambios que hace para promover calma en su espacio aportarán resultados inmediatos que podrá ver, tocar y, a veces —en el caso de unas flores recién cortadas y puestas sobre una mesita de noche—, oler.

Un hogar se convierte en un refugio cuando está lleno de cosas que le gustan dispuestas de un modo que complace a su alma. Entonces su entorno llega a ser una expresión de quién es usted y qué le importa. Este aspecto del programa resulta divertido, porque mejorar su entorno para vivir es un proceso creativo y una oportunidad de autoexpresión. Usted establece contacto con algo profundo en sí misma cuando su proyecto consiste en hacer su entorno más suyo. Esas expresiones pueden ser sutiles, sobre todo si vive con alguien más y debe tener en cuenta sus gustos, o pueden estar ahí fuera reclamando atención. Pero incluso el simple hecho de crear su rincón sagrado, como veremos en el paso 2, basta para estampar su firma en su espacio.

De un modo muy parecido a como el hecho de nutrirse con alimentos integrales y frescos o mover su cuerpo a través de posturas de yoga es un acto de amabilidad consigo misma, efectuar unas modificaciones en su entorno para que se sienta lo mejor posible cuando esté allí es también un acto de amabilidad. Nuestra manera de pensar y hablar sobre nuestros espacios para vivir puede ser tan utilitaria y práctica —«¿*Cuántos metros cuadrados tiene la cocina, y podríamos convertir ese vestidor en un dormitorio?*»— que a veces olvidamos actuar de corazón. Pero, cuando usted se plantea la pregunta más sutil —«¿*Qué me hará sentir mejor en mi espacio?*»—, se concede la oportunidad de aflojar la marcha y actuar de corazón tomando una o dos decisiones amables que tal vez no sean funcionales ni lógicas pero le parecen adecuadas. Dar unos toques de calidez y sacralidad a su hogar la ayudará a pausar su vida: tranquilizará su espíritu y la hará sentirse más equilibrada. Aunque el sueño se lleve la mayor parte del tiempo que transcurre en casa, el ambiente de su entorno le afecta todo el tiempo que está en su interior, por lo que debe ser apropiado.

Tomar conciencia de los efectos de su entorno significa prestar atención no sólo a cómo está organizado físicamente sino también a cómo actúa usted en su casa. ¿Trata el espacio para vivir como el lugar especial que es? ¿Descorre las cortinas por la mañana temprano para dejar entrar luz natural? ¿Hace la cama para dejar su dormitorio como quiere encontrarlo más tarde? ¿Crea un ambiente calmante por la noche con música, aromas o iluminación, o si trabaja desde casa, apaga intencionadamente la tecnología y cierra la puerta de su despacho cuando ha terminado y deja atrás el trabajo? Estas cosas son también pequeños gestos que expresan su intención de hacer de su hogar un refugio. Son pequeñas expresiones de quién es usted y qué le importa. Las acciones, así como las alfombras y pinturas nuevas, transforman su casa. A fin de cuentas, las personas invierten una energía en un lugar que se puede tocar e identificar. Cuando esta energía es cálida y acogedora, usted no puede evitar acercar una silla y quedarse un rato.

Plantearse el entorno de este modo inclusivo —incorporando tanto la estética del espacio como las acciones que realiza en él— significa que todo lo que usted hace en su casa, incluso la cosilla más mundana, puede convertirse en un acto creativo. Cuando sirvo comida para mi familia, podría elegir espontáneamente los estrafalarios platos que mis hijas hicieron en la alfarería local cuando tenían diez y doce años, pintados con colores vivos y hermosos en su imperfección. Esta opción refleja cómo me siento en ese momento: alegre y maternal. Es posible que otra noche sirva delicados rollitos de primavera en una bandeja blanca geométrica, decorada con una flor que he recogido en mi jardín, porque el humor de la comida pide algo más limpio, austero y gráfico. Más tarde, cuando lavo los utensilios de cocina después de cenar, miro el elféizar de la ventana de mi cocina, sobre el que descansan algunos de mis objetos preferidos: un delicado e intrincado símbolo om tallado en madera; un pequeño Buda de piedra; una borboteante fuente de agua conectada a la pared; una planta suculenta de color verde vivo. Como están colocados justo encima del fregadero, contribuyen a crear una condición de concentración silenciosa en la que puedo lavar los platos con conciencia plena. Hay quien podría considerar excéntrico tener un Buda sobre el fregadero; a mí me gusta, porque he diseñado intencionadamente un aspecto de mi entorno para facilitar mi propia percepción y calma.

Pequeños gestos como los que hago en todo mi entorno sirven para afianzarme en mi vida. Me ayudan a hallar satisfacción en lo que tengo: cuando entro en mi dormitorio, con sus relajantes paredes de color azul grisáceo y las tablas del suelo blanqueadas, toda frustración que sienta sobre mi vida, mi carrera o mi familia se atempera. Cada vez que paso por mi rincón sagrado —la pequeña colección de preciados objetos y cuadros inspiradores en el dormitorio donde medito—, su belleza y sencillez me recuerdan que todo cuanto tengo en mi vida ahora mismo es *bastante*. Quizá no sea interiorista ni artista; no pinto cuadros ni hago esculturas. Pero, para mí, mi entorno es tanto un acto creativo como todas esas cosas. Cuando cambio algo en mi casa o creo un nuevo ambiente en una habitación, exploro algo de mi interior y llego a saber qué me motiva. De este modo cada una de nosotras puede ser una artista en nuestra propia vida.

Cuando su hogar es un refugio, no sólo es un lugar que estimula su creatividad, sino también un lugar curativo. Con esto me refiero a un sitio en el que cada día puede librarse de su cansancio o estrés, alimentar y cuidar su cuerpo de forma positiva y levantar su ánimo para experimentar un bienestar continuo. Es un lugar en el que puede atenderse a sí misma si siente los comienzos del desequilibrio, y donde no se arrepiente de la necesidad de permitirse descansar. En caso de que enferme, o si la vida alcanza una de esas épocas complicadas y empieza a plantearle retos difíciles, la energía positiva que ha introducido en su entorno le apoyará para encontrar la salida de la dificultad y hará que se sienta segura.

Cuando el hogar es un lugar curativo, no sólo aporta armonía a su existencia, sino que además favorece interacciones armoniosas con su familia y amigos, quienes se sienten también más cómodos y más relajados allí. Usted no puede controlar las opciones de estilo de vida que toman los demás —su pareja, sus hijos o sus compañeros de piso—; pero, aunque ellos no lo reconozcan, son tan sensibles a su entorno como usted. Creando un hogar más tranquilo y pausado —que sea un poco más silencioso y conducente a la reflexión y la conducta consciente—, aquellos con los que vive y a los que quiere empezarán a seguir modelos de vida sana.

Trabaje con lo que tiene

Viva donde viva y cualesquiera que sean sus posesiones, usted puede convertir su hogar en un refugio. La comodidad apenas tiene que ver con lo grande que sea un espacio. Tampoco importa si reside en su propia casa u ocupa una vivienda de alquiler. Allí donde viva, ahora mismo, es su casa y merece convertirse en un espacio en el que se sienta a gusto. Aun cuando resido en una habitación de hotel o un piso alquilado para unas semanas durante un rodaje, hago unas sencillas modificaciones para crear un entorno que me dé apoyo, como cambiar los muebles de sitio, tender chales de colores o telas suaves sobre cómodas desnudas e incluso armar mi fuente de agua de fabricación casera: un bidón de agua con un motor de acuario dentro. (Puede llamarlo estrafalario; yo prefiero la palabra «innovador».)

La cuestión es que su intención puede hacer que cualquier lugar sea especial, y la intención puede existir en cualquier clase de hogar, sea humilde o suntuoso. Con demasiada frecuencia la gente pospone mejorar su entorno hasta que consigue el mejor piso o finalmente compra la casa de sus sueños. No caiga en esa trampa. Eche una ojeada sincera a su vivienda actual —aunque sea una estudiante con una sola habitación en la que trabajar— y haga un poco de experimentación.

Pocas de nosotras llegaremos a vivir en un hogar totalmente sereno; yo intenté hacerlo con mi casa toda blanca, y no dio resultado. La idea consiste en crear un entorno que ofrezca sitios de serenidad dentro del bullicio y el caos ocasional (en mi caso, hijas adolescentes que montan en monopatín por la cocina y las veinte patas enfangadas de nuestros perros) para poder disponer de paz cuando sea necesario.

Nunca olvidaré la ocasión en que me hospedé en la casa de un amigo que es uno de los practicantes de yoga más sabios y experimentados que he conocido jamás. Habiéndole conocido durante años sin llegar a visitar su casa, esperaba que fuera un templo espacioso y mínimo, tan puro y elegante como las posturas de yoga que le han dado fama. Me sorprendió mucho comprobar que en realidad era una especie de zoo: niños y múltiples juguetes esparcidos por doquier, dibujos para colorear sin terminar aquí y allá, platos apilados en el fregadero. Mi amigo tampoco se levantaba al amanecer, como siempre me había imaginado. Se despertaba a las ocho, como tantos otros mortales. Sin embargo, se dirigía directamente a su hermoso rincón sagrado para meditar, sentado entre las cosas encantadoras que le proporcionaban paz, y comenzaba así la mañana en

(continuación)

silencio como hacía todos los días. Me demostró que no existe ningún patrón para el entorno adecuado. Todos albergamos ideas de lo que es seguro, sano y nutritivo, y un hogar tranquilo parece distinto para personas distintas. Todavía más importante, aun cuando el espacio no sea absolutamente idóneo, cuando se le aporta un componente que es especial para usted y lo reviste de significación personal, puede tener un efecto intenso sobre su estado.

En esta última parte del programa, mirará el entorno en el que vive con otros ojos e introducirá algunos elementos para mejorarlo. En el paso 1, «limpiará el desorden» para librarse de energía estancada y atenuar el ruido visual. Luego, en el paso 2, «creará su espacio sagrado», su propio santuario para la contemplación y reflexión. En el paso 3, «aflojará el ritmo de su hogar» con cambios físicos que harán una habitación más relajante y reconstituyente. Así como cambiar sus hábitos alimenticios resulta más fácil si comienza con una sola comida, modificar una sola habitación es un objetivo razonable y factible que la inspirará para hacer cambios en otras estancias de su casa cuando tenga tiempo. El dormitorio es un excelente lugar para empezar, ya que constituye un espacio muy importante en su bienestar general: es allí donde comienza y termina la jornada y donde obtiene su descanso. No obstante, si su dormitorio ya es exactamente tal como le gusta, pase a una estancia distinta, como la sala de estar o el despacho. Y, por último, usted «protegerá sus reservas». Tomando mayor conciencia de sus necesidades de descansar, ponerse las pilas y repostar, aprenderá a regresar al estado natural de equilibrio interior.

CAPTAR LAS SEÑALES

Cuando se trata de sacar el máximo partido a su casa, puede encontrar innumerables libros y revistas sobre el tema y miles de profesionales que se ganan la vida renovando interiores. Y cada experto tiene su propia lista de lo que se puede y no se puede hacer que requiere su atención. Pero no necesita acudir a opiniones externas para averiguar cómo le sienta un entorno. Cada cual tiene una respuesta instintiva al espacio: podría entrar en una hermosa casa que no le resulta cómoda ni acogedora, e incluso, sin saber por qué, siente que no le apetece sentarse en sus butacas ni quedarse allí mucho tiempo. Análogamente, puede entrar en la casa contigua y apreciar el ambiente cálido y relajante que encuentra allí. Hay «algo en el ambiente»; es el modo en que ese lugar le invita a respirar, a ser en vez de hacer, y a bajar sus defensas.

La primera fase para mejorar su entorno consiste en dirigir ese instinto, al que resulta tan fácil recurrir cuando se halla en una casa ajena, hacia su propio entorno. Sólo es cuestión de retroceder por un momento y desarrollar sensibilidad al modo en que el entorno exterior le afecta. No exige experiencia alguna, tan sólo conciencia. Para conectar con este instinto director, resulta útil hacer inventario mental de su hogar.

Inventario del hogar

Siéntese por un momento en un sitio tranquilo de su casa y pregúntese: «¿En qué lugar de mi casa no paso tiempo?» ¿Qué partes de su hogar evita? ¿Hay una habitación o una zona de una estancia que evita por costumbre o simplemente nunca utiliza? Podría ser el rincón de una habitación que es un espacio desaprovechado o un pasillo que no se ha molestado nunca en decorar. Vaya allí y perciba lo que siente. Pregúntese: «¿Me siento cómoda en este espacio?» Captará una energía de ese lugar. No tiene nada de psíquico percibir energía; es sólo cuestión de advertir el origen de su reacción física, mental y emocional. Quizá sienta incomodidad allí, y proviene del hecho de que esa habitación es oscura o deprime o la luz es demasiado fuerte; quizá se deba a la vista exterior o a la ausencia de ventanas. Tal vez la causa sea algo tan sutil como una vibración molesta o el zumbido de una máquina.

O quizá la energía negativa que siente tiene motivos emocionales. ¿Hay recuerdos tristes vinculados a ese espacio? ¿Tiene exactamente el mismo aspecto que tenía cuando usted pasaba por una mala época o una vieja relación? ¿Está lleno de pertenencias de una fase de su vida que dejó atrás hace mucho tiempo? Compruebe si su cuerpo se siente incómodo allí. ¿Qué falla en ese espacio, y por qué?

A continuación pregúntese: «¿En qué lugar de mi casa me siento más animada?» ¿Dónde le gusta más estar, ya sea para acurrucarse con un libro, mantenerse activa con un hobby o pasar el rato con sus amigos? Entre en ese espacio y fíjese en qué elementos le hacen sentirse animada allí. ¿Es gracias a los colores, la iluminación, el mobiliario, las texturas, el sonido o la ausencia del mismo? ¿Tiene que ver con lo que ocurre en ese espacio, el modo en que se ocupa de las cosas cuando está allí? Limítese a observar qué sentimientos surgen en ese espacio bueno y busque sus orígenes. Lo más probable es que haya tomado opciones en su entorno que le convienen; por tanto, advierta cuáles son. O bien, si no tiene un espacio en

(continuación)

su hogar donde se sienta especialmente a gusto, repare también en eso. ¿Sale siempre que le apetece relajarse, acude a la cafetería, al gimnasio o va a casa de sus amigos? Deje que eso sea su motivación para efectuar algunos cambios en su espacio personal (aunque tenga múltiples compañeros de habitación que no conocen la importancia de la serenidad). Si se siente más cómoda en el bar vecino, visite ese lugar y júzguelo críticamente: ¿qué hay en ese espacio que le inspire «comodidad»? ¿Podría incorporar algunos de esos elementos a su espacio personal?

Este inventario es totalmente subjetivo e instintivo; no hay respuestas correctas ni incorrectas. Sin embargo, a menudo varias personas perciben la misma clase de energía en un espacio. Es un feng shui instintivo, una versión no técnica de la consagrada práctica china dedicada a proporcionar equilibrio a su hogar y por lo tanto a su vida. Según los principios del feng shui, el espacio en el que habita refleja su vida, y el modo en que se organiza su espacio puede afectar su vida para bien o para mal. Un entorno tranquilo que permita el libre flujo de energía favorecerá una vida tranquila llena de buena fortuna y oportunidad; análogamente, una vivienda hasta cierto punto inoportuna pondrá en peligro su éxito y sus progresos.

He incorporado algunas de las reglas clásicas del feng shui a mi casa con los años, pero la mayor parte de lo que he hecho ha procedido de puro instinto y conciencia de mi respuesta emocional a mi hogar. En cualquier espacio, si obtiene tranquilidad, sabrá que es adecuado para usted o, como mínimo, será capaz de notar qué es lo que falla.

El feng shui es una tradición fascinante en la que el flujo de las energías naturales dentro del hogar se equilibra y armoniza para causar efectos positivos en todos los aspectos de su vida, desde su situación económica pasando por sus relaciones sentimentales hasta su salud y carisma. El feng shui es una disciplina compleja que examina la interacción de energía universal entre personas y lugares, y un verdadero practicante tiene en cuenta su astrología personal además de la historia y la geología de la tierra sobre la que se asienta su casa cuando ofrece sugerencias para mejorar su espacio. No obstante, existen algunas soluciones rápidas que puede aplicar para fomentar una mejor energía en su hogar. Empiece por efectuar algunos cambios y, si le agrada cómo le sienta su entorno, estudie el feng shui más a fondo a través de libros.

DESE EL GUSTO: *Contrate a un experto en feng shui para que haga una evaluación de su casa. Él podrá orientarle para modificar la disposición del mobiliario, cambiar habitaciones de sitio y añadir elementos como agua, metal, tierra y madera a la propiedad. Pregunte en su establecimiento de comida sana, estudio de yoga o centro holístico de bienestar para que le recomienden uno.*

Solución rápida n.º 1:
Amor en la puerta principal

Ponga un poco de amor en la zona de su puerta principal. Si su casa es como el cuerpo, la puerta principal es la boca; por allí es por donde entra la energía. Tiene que invitar, de la mejor forma posible, a entrar. Procure que la zona exterior esté limpia, despejada y no obstruida por árboles grandes y matorrales, aunque las plantas junto a la entrada la harán más atractiva. La puerta, el timbre y el número deben estar bien cuidados, con una luz que haga visible su puerta por la noche. Si ésta es de cristales, cuelgue un trozo de tela por dentro para sentirse apoyada y protegida por su hogar.

Paso 1
Limpie el desorden

UN ENTORNO EQUILIBRADO se basa en la moderación. No es excesivamente mínimo ni está demasiado lleno. Debería apoyarla ofreciéndole comodidad sin agobiarla. Usted alcanza ese equilibrio cuando aplica el mismo enfoque a su hogar que a su dieta: elimine el exceso, sintonice con lo que le conviene y luego construya su entorno con sólo aquellas cosas que le sirvan y le satisfagan.

Desembarazar su espacio es un primer paso importante. Es como bajar el volumen de su entorno: los objetos que no le sirven alteran la posibilidad de paz. Cuando los elimina, o los organiza de un modo más sencillo, consigue no sólo un entorno limpio, sino también calma y claridad. El espacio vacío, como el silencio, es conducente a un estado de ánimo más meditativo.

Ordenar su espacio también puede resultar inspirador. Como es un proceso de transformación física, puede dar paso a un sentido de la oportunidad y el optimismo, que la apoyará en la realización de cambios a lo largo de su vida. (Pensar en cómo limpiar la cocina cuando está abatida puede ayudarla a salir de una depresión.) Así como una dieta saturada de comida basura puede despojarla de su encanto personal, un entorno saturado de cosas que no sirven para nada puede dejarla atascada en el fango. Eliminarlas puede tener un efecto limpiador en toda su vida: deja al descubierto un territorio abierto al que pueden llegar ideas y orientaciones nuevas. Cuando pone energía en «fuera lo viejo», un «bienvenido lo nuevo» suele llegar con poco esfuerzo.

¿QUÉ ES EL DESORDEN?

El desorden se divide en dos categorías: ruido visual y energía estancada. El ruido visual proviene de objetos desordenados que distraen o irritan. Quizá sea una estantería llena a rebosar de libros, en una confusión tan patente que no puede evitar fijarse en ellos cada vez que entra en la habitación. Quizá sea el montón de zapatos en el vestíbulo o un embrollo de abrigos en una percha que en su desorden transmite silenciosamente caos cada vez que entra por la puerta principal. Quizá la encimera de su cocina se ha convertido en el sitio donde se acumula todo aquello que no tiene hogar: llaves, monedas, correspondencia y bolígrafos. Todas éstas son infracciones leves, pero no dejan de causar interferencias, como las estáticas de la radio. Lo que relaja la vista son las superficies lisas, un sentido del orden y ciertas dosis de espacio vacío.

Fuera de la vista no significa fuera de la mente: si hay camisetas enmarañadas en sus cajones o montones de revistas de moda antiguas apiladas debajo de la cama para ahorrar espacio, contribuyen a la sutil sensación de saturación. Puede que no los vea todos los días, pero su psique sabe que están allí. Es siempre sorprendente cuánto mejor se siente después de racionalizar incluso esas zonas que no se ven.

Solución rápida n.º 2: Limpiar el desorden de la puerta principal

El desorden que hay junto a la puerta principal debería ser el primero en limpiarse. No sólo da el tono a toda la casa —es lo primero que ve la gente al entrar—, sino que además (según los practicantes del feng shui) bloquea la entrada del chi, o energía, en el hogar. Añadir algunas cajas o cestos para zapatos y chaquetas, una bandeja decorativa para objetos en una mesilla y cerciorarse de que todos los abrigos están colgados dentro de un armario convertirá lo negativo en positivo.

La energía estancada proviene de todo lo que ocupa espacio sin tener una utilidad. Todo aquello que se moleste en incluir y cuidar dentro de su hogar debería ser útil o hermoso. Si un sofá pesado preside su sala de estar y le obliga a rodearlo constantemente, no es tan útil como podría ser. Si las plantas se han marchitado en el alféizar de la ventana o las flores ya han perdido su belleza, no son útiles ni hermosas. ¿Hay algo roto o estropeado? No es útil. ¿Una pared pintada de un color que le daña la vista? No es hermosa. En su casa sólo dispone de cierta cantidad de espacio y cierta cantidad de energía física para ocuparse de las cosas. Cuando su casa contiene objetos que no tienen una utilidad, su energía se reduce discretamente.

Solución rápida n.º 3: Ocúpese ahora

Ocúpese de las cosas a medida que aparezcan. Abra la correspondencia y despáchela enseguida, y tire los sobres y desperdicios en cubos de reciclaje. Lea el periódico cuando llegue y no lo guarde para otro día. Conteste los e-mails cuando lleguen, archivando los que necesita y borrando los demás. Todas estas cosas no sólo ocupan espacio (literal o digitalmente), sino que además perturban su paz mental porque, cuanto más se acumulan, más tiene que recuperar.

Por eso, para refrescar su entorno y aligerar la carga, debe examinar también si simplemente tiene demasiado. ¿Excede la cantidad de pertenencias de su vida su capacidad para utilizarlas? Es algo difícil de comprobar; a fin de cuentas, la cultura actual valora más el consumo que la introspección, y se invierte mucho esfuerzo en planificar, comprar y posteriormente cuidar pertenencias. No obstante, la tendencia al exceso en el hogar refleja la tendencia a los extremos en todas las facetas de la vida: demasiada comida, demasiada estimulación, demasiado ruido, etc. Cuando usted tiene demasiado de algo se convierte en estrés para el cuerpo y la mente, y si quiere mantenerse equilibrada, deberá deshacerse de algo. ¿Puede ser que las pertenencias tengan el mismo efecto?

Para llevar una vida más deliberada —en la que cada acción tiene una misión y contribuye a su bienestar—, merece la pena ser intencionada con las pertenencias y reconocer qué cosas le sirven de verdad actualmente y cuáles no. Cuando reduzca las que no contribuyen a su vida actual sana y feliz, comprobará que su carga se ha aligerado, porque las «cosas», ya sean ropa, accesorios, electrodomésticos, herramientas, juguetes e incluso coches, no sólo ocupan espacio físico en armarios, garajes y habitaciones, sino también espacio psíquico. Todas las pertenencias requieren hasta cierto punto su energía y su atención (que levante la mano quien «no tiene tiempo» para hacer ejercicio o para leer un libro y, sin embargo, ha encontrado tiempo para comprar a través de Internet). Y las cosas casi siempre conllevan cierta inversión emocional, pues hacen que se sienta segura, simbolizan su éxito o recuerdan algo de su pasado.

Este mensaje de moderación no significa renunciar a todas las pertenencias que aprecia; simplemente significa dar un paso atrás, echar una mirada crítica a lo que ocupa su mundo y preguntar: «¿Cuántas de estas cosas necesito de verdad?» Significa

Soltar la resistencia

Por más que este libro trate de cambio, también trata —como habrá comprobado a estas alturas— de vencer la resistencia emocional al cambio. Resistencia es cuando esa niña de dos años que lleva dentro tiene una rabieta y grita: «¡No!» Cualquier practicante de yoga, de cualquier nivel, llega a conocer muy bien ese estado; usted aprende a confiar en el hecho de que su yo superior le ha llevado a la esterilla de yoga por una buena razón y a aceptar que la resistencia física, mental y emocional es su yo menos adulto que actúa, intentando sabotear los buenos sentimientos. Entonces deja que la respiración la impulse a través de la resistencia hasta el final de su práctica. La meditación podría definirse como la acción de mirar la resistencia; usted se limita a observar dónde resiste a la acción de permanecer sentada en silencio, y luego trata de abstenerse de reaccionar.

Limpiar su entorno y verlo con otros ojos puede resultar igual de difícil. Hasta la persona mejor intencionada puede sentir de repente una enorme resistencia a reorganizar y cambiar cosas de sitio. Si comprueba que se resiste a racionalizar más el espacio o a mejorar su hogar para hacerlo más acogedor, acepte esa resistencia, pero decida impulsarse a través de ella. Haga un poco de investigación interna: trate de examinar el origen de la resistencia. ¿Proviene de la percepción de que no dispone del tiempo o la energía, o viene de un rincón emocional más profundo? Quizá sus padres fueron siempre muy estrictos con usted para que recogiera sus cosas y todavía se rebela manteniendo el desorden. Si es así, supérelo porque la única persona que sufre ahora es usted. Quizá no se siente arraigada en su hogar o en su relación, de modo que opta por no comprometerse a hacerlo más especial y actúa como si le trajera sin cuidado. Puesto que su casa es en muchos aspectos un espejo de su alma, cualquier problema que surja con respecto a transformarla puede ser muy revelador.

El desorden crónico suele reflejar miedo y baja autoestima: dejar que las cosas se amontonen a su alrededor puede proporcionar seguridad y consuelo al principio, pero podría perpetuar un ciclo en el que se avergüence de su hogar y no invite a otros a compartirlo. A medida que trabaje en racionalizar su vida y conectar más intensamente con cómo se siente en cuerpo y alma, saldrá de ese ciclo. Se dará cuenta de que las cosas no le aportan seguridad; la sensación de arraigo y seguridad que busca sólo puede venir de dentro. Deje que su entorno le apoye para llegar a ese punto animándola a vivir conscientemente en vez de aislarse con pertenencias. Cuando se libere del desorden físico, así como cuando pierde exceso de peso que quizás ha ganado como escudo protector, comenzará el proceso de liberar más espacio en su vida emocional.

preguntarse si está perdiendo el tiempo en cosas que verdaderamente no le preocupan, como pasar días comprando ropa que termina por no ponerse o limpiando habitaciones en su casa que apenas se usan.

Al centrar la atención en aquellas pertenencias que le sirven actualmente y aligerar su carga de objetos poco utilizados, aumenta su capacidad para estar presente en el ahora. Conservar prendas de una época en la que era feliz, estaba delgada o se sentía sexy es un modo de aferrarse al pasado. Exhibir muebles que su madre le regaló pero que nunca le han gustado podría recordarle viejas tensiones familiares. Guardar material de ejercicio que nunca ha usado es como depositar sus esperanzas en el futuro («Quizá lo use la semana que viene...») en lugar de reconocer lo que va a conseguir ahora de manera realista.

Parte de crear una vida más ligera, más tranquila y más pacífica consiste en estar dispuesta a renunciar a viejos hábitos que ya no necesita; parte de crear un hogar más ligero, más tranquilo y más pacífico consiste en estar dispuesta a renunciar a viejas pertenencias que ya no necesita. Pregúntese: «Si mi casa se quemara, ¿qué necesitaría?» Esté dispuesta a renunciar a cosas que han perdido su importancia para usted. ¿Qué cree que importa de veras? Done esos objetos superfluos a la beneficencia, y deje que alguien que los necesita se aproveche de ellos. Cuando usted recorta, libera energía para prácticas que le proporcionan más paz y placer y aporta cierta sencillez a su mundo.

En mi vida personal, entiendo el desorden como el enemigo de la claridad y la paz. Puedo asegurar que estoy en una espiral emocional descendente o estoy perdiendo demasiado tiempo de meditación si constato que mis áreas personales en el hogar parecen desordenadas. El desorden es una pista de que la vida se desequilibra. Sé que tengo en la cabeza algo que requiere atención porque, por algún motivo, estoy dejando que mi mundo me trague. Trato de cortar de raíz ese estado negativo. Lo antes posible, dedico algún tiempo a trabajar en el área que se ha torcido, y casi siempre esa acción implica cierta valoración interior de dónde estoy y qué estoy haciendo.

Por eso creo que una de las cosas más refrescantes y capacitadoras que puede hacer en su entorno es limpiarlo del exceso de objetos e imponer orden sobre el caos. Esto no sólo le permite sentirse nueva en su casa, sino que es también una de las mejores cosas para mantener la cabeza. No debería ser algo que se hace una vez al año; es una herramienta que puede utilizar en cualquier momento para adquirir una sensación de renovación y energía fresca para sus fines y objetivos. Cuando su casa la vuelva loca, no piense que tiene que mudarse y cambiar toda su existencia. Pruebe con afrontar un rincón especialmente desordenado de su entorno y vea cómo crear orden de un modo tangible la ayuda a calmar su mente.

Ejercicio: Limpie el desorden

Elija tres cosas en su casa que no hayan servido para nada durante años y elimínelas. Podría ser un montón de ropa y zapatos o un abrigo pasado de moda; podría ser utensilios de cocina, revistas viejas, una estera, un viejo reproductor de vídeo o un montón de pinturas de maquillaje que no toca nunca. Podría ser incluso un dibujo inacabado que está en su despacho o en la sala de estar y, para ser franca, usted sabe que no terminará. Si puede donar cualquiera de esas cosas a la beneficencia o a un amigo, tanto mejor. ¿Cómo se siente después de librarse de esos artículos? Si vacila en deshacerse de un objeto que tiene cierto valor pero que no necesita, déjelo a un lado durante tres días y luego vea si todavía siente tanto apego a él. Recuerde que aquello que no le gusta o no recuerda no lo necesita. Si eliminar tres cosas le sienta bien, siga adelante.

¡Al ataque!
Lugares de desorden comunes

- **EN LA SALA DE ESTAR:** Revistas y periódicos viejos que hay que tirar. Medios de comunicación desordenados o demasiado visibles (CD, DVD y libros). Enredos visibles de cables eléctricos de aparatos y tecnología. Plantas marchitas.
- **EN EL DORMITORIO:** Ropa y armarios y cajones accesorios caóticos. Objetos apilados debajo de la cama.
- **EN EL DESPACHO:** Documentos mal archivados. Materiales de investigación o consulta viejos que podrían reciclarse o tirarse. Armario de oficina caótico. Archivos informáticos mal organizados.
- **EN LA COCINA:** Reciclables y desperdicios esperando a ser desalojados. Armarios de vajilla desorganizados. Armarios de alimentos que contienen productos amontonados y caducados. Encimeras y fregaderos repletos.
- **EN EL BAÑO:** Encimeras cubiertas de productos. Armario bajo el lavabo desordenado. Toallas apiladas de cualquier manera (enróllelas para que parezca un spa).

■ ■ ■

CREAR UN ENTORNO ORDENADO no significa que tenga que andar a todas horas cerciorándose de que su hogar está en perfecto orden. Esa conducta obsesiva es algo que he tenido que refrenar en mí. Cuando mi hija Dree cumplió trece años y comprendí que no había ninguna posibilidad de controlar el repugnante aspecto de su habitación, decidí que mi ímpetu controlador era algo de lo que debía librarme para no volverme loca. Podía cerrar la puerta, pasar de largo por su habitación y negarme a entrar allí. Desde entonces he sido mucho más feliz en mi casa. Ahora Dree tiene dieciocho años y sigue desafiándome en este sentido, pero sé que como no la machaco por cosas insignificantes todavía vive en casa y le gusta nuestro hogar y estar conmigo.

Tuve que aprender que parte de encontrar el equilibrio en mi entorno consistía en ceder cierto control. Me ha costado, porque invierto mucho esfuerzo en tener un ambiente limpio y armonioso para mi propia paz mental. Irónicamente, a menudo he meditado sobre dejar que haya más caos, porque eso forma parte de tener una familia. Me he entrenado para dejar que las cosas se desmoronen un poco, para permitir a mis hijas que desordenen y sean responsables de limpiar aunque no es el modo en que yo lo haría ni entra en mis previsiones. La casa no será siempre una pocilga, y dar a mi familia el respeto y la confianza de que pueden hacer cosas por sí solos suele ser capacitador al tiempo que fomenta resultados excelentes. Hoy en día reconozco que, aunque mi hija mayor es un desastre, posee también una gran capacidad para organizar, y cuando toca aparece y limpia. Cada cierto tiempo hace un buen repaso general de su habitación; sin que yo se lo diga, sabe por instinto que, cuando está agobiada, limpiar su cuarto la ayuda a tener la cabeza despejada. De vez en cuando, cuando suelto las riendas lo suficiente para darle cierta libertad, disfruta muchísimo demostrándome lo bien que sabe limpiar.

Solución rápida n.º 4:
No más correo basura

Dedique una hora a revisar los números a los que debe llamar o direcciones a las que escribir para deshacerse de listas de correo basura y publicidad no solicitada. Si recibe muchos catálogos de pedido por correo, escríbales directamente para que la borren de sus listas. Esto será importante para reducir la cantidad de ruido en su hogar.

Paso 2
Cree su espacio sagrado

Debe tener una habitación o determinada hora del día en la que no sepa qué dice el periódico matutino. Un lugar en el que simplemente pueda experimentar y dar luz a lo que usted es y lo que podría ser. Al principio puede pensar que no ocurre nada. Pero si dispone de un espacio sagrado, lo aprovecha y lo utiliza todos los días, algo ocurrirá. Su espacio sagrado es donde puede encontrarse a sí misma una y otra vez.

JOSEPH CAMPBELL

MI LUGAR FAVORITO de mi casa es mi rincón sagrado. Está en mi dormitorio, alrededor de un hogar de piedra que no funciona y que he pintado de blanco. Este hogar sobresale un poco del suelo y presenta una repisa ancha de sólo unos centímetros de altura. Me he apropiado de esa repisa y he colocado sobre ella una serie de objetos que tienen mucha importancia para mi práctica espiritual. Es como mi santuario personal, una versión en pequeño de los altares decorativos que he visto en templos de numerosas religiones de todo el mundo. Hay estatuillas de piedra de dioses y diosas que me parecen hermosas, imágenes de Paramahansa Yogananda, el místico indio y autor de *Autobiography of a Yogi,* quien creó la técnica de meditación particular que yo sigo, un par de velas, cuencos de metal y jarrones pequeños con flores frescas. La combinación de todas estas cosas me resulta increíblemente agradable: cada objeto que he seleccionado proporciona paz a mi espíritu y deleite a mis ojos.

Paso por ese rincón muchas veces al día, y como está situado en diagonal desde mi cama es una de las primeras cosas que veo cuando despierto y de las últimas que veo antes de apagar la luz por la noche. Su función no sólo es decorativa: es un sostén útil que me ayuda a aflojar la marcha y vivir de un modo más consciente. Cuando me muevo demasiado deprisa y me siento atrapada en mis pensamientos, mi rincón sagrado me invita a tomarme un respiro, aunque sólo sean dos minutos de respiración calmante o diez segundos para colocar con cuidado algunas flores recién cortadas en los bonitos jarrones. Me da permiso para dejar mi lista de obligaciones y frenar el flujo de pensamientos. Mientras pongo las flores allí o me siento a mirar mis fotos, respiro, me acuerdo de reconocer cómo me siento, me acuerdo de dar gracias por todo lo que tengo. Mi rincón sagrado es un catalizador de conciencia plena a gran escala; mirarlo me inspira para llevar a cabo las prácticas importantes en mi vida: encontrar realización en la calidad, no en la cantidad; hacer las pequeñas cosas de la vida lo más creativa y perfectamente que pueda.

No es extraño que use este lugar para sentarme a meditar. Puesto que lo creé específicamente para que resuene en él todo lo que mi yo más profundo considera pacífico, el mero hecho de sentarme delante de mi rincón me ayuda a orientar la mente hacia dentro. Lo dispuse intencionadamente en una zona que tiene mucho espacio alrededor, de modo que esta combinación de belleza decorativa y vacío alberga cierta energía que me resulta tranquila y conducente al silencio interior, de un modo parecido a cómo me he sentido en los templos hindúes y budistas, donde el hermoso altar está rodeado de mucho espacio que te invita a acercarte más. Teniendo un sitio dedicado a la reflexión y contemplación, el hecho de sentarme está investido de más significado; me comprometo con mi práctica porque me he comprometido a crear un espacio para ella.

Aunque es muy pequeño, el efecto que mi rincón sagrado tiene sobre el resto de mi entorno es intenso. Puesto que mi pequeño santuario representa conciencia, creatividad y belleza, da el tono a toda mi casa. Contribuye a que sienta mi entorno como un refugio.

Todo el mundo puede beneficiarse de tener un rincón sagrado en algún lugar de la casa. Es una forma sencilla de crear una sensación más pausada y más intencionada en su entorno. Cuando algo es sagrado, significa que está dedicado a un objetivo elevado y es digno de respeto. Destinando un poco de espacio a cualquier idea que considere sagrada, usted declara la intención de llenar su vida y su entorno del espíritu de vivir conscientemente.

Algunas personas crean todo un espacio sagrado —una habitación entera dedicada a prácticas conscientes como yoga, meditación, oración o escribir un diario, confeccionar un álbum de recortes o hacer trabajos de artesanía— donde pueden cerrar la puerta y «encontrarse a sí mismas una y otra vez». Eso es estupendo si dispone de espacio, pero puede conseguir el mismo efecto reservando una pequeña repisa en una parte relativamente tranquila de su casa, además de algo de suelo despejado alrededor, para el mismo fin. No necesariamente debe contener objetos de carácter espiritual o religioso, desde luego, pero sí algunas cosas que sean simbólicas de lo que le hace sentirse serena y le hace sonreír. Su colección puede empezar con un par de cosas especiales que tengan significado personal, como una tarjeta de un ser querido y

Ejercicio: Cree su rincón sagrado

Éste es un ejercicio divertido de realizar después de haber hecho algunos progresos limpiando el desorden en su hogar. Primero, elija un sitio en el que montar esta pequeña instalación. Debería ser una zona tranquila, retirada y que siente bien. Busque un estante, una mesa o una repisa ya existentes. Quizá podría vaciar una librería o usar la parte superior de un tocador. Utilizar un estante dentro de un armario es también una opción; abrir las puertas para acceder a él le permite «entrar» en su zona especial. Debería haber espacio para sentarse delante de esa superficie, o un cojín en el suelo o en una silla, si es así como le gusta meditar. Plantéese emplear zonas inesperadas como un jardín o una terraza si reside en un clima cálido (siempre podrá cambiar de ubicación en las estaciones más rigurosas), y examinar habitaciones libres: quizás haya una alcoba o un rincón sin usar al que dar un nuevo uso con un poco de pintura y mejor luz. Para crear más intimidad, podría meter un biombo en el espacio para acordonar su zona cuando la utilice para sentarse en silencio, propiciando así la sensación de aislamiento.

Si no dispone de ninguna repisa o superficie, deberá conseguirla. Una solución sencilla consiste en comprar un taburete escalera económico, que puede pintar o decorar en caso necesario, para improvisar un estante bajo. O buscar una mesita barata en un mercadillo y cortarle las patas hasta que tenga la altura apropiada. Esto constituirá los cimientos de su pequeño santuario.

Ahora está lista para crear la instalación. Deje volar su creatividad. Puede ser tan sencilla o fantasiosa como quiera. Yo he visto rincones mínimos de estilo japonés con sólo tres objetos hermosos —una piedra, un cuenco de agua y una planta— colocados sobre una tabla de madera, y también he visto altares de influencia mexicana de colores vivos, accesorios cursis y lucecitas navideñas que proyectan luz roja en la habitación. La cuestión es: ¿qué tipo de espacio le animará a conectarse con la comodidad y la paz interiores?

Empiece sencillamente y deje que su estilo surja con el tiempo. Ésta es una obra de arte siempre en marcha: puede cambiar o modificar ese espacio tanto como quiera. Tender una tela hermosa es una buena manera de empezar porque hace una superficie ordinaria más especial y lo marca como un espacio separado. Busque un color o una textura que le agrade. Las sedas relucientes de colores vivos como morado o naranja tienen un atractivo espiritual, mientras que el rojo es cálido y sensual. O bien telas neutras de color gris pardo o blanco proporcionarán un telón de fondo limpio y mínimo a su instalación. A continuación, reúna varios objetos para exhibir. La idea no sólo consiste en decorar la superficie con cosas que hagan buena impresión juntas, sino también en combinar objetos que causen una sensación de admiración. Yo considero que una combinación de objetos elementales —cosas que representan tierra, fuego, agua y aire— con enseres personales da buen resultado. El único criterio es que atraigan su sensibilidad y sienten bien.

Los artículos elementales pueden arraigar su rincón sagrado porque son cosas tangibles y visibles que la conectan con el mundo físico. Puede usar uno o más de los que siguen:

■ **PARA REPRESENTAR TIERRA:**
piedras pulidas, guijarros o arena

■ **PARA REPRESENTAR FUEGO:**
una vela

■ **PARA REPRESENTAR AGUA:**
un pequeño cuenco de agua con pétalos de flores; una fuente conectada

■ **PARA REPRESENTAR AIRE:**
incienso o una barrita aromática

Ahora añada algunos artículos que tengan importancia emocional y espiritual, significando que reflejan sus pasiones e intereses personales y le conectan con su verdad. Pueden ser recuerdos y tesoros, fotos en marcos tallados o decorativos, postales, cartas, estatuillas o figuritas. Las campanillas y cuencos, que recuerdan los santuarios budistas, pueden ser hermosos. Las figuras animales pueden tener significado para usted. Si existe un lugar que la inspire, incluya una fotografía. Quizá quiera reservar fotos de sus familiares o amigos para otras partes de la casa; este lugar está dedicado a un estado muy personal e introspectivo, y las imágenes de aquellos con quienes mantiene relación pueden generar muchos pensamientos. Deje que la naturaleza sea su fuente: pruebe a añadir conchas, plumas, pequeñas plantas y flores atractivas. Si no puede conseguir flores frescas, prefiera flores de seda a las secas, que pueden contener una energía muerta y polvorienta.

Disponga los artículos como más le agrade a la vista. Intente convertir algo en el punto focal: una estatua, una vela hermosa, un cuadro o una planta. En torno a este punto focal, equilibre los demás componentes para que el efecto global sea completo e íntegro. Siga cambiando la mezcla o modificándola con el tiempo, añadiendo nuevos elementos en función de la estación o las cosas en las que quiere concentrarse en su vida. Quizá quiera renovar por completo su rincón de tarde en tarde; sepa que no hay ningún motivo para quedarse con una misma combinación durante mucho tiempo. Por encima de todo, deje que esta pequeña instalación refleje su personalidad, su gusto y sus sueños. Añada cualquier otro elemento decorativo que mejore la zona superior o alrededor de su rincón sagrado.

Una vez creado, repare en cómo la hace sentirse ese rincón sagrado. ¿Cambia el ambiente de la habitación en la que está? ¿La inspira a hacer otros cambios en la casa? ¿Hay colores o texturas utilizados aquí que podrían incorporarse a otras estancias? Deje que éste sea el lugar donde realiza su breve práctica de meditación; encender una vela es una forma maravillosa de añadir un elemento ritual al hábito, y contemplar una llama o un objeto hermoso antes de cerrar los ojos contribuirá a inducir un estado de ánimo meditativo.

Cuanto más use este rincón, más significado adquiere. Hace las veces de recordatorio para rendir homenaje a algunas de las bendiciones que ya tiene: un hogar que le proporciona refugio; su salud, que no hace sino mejorar; el amor de otras personas; su fe; la gracia de la naturaleza... incluso la curiosidad que le ha llevado hasta este libro y este programa merece un momento de reconocimiento. En un mundo que tan a menudo nos impulsa a buscar más, más y más y a preocuparnos por todo aquello que aún no hemos conseguido o cumplido, un rincón sagrado actúa como lastre. Por un momento o dos podemos sentirnos arraigadas, refrenar esos miedos y deseos y reconocer que basta con el hecho de ser conscientes de nuestra respiración, estar tranquilas en nuestro cuerpo y mente y llevar camino de sentirnos mejor cada día.

CONSEJO. Con el fin de crear armonía en sus relaciones o invitar a una nueva relación a entrar en su vida, incluya pares de objetos, como dos conchas o dos velas.

VENTAJA: RITUAL MAÑANA/NOCHE

Si la idea de meditar delante de su espacio sagrado cada día no le da resultado, simplemente trate de incorporar el espacio a un ritual durante tres días seguidos, ya sea tan sencillo como ponerse los zapatos o cepillarse el pelo delante de él, o dedicar unos minutos a declarar su intención para la jornada. Es demasiado fácil crear el espacio y después tener demasiada prisa para reconocerlo. Estos pequeños hábitos incorporarán su espacio sagrado a su vida cotidiana para que se convierta en un catalizador de conciencia plena.

CONSEJO. Algunas personas se inventan sus pequeños rituales, como escribir palabras que representan cosas que quieren conseguir en un trozo de papel e introducir éste en un cuenco en su estante, o quemar trozos de papel que contienen palabras que designan cosas a las que están dispuestas a renunciar y reducir a cenizas (hágalo en un cuenco metálico o de cerámica para su seguridad).

una vela, dispuestas de forma intencionada y atractiva. Y puede ampliar a partir de ahí. Usted añade objetos que representan lo que quiere en su vida y adónde desea ir, o los valores con los que quiere mantener contacto.

Cuando usted crea su espacio sagrado, por sencillo o complejo que sea, está expresando su creatividad de forma pura. Los objetos que elige y la manera en que los ordena y exhibe son incondicionalmente suyos; está actuando desde algún lugar profundo de su ser, y no importan para nada las opiniones ajenas sobre su aspecto. Eso es importante, sobre todo si comparte su hogar con otras personas. Como adultos, rara vez tenemos «habitaciones propias» en la vivienda familiar; aunque es un hecho reconocido que los niños necesitan su espacio privado siempre que sea posible, los mayores restamos importancia a nuestras necesidades adultas. Creando una pequeña parcela de espacio personal y utilizándola para momentos de silencio a solas, aunque esté en un dormitorio compartido, usted labra cierta intimidad y expresa su singularidad.

■ ■ ■

SI VIVE SOLA y su hogar ya es tranquilo, tener un rincón sagrado no deja de ser efectivo. Puede ser un lugar en el que concentra su atención hacia dentro como no lo hace en ningún otro sitio de la casa y, exhibiendo símbolos de cosas que quiere conseguir, puede declarar sus intenciones para invitar a esas cosas a entrar en su vida. Sea cual sea la situación de su vida, comprobará que su rincón sagrado la ayuda a convertir nuevas técnicas, como meditaciones breves o hechizos de respiración relajante, en rituales que le gusta incluir en su jornada.

■ ■ ■

SIEMPRE HE TENIDO UN ESPACIO DE ALTAR en el dormitorio, pero en un momento dado me di cuenta de que había añadido tantas cosas que se estaba volviendo desordenado e indefinido. No me gustaba, aunque tampoco sabía muy bien qué hacer. De modo que lo quité todo y empecé de cero. Clasifiqué todos los objetos: los que todavía me conmovían y los que ya no me decían nada. Rebusqué entre las cosas para quedarme con las pocas que importaban de verdad. Luego volví a poner los objetos seleccionados de una manera que me agradaba, y las cosas que no pasaron la criba las llevé al garaje y no tardé en deshacerme de ellas. Esto me demostró que no hay nada fijo ni definitivo: puedes evaluar y reevaluar lo que te da resultado en todos los ámbitos de la vida y efectuar constantemente pequeños reajustes. El equilibrio se alcanza reparando en lo que hay a su alrededor y en cómo la hace sentirse a diario.

Paso 3
Afloje el ritmo de su hogar

AHORA QUE ESTÁ SINTONIZANDO con cómo le afecta su entorno, no es tan difícil como podría parecer crear un entorno impregnado de una sensación de serenidad y paz. La clave es empezar con modestia: al principio concéntrese sólo en una habitación, y modifíquela luego con algunos elementos razonables. Porque, a diferencia de lo que puede ver en programas de televisión maquillados, un hogar de verdad crece orgánicamente, cambiando de color, forma y aspecto a medida que su vida discurre por sus curvas. Elija una habitación que pueda requerir cierto esfuerzo y piense en desarrollar un ambiente en ella —que sea acogedor, más cálido y más nutritivo— en lugar de tratar de imponerle un rediseño completamente nuevo. Así como tomar un par de opciones alimenticias distintas podría llevarla hoy a consumir una dieta radicalmente distinta dentro de un año —y a sentirse y tener un aspecto infinitamente mejor—, el mero hecho de sintonizarse más con su entorno e introducir algunas opciones distintas en él podría desembocar en un hogar transformado, sin mucho esfuerzo por su parte, dentro de doce meses.

Un hogar «más lento» no significa un hogar en el que no se hace nada; significa un hogar cómodo para su cuerpo, mente y alma. Proporciona algo más que simplemente butacas cómodas para el descanso físico. El modo en que se organiza y los detalles que usted elige para él fomentan un libre flujo de energía y un ambiente armonioso, favoreciendo también su descanso mental y espiritual. Nuestros sentidos son estimulados durante todo el día por el mundo que hay fuera de nuestra casa, y nuestra mente debe mantenerse constantemente activa. Regresar a casa resulta un placer cuando nuestro espacio personal constituye un antídoto rejuvenecedor al mundo exterior. Conseguir un hogar lento no requiere conocimientos de decoración; empieza por plantearse la pregunta: «¿Qué hará que me sienta mejor, más tranquila y más descansada en este espacio?»

PREGUNTA: BASÁNDOSE EN LO QUE APARECIÓ CUANDO HIZO EL IN-VENTARIO DE SU HOGAR, ELIJA UNA HABITACIÓN O ZONA QUE LE GUSTARÍA TRANSFORMAR Y PREGÚNTESE: «¿QUÉ HARÍA ESTE ESPA-CIO MÁS CÓMODO?»

PODRÍA SER uno de los espacios que evita porque tiene una energía negativa, o uno de los lugares que la hacen sentirse instintivamente bien y que quiere desarrollar para que le sien-te aún mejor. Ya sea su dormitorio, su sala de estar, su cocina, su baño o un despacho, pre-gúntese: «¿Cuál es la verdadera función de esta habitación, y qué quiero sentir aquí? ¿Paz, concentración mental, creatividad, bienestar, sociabilidad?» Siéntese en esa estancia un ra-tito y pregunte si le sirve de la mejor manera posible.

- Si elige el dormitorio, ¿está la cama en una posición que le sienta bien, hay una luz agra-dable por la mañana, o el sol le incide directamente? ¿Es la iluminación acogedora por la noche? ¿Hay suficiente ventilación y suficiente espacio alrededor de su cama?
- Si es la sala de estar, ¿invita a relajarse e interactuar con la familia o con amigos? ¿O está todo el mobiliario apiñado en torno al centro de entretenimiento?
- Si es la cocina, ¿es lo bastante agradable para impulsarle a pasar el tiempo necesa-rio para preparar, cocinar y posiblemente consumir comida allí? ¿O es demasiado uti-litaria, sin ningún signo de su personalidad e intereses?
- Si es el baño, ¿le da la bienvenida a primera hora de la mañana cuando es usted más vulnerable y le relaja a última hora de la noche cuando se desprende del estrés del día? ¿Fomenta su autocuidado y bienestar?

PREGUNTA: EN LO QUE SE REFIERE A ESE ESPACIO CONCRETO, ¿CUÁL ES SU IDEA DE COMODIDAD?

PARA ALGUNAS PERSONAS, las habitaciones opulentas y exuberantes inducen un estado apacible mientras que para otras las estancias racionalizadas y mínimas producen tranquilidad interior. Dedique unos minutos a pensar qué tipo de entorno apacigua mejor sus sentidos: relajado y soleado, austero y de líneas puras, o acaso rico en colores y texturas. Hojear revistas es una forma excelente de averiguar qué le gusta, pero no se deje atrapar por la idea de que su espacio debería ser un dechado de interiorismo, o nunca empezará.

Luego léase las siguientes ideas para hacer que ese espacio le siente mejor y eli-ja una, dos o tres de ellas para aplicarlas allí. Concéntrese en mejorar el espacio a par-tir de su sentido del deleite y la comodidad, y no se preocupe sobre si lo que está ha-ciendo contribuye a alguna clase de «estilo» o no. Su creatividad empezará a expresarse de forma natural porque, con este programa, está aumentando su conciencia a través de cosas ordinarias: sintonizándose con su modo de respirar, comer y moverse. Esto la pone en contacto con sus instintos y abre los canales creativos. Descubrir lo que le gusta tiene lugar orgánicamente: a medida que usted elimina de un espacio cualquier desorden o fealdad y atiende a las sensaciones que le produce una habitación, se hace una idea cada vez más clara de lo que funcionará en ese espacio.

Cuando éramos niñas, era algo natural e instintivo cambiar el aspecto de nuestra habitación, añadir pósteres nuevos a las paredes cada mes y disponer los muebles en nuevas configuraciones según nuestro antojo. Permita que salga a flote ahora parte de esa espontaneidad; nunca desapareció, aunque no la haya utilizado durante mucho tiempo. A veces lo que más necesitamos en lo que a nuestro entorno se refiere es soltarnos un poco. Podemos estar tan resueltas con relación al aspecto que «debería» tener cada habitación que al cabo de un tiempo puede llegar a eternizarse, sin cambiar ni un ápice durante años y años. Poner cosas del revés puede resultar tonificante: en el dormitorio, gire la cama del revés; tome prestada una alfombra de la sala de estar; sustituya algunas lámparas y cambie los cuadros de sitio. Sólo experimentando dará con el equilibrio adecuado.

No olvide que las modificaciones pueden ser muy pequeñas, y que le permiten cambiar su entorno a diario. Crear una bonita composición floral y exponerla muy a la vista, encender un fuego en invierno, conectar un pulverizador de aromaterapia para difundir olores agradables e incluso elegir buena música para mejorar su humor pueden ser maneras efectivas de reequilibrar las cosas cuando se sienta puesta a prueba. No sólo las otras personas que entran en la casa sienten que mi familia y yo las recibimos con amabilidad y atención, sino que además me ayuda a encontrar satisfacción en las pequeñas cosas de la vida en vez de buscar continuamente lo nuevo.

Pasé buena parte de mis años mozos siempre hambrienta de la siguiente máxima: la siguiente comida, el siguiente torrente de endorfina de ejercicio, el siguiente viaje. Es una pequeña adicción que muchas de nosotras tenemos: anhelar la siguiente gran sorpresa que puede estar a la vuelta de la esquina, y pasar penosamente por el día de hoy mientras insistimos hasta conseguir las vacaciones que vendrán mañana, quejándonos entretanto de que estamos aburridas de nuestra vida. Pero ¿nuestra vida es aburrida, o es que estamos ausentes mientras la vivimos? Prestando más atención a los pequeños detalles de la vida, podemos hacer que cada día sea creativo y obtener más placer de lo que ya tenemos. La frustración con lo que tienes delante proviene de querer experimentar algo nuevo; estoy aprendiendo que podemos sentirnos nuevas cada vez que queramos. En lugar de desear esa casa nueva, coche nuevo o vida nueva, podemos crear una nueva experiencia dentro y fuera muy fácilmente: a través de ejercicio, comer algo repleto de sabor y calidad o cambiar la sensación que produce nuestro hogar.

OCHO MANERAS DE AFLOJAR EL RITMO DE SU HOGAR

1 DISPOSICIÓN

Aparte o esconda cualquier objeto de la habitación que no encaje con su función. Por ejemplo, un dormitorio sirve para dos cosas: dormir y mantener relaciones íntimas con una pareja. No es para trabajar, para hablar por teléfono o para aislarse con algún entretenimiento. Cada vez que hace tales cosas, como llevar su ordenador portátil a la cama, envía señales confusas a su cerebro, diciéndole que el dormitorio es un lugar para la actividad mental. Relajarse y conciliar el sueño resulta más difícil. Cree un entorno en el que todos sus sentidos capten el mensaje de que el propósito de esta habitación es descansar y relacionarse con su pareja, si la tiene. Trate de hacer de su dormitorio una zona libre de tecnología y dejar su ordenador fuera; para dar un paso más, deje fuera también todos los teléfonos. Cubra o esconda el televisor cuando no lo mire, por ejemplo tapándolo con una tela bonita o colocándolo en un armario, y si está acostumbrada a ver películas y programas de noche en la cama, habitúese a verlos fuera del dormitorio. Cuando haga el ejercicio «Mañana sagrada, noche sagrada» de la semana 4, se abstendrá de mirar nada justo antes de dormir, ya que hacerlo estimula el cerebro. Tome ventaja e intente hacerlo ya en la semana 1.

Si las limitaciones de espacio implican que no puede dejar cosas como ordenadores, televisores o incluso máquinas de ejercicio fuera del dormitorio, ocúltelas con biombos cuando no las use de modo que la conciencia de su presencia durante el tiempo de descanso disminuya. Convierta esta habitación en un retiro personal; si da directamente a una zona pública como la sala de estar o el recibidor, mantenga la puerta cerrada para que sólo aquellos a quienes invite puedan entrar. Una cama colocada directamente delante de una puerta puede hacerla sentirse vulnerable cuando duerme; análogamente, una cama situada justo debajo de una ventana puede hacerle sentirse intranquila. Disponga la cama en diagonal con respecto a la puerta si es posible de modo que pueda verla sin que esté alineada con ella. Cubra cualquier ventana que esté directamente sobre la cama con telas.

Sea cual sea la habitación de la casa en la que trabaje, compruebe detenidamente si sirve a su propósito y haga ajustes en consecuencia. Preste atención a la disposición de los muebles principales de la estancia. ¿Resulta adecuada para usted la disposición? Realice algunos cambios en los objetos físicos que hay en la habitación y vea si mejora su experiencia en ella.

CONSEJO. Demasiada simetría puede ser un factor deprimente. La antigua ciencia india de diseño y arquitectura, llamada *vatsu,* dice que la asimetría es instintivamente más cómoda porque reproduce las pautas de la naturaleza; nuestros cuerpos son asimétricos, las plantas son asimétricas, etc. Una habitación en la que todo está perfectamente alineado puede beneficiarse de algo de alteración: rompa el aspecto formal cambiando muebles de sitio, combinando formas cuadradas con esféricas, rompiendo la monotonía de estantes de libros con un jarrón o una estatua...

xisten motivos de salud física para sacar el exceso de aparatos electrónicos de su dormitorio. Se ha demostrado que los campos electromagnéticos (CEM) producidos por los cables eléctricos causan trastornos del sueño, nerviosismo, alergias, incapacidad para concentrarse, fatiga y jaquecas. Cambie las radios y despertadores eléctricos por otros accionados por pilas, o aléjelos de su cuerpo. No use mantas o esterillas eléctricas mientras duerme. Los equipos estereofónicos y otros aparatos deberían colocarse también lejos de su cama.

2 ILUMINACIÓN

Vea si puede sacar mayor partido de la luz diurna que entra en la habitación desplazando muebles para captarla mejor, cambiando cortinas demasiado gruesas por telas finas en verano, o simplemente exponiendo plantas u objetos decorativos al sol para jugar con la luz. Los jarrones de vidrios de colores en el alféizar son una forma hermosa de llamar su atención hacia el sol matutino. Si tiene una bonita vista al exterior, poténciela manteniendo los cortinajes abiertos durante el día. Fíjese en cómo el ambiente de la habitación cambia a medida que la luz diurna se apaga. ¿La iluminación nocturna despierta sensaciones íntimas? Cambiar la iluminación puede proporcionarle un lavado de cara instantáneo a una habitación. La mayor parte de la iluminación del techo tiende a ser intensa, de modo que las lámparas dispuestas de forma atrayente sobre mesas suelen ser una mejor opción para iluminar una estancia. Añadir un regulador de intensidad de luz a las lámparas de techo evita las habitaciones excesivamente iluminadas, que son hiperestimulantes y perturbadoras.

La luz de vela favorece inmediatamente un entorno suave y tranquilo sin tener que comprar muebles nuevos. Aunque más caras, las velas de cera de abeja o cera de soja naturales arden mejor que las convencionales, que están hechas de parafina y liberan sustancias tóxicas cuando arden y a menudo tienen pábulos hechos de plomo, lo que puede causar exposición al plomo.

3 COLOR

El efecto que el color puede tener sobre su humor es bien conocido. El color es la percepción de la frecuencia de luz, lo cual significa que lo que está viendo cuando mira un color es básicamente distintas vibraciones de energía. Observe si los colores de su habitación la estimulan, la calman o parecen inadecuados por algún motivo y la hacen sentirse incómoda. Podría repintar una habitación entera, pintar una pared o introducir muebles, cubrecamas, cojines o contrastes con colores que se ajusten a la función de esa estancia. Mi sala de estar era de color crema, hasta que un día tuve una inspiración y pinté toda la habitación de un rojo subido. Este color intenso está equilibrado por mobiliario cómodo y objetos orientales, que lo convierten en un espacio acogedor idóneo para entablar conversación y pasar el rato. Ahora resulta mucho más divertido estar allí.

Dentro de cada color, encontrará multitud de tonos y matices que pueden variar de los inspiradores a los deprimentes. Una buena manera de dar con un tono que le agrade es empezar a recoger colores que compruebe enseguida que resuenan positivamente con usted. Un bolso que le guste, la pared de una tienda cercana, la cubierta de un libro: tome nota de los tonos que le agradan, deje que su colección restrinja el campo de colores y elija aquellos que se adapten a su hogar. Use estas normas generales para inspirarse y juegue a encontrar un tono concreto que le afecte positivamente.

- **ROJO:** Poderoso y estimulante. Da energía, inspira pasión, actividad y movimiento. Puede resultar abrumador.
- **NARANJA:** Aporta energía alegre, conducente a reuniones felices; agradable, optimista.
- **VERDE:** Fomenta energía tranquila y a la vez activa: un color de equilibrio, curación y armonía. Refrescante.
- **AMARILLO:** Inspira pensamiento lúcido, actividad intelectual, claridad. No está indicado para una habitación destinada al descanso.
- **AZUL:** Un color tranquilizador, meditabundo, reconfortante, fresco. Equilibra el sistema nervioso. Podría ser demasiado frío si se siente sola en su casa.
- **MORADO:** Espiritual, apoya la intuición. Los tonos vivos son intensos, pero un azul lavanda o violeta pueden ser adecuados.
- **BLANCO:** Inspirador y purificante. El efecto puede ser estéril si abunda en exceso.

CONSEJO. A menudo pasada por alto para dormitorios, una paleta cromática que refleje los tonos de piel de todas las razas crea un entorno muy sensual y suave. Piense en beige, topo, melocotón, albaricoque, café, coco, con amarillo tenue y violeta pálido para contrastar. Colores de contraste de la familia del tono piel, como canela, borgoña, dorado y bronce, pueden contribuir a la cordialidad. Si prefiere colores frescos como azules, grises y verdes para un dormitorio, compruebe que no resultan demasiado fríos; podría necesitar añadir contrastes de tonos cálidos aquí y allá mediante tejidos, obras de arte o muebles para mantener una sensación acogedora.

Adapte la paleta cromática de su habitación elegida de un modo intencionado, ya sea pintándola o añadiendo telas de colores a las ventanas, a la cama, cubriendo muebles, o mediante elementos de contraste como cojines, cuadros y objetos decorativos.

4 SUAVIDAD

Una de las maneras más sencillas de introducir calidez en una habitación consiste en añadir muebles y elementos textiles que produzcan suavidad. El tacto es un sentido muy importante; deberíamos atender a él y alimentarlo con experiencias hermosas. La mayor parte del día transcurrida en coches, mesas de trabajo, ordenadores o de pie significa que nuestro cuerpo anhela la relajación de sensaciones táctiles agradables. Añada un elemento suave a su habitación. No es necesario comprar muebles nuevos y suntuosos. Añada cojines mullidos con fundas suaves al sofá, o incluya cojines gigantes en el suelo. Piense en poner una estera con texturas allí donde no la había, colocar tapetes delicados sobre las superficies o suavizar las ventanas con cortinas en lugar de persianas. Fíjese en cómo incluso una mesa de madera desnuda puede tener suavidad, la lustrosa sensación de madera pulida bajo sus dedos. También un tapiz decorativo colgado en la pared en lugar de un cuadro enmarcado transmitirá suavidad al instante. Si prefiere una habitación mínima de líneas puras, el mero hecho de agregar un par de elementos suaves causará un impacto sutil pero intenso.

Para cortinas y tejidos asequibles, busque en eBay.

5 PESADEZ

Unos pocos elementos pesados pueden arraigar una habitación y hacer que parezca importante, contribuyendo así a la estabilidad del hogar. Añada intencionadamente un elemento pesado a su habitación. Haga algunos gestos enérgicos con objetos pesados como estatuillas, jarrones grandes o incluso muebles espectaculares. En mi sala de estar tengo estatuas indias y chinas; equilibran el mobiliario suave, templan la sensualidad de las paredes rojas, proporcionan un centro de atención para la vista y la convierten en una estancia que exige respeto. Su componente naturaleza, a continuación, puede satisfacer esta necesidad, sobre todo si emplea piedras o madera.

6 NATURALEZA

Traer adentro lo de fuera, mediante plantas verdes o flores recién cortadas, resulta refrescante y reconfortante. Plantas y flores pueden transformar al instante la sensación de un espacio sin que tenga que costar cuidarlas. Puesto que las plantas son objetos vivos que crecen despacio y aumentan su bienestar ayudándole a respirar (literalmente, al liberar oxígeno y consumir dióxido de carbono), encarnan los principios del hogar lento. Incluso añadir una planta pequeña a un dormitorio es un gesto de autocuidado. (Ponga un áloe junto a su

cama, ya que desprende oxígeno por la noche, al contrario que la mayoría de plantas.) Intente añadir plantas grandes y espectaculares, como plantas carnosas con espinas o ficus. Casi como tener un árbol de Navidad en la habitación, poseen una presencia definida, que afectará a su humor. Las flores, cuando se ponen con cariño en jarrones bonitos, son como un regalo para su casa; colocándolas en zonas en las que serán vistas y apreciadas por todos, está celebrando su hogar y dándole gracias por cobijarla.

Otras maneras de traer objetos del mundo natural son usar elementos orgánicos como conchas, piedras y trozos de madera para decorar en vez de chismes comprados en tiendas. Pueden aportar una presencia antigua que contrarresta la prisa y la artificialidad del mundo moderno. Organícelos a conciencia para exhibir su preciosidad. Una cesta poco profunda de piedrecitas de forma similar, colocada debajo de una mesita de café de cristal, es reconfortante a la vista y tranquilizadora para el espíritu. Análogamente, una bandeja que contenga conchas grandes, exhibida en la mesita del vestíbulo o la mesa del comedor, supone una conexión con el mar; trate de contrastar las conchas sobre una bandeja metálica antigua para realzar su belleza. Incluso los trozos hermosos de madera de deriva resultan tranquilizadores.

CONSEJO. En la cocina, saque alimentos secos como cereales, pasta y arroz de sus envases y guárdelos en frascos de cristal; ponga frutas y verduras que no necesiten conservarse en la nevera en cuencos (artículos de piel gruesa como plátanos, aguacates y uvas).

Crear una composición floral es un acto meditativo que no sólo la tranquiliza, sino que además proporciona paz y belleza a su hogar. Recoja plantas y flores de la naturaleza o vaya a una floristería y elija tallos y hojas individuales que le parezcan atractivos. Invierta media hora en cortar los tallos, disponer sus componentes individuales y organizar los elementos en un todo. No siga más reglas que su propia idea de lo que es hermoso. Intente alcanzar un equilibrio entre colores y entre flores y espacio vacío. Es bueno hacer esto en silencio y sintonizándose con su respiración. Deje que sus ojos aprecien los colores y texturas y que su nariz perciba el olor. Coloque el producto acabado en algún sitio de su casa donde lo disfrute al máximo. Lleve la composición a su dormitorio por la noche.

Para algo más permanente, recoja unos cuantos elementos naturales para crear una obra decorativa para su habitación. Los objetos de decoración no tienen por qué salir de las tiendas de interiorismo. Busque componentes en comercios de jardinería y menaje, o si es posible recoja objetos en una playa, un bosque o la orilla de un río. Disponga sus piedras, conchas o trozos de madera elegidos para crear una composición atractiva.

7 AGUA

La mayoría de los hogares occidentales tienen agua en lugares muy utilitarios: los fregaderos, el lavabo y la ducha. Pero, si añade elementos acuáticos de formas más decorativas, puede dar lugar a una sensación hermosa en la casa. El agua se usa mucho en el feng shui porque es un elemento importante que favorece el sustento, la abundancia, el carisma y el flujo de vida. Se trae a la casa por medio de fuentes o acuarios llenos de peces de colores vivos. O bien puede traerla hasta su puerta principal o el jardín con un bebedero y una bomba.

Agregue una pequeña fuente o un acuario a su habitación elegida. Las pequeñas fuentes de sobremesa son fáciles de encontrar en Internet y no tienen por qué ser caras. El agua debería estar siempre en movimiento; usted no sólo ve que el agua se mueve, sino que además la oye y se beneficia de los iones negativos liberados al aire. La colocación de fuentes se hace de un modo calculado en el feng shui, y si le gusta el efecto de este ejercicio, estudie más las reglas del feng shui para dar con el sitio perfecto para el agua en su casa. (Por ejemplo, si se instala correctamente en el dormitorio, dicen que favorece el amor.) Añadir agua ha cambiado espectacularmente la sensación de mi casa de manera que ahora es más vital, más viva —más «carismática», como dirían los expertos en feng shui—, a la vez que proporciona una banda sonora tranquilizadora a nuestras vidas.

Los olores y el sonido de un río me llevan de regreso a casa dondequiera que esté. Tengo fuentes en mi casa para transportarme a ese sentimiento de un pasado tierno, al abrazo de la Madre Naturaleza. En California percibo el olor de mis rosas a finales del verano, un aroma irreal por la noche cuando refresca. Las flores de limonero son tan aromáticas y deliciosas, que a menudo vuelvo a la planta para comprobar si ese olor es de verdad. Resulta embriagador. A finales de la primavera, el olor del jazmín nocturno se filtra en mi dormitorio desde el jardín; ¿qué más necesito para ser feliz?

8 OLOR

Utilice olor para transformar al instante el humor de su hogar. La forma más sencilla y natural de producir un efecto aromático consiste en usar aceites esenciales —extractos vegetales puros obtenidos por destilación—, que son la base de la aromaterapia. Cuando se calientan en un pequeño difusor, su aroma se libera al aire, cambiando la sensación de una estancia. Los aceites esenciales han sido agentes terapéuticos durante miles de años; también puede echar unas gotas en el baño, o agregarlo a un aceite portador (como aceite de almendra) para masajear su cuerpo.

Olores distintos tienen efectos diversos:

- Primera hora de la mañana, para animarse: uva, limón, lima
- Media tarde, para despertar: menta, geranio
- Noche, para calmarse: lavanda, manzanilla, jazmín

DESE EL GUSTO: Los difusores de cerámica usan una luz de té o electricidad para calentar un plato de agua rociada con unas gotas de aceite esencial. Difusores y aceites son fáciles de encontrar a través de Internet.

CONSEJO. Si utiliza ambientadores comerciales, sobre todo los que se enchufan a la toma de corriente, su entorno puede estar lleno de olores fuertes sin que se dé cuenta. Nos acostumbramos al olor cuando está alrededor de nosotros todo el tiempo, pero aun así nuestros sentidos están expuestos a la estimulación. Piense en quitar todos los ambientadores artificiales para hacer borrón y cuenta nueva en su hogar. Luego, si quiere, use aceites esenciales o velas ligeramente perfumadas de vez en cuando para introducir un humor cuando lo desee. Plantéese también abstenerse de usar productos de higiene personal que desprendan olor durante el día, para acallar el ruido de los múltiples productos perfumados en su cuerpo.

DESINTOXIQUE SU HOGAR

De la misma manera que merece la pena reducir su exposición a los agentes químicos en su comida, también vale la pena tomar conciencia de la cantidad de sustancias químicas a las que está expuesta dentro del hogar. Seguramente interactúa con más agentes químicos de los que cree todos los días, a través de productos de limpieza comunes, productos de higiene personal, limpieza en seco e incluso de cuidado de mascotas. Todas estas cosas contienen toxinas que, poco a poco, se acumulan en su cuerpo (y en el de sus hijos) y pueden causar síntomas como jaquecas, sarpullidos y dificultades respiratorias. Muchos defensores de la salud están estableciendo conexión entre los agentes químicos sintéticos en nuestros productos domésticos y enfermedades como el cáncer y el asma, así como trastornos del sistema hormonal, reproductor, neurológico e inmune. Como en el caso de la comida, es sólo cuestión de sentido común reducir la carga de sustancias químicas en su entorno. No tiene que pasar a ser completamente natural de la noche a la mañana; tome algunas opciones distintas para rebajar la carga. Si normalmente compra un limpiador extrafuerte para la cocina, pruebe uno sin toxinas de una marca de productos naturales. Si ha comprado la misma marca de productos de higiene femenina durante décadas, durante un mes pruebe una marca fabricada con algodón sin blanquear.

Principales formas de reducir su carga tóxica

PRODUCTOS DE LIMPIEZA: Busque limpiadores, detergentes y productos lavavajillas respetuosos con el medio ambiente. El envase debería incluir las siguientes palabras: surfactantes no basados en petróleo, sin cloro ni fosfato, no tóxico, biodegradable. Estos productos suelen ser comparables en precio a los fabricados con agentes químicos sintéticos, y si cuesta trabajo encontrarlos en comercios, resulta fácil adquirirlos a través de Internet. Pruebe una marca como Seventh Generation.

LIMPIEZA EN SECO: Las sustancias químicas empleadas en la limpieza en seco convencional han sido relacionadas con el cáncer, defectos congénitos y daños en el sistema nervioso central además de efectos a corto plazo como mareos, náuseas e insuficiencia respiratoria. Aunque en teoría se evaporan de su ropa, estos agentes químicos pueden quedar atrapados fácilmente en el envoltorio plástico, de modo que si tiene que usar un limpiador en seco, asegúrese siempre de ventilar la ropa. De lo contrario, busque limpiadores que empleen métodos no tóxicos o ecológicos, cada vez más extendidos.

PRODUCTOS DE HIGIENE PERSONAL: Cuando usted usa desodorantes, su cuerpo absorbe un aluminio que se ha vinculado sistemáticamente con el síndrome de Alzheimer. Muchos consideran también que los desodorantes están relacionados con el cáncer de mama, sobre todo si se utilizan junto con la depilación de axilas. Un paso fácil para salvaguardar su salud es usar desodorantes naturales, que no contienen aluminio y pueden ser muy eficaces (sin embargo, compruebe que no haya parabeno en sus ingredientes). Los productos de higiene femenina, ya sean tampones o compresas, son otro producto susceptible de cambio: los convencionales hechos de algodón blanqueado la exponen a dioxina química altamente tóxica, que es un conocido carcinógeno. Busque marcas que no empleen cloro para blanquear. Otros productos que debería pensar en cambiar incluyen filtros solares, tinte para el pelo, dentífricos y productos perfumados para el cuerpo y el cabello. Los centros comerciales de salud y las droguerías on-line normalmente ofrecen un buen surtido de marcas alternativas.

MASCOTAS Y JARDINES: Reduzca su exposición a los pesticidas utilizando tratamientos antiparásitos no tóxicos para sus animales así como soluciones de control de plagas e insecticidas naturales en su jardín siempre que sea posible. El fertilizante orgánico también es una opción saludable si la jardinería es su hobby.

PLANTAS: Las plantas filtran el aire de sustancias químicas tóxicas, además de liberar oxígeno al entorno y contribuir a una humedad equilibrada. En lo que a contaminación respecta, los entornos cerrados pueden ser peores para usted que los exteriores porque la pintura, las alfombras, los tejidos y los electrodomésticos presentes en las casas contienen formaldehído, acetona y otros agentes químicos que emanan vapores al aire. Elegir estratégicamente plantas que absorban estas sustancias químicas es una forma estupenda de contrarrestar el efecto tóxico. Plantéese añadir plantas como arecas y palmeras de bambú, gerberas, helechos de espada, hiedra, crisantemos, cintas y pothos. Se necesitan dos o tres plantas para limpiar el aire de una sala de estar mediana. Para cuidar plantas no hay que saber latín; además, es una actividad meditativa que levanta el ánimo.

> **CONSEJO.** El aire fresco es una herramienta excelente para combatir la contaminación que es inherente a todo hogar; resulta fácil de encontrar y es gratuito. Abra las ventanas siempre que sea posible para dejar entrar aire limpio en su casa, sobre todo cuando limpie, y mantenga los dormitorios ventilados por la noche.

DESE EL GUSTO: *Un purificador de aire es una estupenda adquisición para su espacio, sobre todo si tiene mascotas. Si alguien fuma en su casa, considérelo una inversión inapreciable.*

Mi amigo, el experto en feng shui David Cho, vino para hacer una evaluación completa de mi entorno y me contó lo que había descubierto sobre la energía de mi casa. En el feng shui clásico se realizan muchas series de cálculos complejos para comprobar no sólo la organización de los interiores, sino también el asentamiento de la casa en el terreno e incluso la geología bajo la misma. Ni que decir tiene que a esas alturas yo creía, después de toda mi introspección y ajustes, que sacaría un sobresaliente. Pero, para mi sorpresa, David me dijo que el despacho en el que trabajo tenía la peor energía para hacer cosas. Siempre me había preguntado por qué me resultaba tan difícil concentrarme mentalmente allí; dijo que debería utilizarlo para meditación y práctica espiritual. Me sugirió que probara con la sala de estar formal del piso de abajo para trabajar en ella porque tenía un potencial mucho mejor en ese campo. Con sólo esa simple sugerencia —que nunca se me habría ocurrido— encontré una nueva oportunidad en mi propio hogar. Convertí una habitación no funcional en un cuarto muy útil. Antes era la típica sala de estar que no tocaba nadie salvo el perro, para poner sus patas enfangadas sobre el sofá. Era la sala de estar de mi madre, la habitación de «todo en su sitio», en la que no se podía tocar nada. Ahora es, para mí, una fuente de energía repleta de luz. Me encanta. Como soy casi una maniática del orden, sé que nunca estará demasiado desordenada. Añadí dos árboles grandes para ganar calidez, y luego coloqué mi ordenador en el escritorio que habíamos dispuesto en la estantería de la pared hace años. Nunca supe muy bien por qué habíamos puesto ese escritorio, y ahora lo he descubierto.

Entretanto, David dijo que otras habitaciones estaban descompuestas en su energía, como el dormitorio de mi marido y yo. Adujo que ese dormitorio estaba en la parte inadecuada de la casa, mal orientado, y que deberíamos dormir en otro sitio. ¡Pero a mí me encanta esa habitación! ¡Duermo siempre de maravilla en ella! Así pues, como en el caso de la dieta y todas las opciones que usted toma en la vida, no siempre hay que seguir a los expertos, sino que es preferible aceptar algunos de sus consejos cuando parezcan adecuados y obedecer a su instinto. De modo que, si bien me negué a cambiar mi dormitorio a otra parte de la casa, como él recomendó, incorporé muchas de sus sugerencias, como añadir algunas fuentes de agua y metal, a la vez que me mantenía fiel también a mi propio gusto. Ahora mi dormitorio proporciona una sensación fantástica.

Negociar con la pareja

Uno de los aspectos delicados que conlleva cambiar su entorno, si tiene usted familia, es que debe pensar en cómo conseguir que el entorno funcione para todos los demás. Yo me resistí a transigir durante mucho tiempo. De hecho, me fastidiaba que mi marido opinara sobre lo que estaba haciendo a la casa. Como esposa y madre, era yo la que pasaba en casa la mayor parte de su tiempo, de modo que organizar el espacio a mi antojo era «cosa mía», y seguramente creía también que mi gusto era mejor que el suyo, lo cual no hacía más que volverle resentido y hacer el espacio mucho menos feliz de lo que podía ser. A muchos hombres les trae sin cuidado la decoración o el estilo del hogar, pero como a mi marido sí le preocupaba, tuve que aprender a tener una actitud abierta y hablar de la casa como nuestro espacio colectivo. Ayuda a comunicarse; resulta crucial entablar una discusión. «No siempre me siento a gusto aquí dentro; ¿cómo te sientes tú?» Si a su pareja no le importa que sus hijos dejen sus cosas tiradas por la sala de estar y usted detesta ver su desorden, ¿cómo pueden construir juntos un espacio que se adapte a todos? Comunicándose, pueden encontrar una solución creativa, como asignar a los niños su propia mesilla en la sala de estar. Entonces todo el mundo sabe que no pasa nada si dejan allí sus cosas, y no se verán enzarzados en esa batalla en la que mamá hace el papel del ama de casa resentida, siempre recogiendo lo que dejan tirado y enfadándose por ello.

Paso 4
Proteja sus reservas

A VECES LAS EXIGENCIAS DEL TRABAJO, la vida y la familia se combinan para agotar mi energía del todo y sé que debo tener cuidado: estoy a punto de enfermar. Esos primeros síntomas de fatiga, mal humor y sensación de estar indispuesta son una señal de que me he hiperestimulado y excedido, y es la hora de pulsar la pausa y cuidar de mí misma. Entonces es cuando dejo que el entorno que he creado en mi hogar me alimente. Hace poco, estaba mental y emocionalmente agotada por hacer algo que me gusta, pero la naturaleza del trabajo —rodar doce vídeos de yoga en dos días— era demasiado, sobre todo porque ocurrió justo después de volar a Vancouver para un proyecto cuando aún me estaba recuperando del rodaje de una película en Nueva Zelanda. Emocionalmente estaba lidiando con la preocupación por abandonar a mi familia una vez más al mismo tiempo que me adaptaba a un clima otoñal y cielos oscuros. Todo ello agotó mi energía, me abatió y desencadenó el principio de un resfriado. Pero, afortunadamente, me permití aflojar el ritmo y cuidar de mí misma. En lugar de mantenerme enchufada a cien tareas como una maníaca, me permití tener un día muy tranquilo, retirarme a mi bonito dormitorio y recuperar lo que había perdido haciendo demasiado.

Cuando mi salud está en peligro, sé que soy responsable de estar bien. Pero no deja de ser un reto silenciar la voz que dice: «¡Hay cosas por hacer!» Combato el miedo culpable a ser una inútil en los frentes familiar y laboral, pero recuerdo que el mundo puede seguir sin mí y, de hecho, los demás pueden valerse por sí mismos. Me convenzo a mí misma de dejar de planchar (aunque mi marido necesita sus camisas). Dejo que las niñas vayan a hacer la compra solas y confío en que sepan prepararse sus comidas. Me resisto a ordenar la habitación de mi hija mayor, por tentador que pueda resultar, y me doy permiso para meditar cada vez que mi energía puede concentrarse. En cuanto a la comida, me lo tomo con mucha calma. Si mi apetito es escaso, como muy poco y bebo agua caliente con limón. Al cabo de un día tranquilo como ése, mi equilibrio suele restablecerse y cualquier enfermedad que me rondaba se esfuma como el mal tiempo. Mi apetito vuelve, y me como las sencillas verduras al vapor que limpian y alivian mi estómago. Dejo que mi dormitorio haga las veces de lugar curativo: estar en él me tranquiliza y hace que me sienta mejor. Cada vez que guardo cama, me enseña la bondad de la lentitud y la necesidad de no hacer nada en particular; me recuerda *que tengo éxito sin hacer y que no hay nada que esté haciendo que no esté aquí en este momento. Éstas son mis lecciones, y mi respiración me hace regresar a ello.*

Cuando detecte los primeros síntomas de fatiga o se sorprenda esforzándose demasiado en cuerpo y alma, deténgase, haga caso a sus instintos, reduzca la velocidad de su mente pensante y dese permiso para hacer aquello que su cuerpo le diga que necesita para recuperar el equilibrio, aunque eso pueda significar acostarse un rato. No es ser improductiva; es asumir la responsabilidad de su salud. Una de las lecciones más difíciles que debemos aprender es la de proteger nuestro bienestar como el valioso recurso que es.

■ ■ ■

ME HA LLEVADO CUATRO DÉCADAS comprender lo evidente: antes debo cuidar de mí misma o destinaré mucho esfuerzo a intentar cuidar de los demás sin los recursos que necesito. Siendo adolescente, fui la cuidadora de mi madre durante su enfermedad terminal, y me asaltó constantemente la inquietud de que no la atendía lo suficiente. Como joven madre, me forzaba hasta el límite para ser una supermujer: super en forma, supertrabajadora y superdisponible también para mis hijas. Llegaba al plató cinematográfico o de televisión en el que trabajaba muy temprano y departía con los actores y los miembros del equipo durante todo el día porque quería que todo el mundo lo pasara bien. Me levantaba de la cama absurdamente pronto para hacer ejercicio en una máquina elíptica en casa, y todo el tiempo libre del que disponía los fines de semana lo destinaba a mis hijas. No creo que llegara a frenar nunca lo suficiente para tomar conciencia de lo cansada que estaba (de ahí mis dosis de cafeína cada vez mayores). De hecho, ni siquiera se me pasó por la cabeza que estuviera bien dedicarme tiempo a mí misma a menos que lo usara para entrenar duro o preparar algún tipo de comida especial. ¿Tomarme un tiempo muerto para descansar o recargar las pilas? ¡No lo necesitaba! Yo era la mujer que corría por senderos de montaña empinados y saltaba a la comba durante tres episodios seguidos de *Taxi*.

Pero me engañaba a mí misma. Mi energía estaba agotada la mayor parte del tiempo porque la pura fuerza de voluntad anulaba toda sensibilidad sutil a cómo me encontraba en realidad. No sabía que, si me tomaba más tiempo de tranquilidad para mí durante esos días frenéticos en el plató —como retirarme a una caravana para meditar como ahora hago a menudo— y si me concentraba más en la calidad del tiempo que pasaba con mis hijas en vez de acumular sólo cantidad, todos habríamos sido más felices y habríamos estado más sanos. Durante muchos de aquellos años, aunque para todos los demás yo rebosaba de energía, en realidad estaba cansada y me esforzaba por hacer las paces con mi vida.

Muchas mujeres, tanto si trabajan fuera de casa, tienen familia o viven solas, se quedan sin energía. Sin embargo, forzarse al máximo es un enfoque insostenible. A la larga, su capacidad para funcionar a un nivel óptimo va mermando hasta que el cuerpo, la mente y el espíritu están agotados. En la actualidad he encontrado un término medio. ¿Que si tuve que sacrificar algo importante para liberar horas de tiempo? No. Me volví más consciente de mis niveles de energía día a día y momento a momento, y ahora tengo más cuidado de proteger mis reservas.

Hasta ahora, este programa le ha dirigido hacia tomar conciencia de cómo le afecta la comida, cómo el ejercicio cambia su estado y cuán ocupada puede estar su mente cuando se sienta en silencio. En este último apartado, mientras contempla el santuario de su hogar, puede pensar en cómo la energía presente en su casa tiene que ver con sus niveles de energía globales. Es evidente que las presiones sobre su organismo pueden provenir de las cosas ruidosas: los azúcares y estimulantes en su comida, las toxinas en su entorno y el flujo constante de información y tecnología. Pero las presiones provienen también de demasiado poco sueño, demasiado poco tiempo en la naturaleza, o las tensiones entre miembros de la familia en el hogar. Para alcanzar equilibrio, es importante desarrollar sensibilidad a las formas en que su energía puede gastarse innecesariamente para captar los primeros síntomas de desequilibrio. Necesitamos practicar la conservación de la energía en nuestras casas y electrodomésticos, y necesitamos practicarla también en nuestros cuerpos y mentes.

PREGUNTA: ¿DÓNDE TIENDE A QUEDARSE «ATRAPADA» EN SU CASA?

PERMANECER EN UNA ZONA DE LA CASA demasiado tiempo puede atrapar su cuerpo y su mente en una rutina y despojarle de energía vital. Si está viendo una película o la televisión o trabajando en su ordenador y se siente aletargada, entonces combine un poco las cosas. Vaya a un sitio distinto, tiéndase en el suelo un rato o levántese y muévase durante los anuncios o una pausa autoimpuesta: todo impedirá que incurra en ese estado confuso en el que es más propensa a buscar comida o bebida consoladora o estimulante.

Cuidar de nosotras de este modo es importante porque, como sociedad, tendemos a esperar a estar enfermas para realizar correcciones en nuestros hábitos. Nuestro sistema de asistencia sanitaria está orientado a tratar la enfermedad; todavía prioriza la intervención sobre la prevención y fomenta los fármacos caros con mucha más fuerza que los hábitos naturales y saludables. De hecho, hay tanta atención a las dolencias y tratamientos que nos aguardan que tal vez hayamos perdido la fe en poder asumir la responsabilidad de nuestro bienestar. Pero debemos confiar en nuestras facultades. No hay ninguna garantía de que no enfermemos, pero podemos asegurarnos de estar sanas toda la vida si damos más importancia a las pequeñas acciones que nos mantienen descansadas y con buena salud.

Si es usted una persona que obtiene unos resultados más altos de lo esperado, quizá tenga que reciclar su cerebro para que se plantee tomarse tiempo para usted y su bienestar no como una pérdida de tiempo sino como una inversión en sí misma. ¿Abriga en secreto la creencia de que si se esfuerza hasta el límite es más necesaria, importante o valorada? Tanto si es usted una madre que se ocupa de la casa o una directora ejecutiva, puede que le resulte fácil incurrir en esa idea. ¿Cree que debería seguir forzándose porque puede, aunque su cuerpo se quede atrás y se haya convertido en una lucha?

En mi caso, la ocupación mental y la ansiedad se manifestaron visiblemente en cansancio físico, baja inmunidad y más de un enojo con mi marido y mis hijas. Tuve que adquirir conciencia de cuándo trabajaba demasiado y reducir a escala mi actividad para no perder mi equilibrio físico y emocional. Ahora, en la cuarentena, estoy más sana y soy más feliz de lo que fui durante la mayor parte de la veintena y la treintena, porque estoy arraigada por la sabiduría de mi cuerpo: respondo amablemente a lo que mi cuerpo y mi alma necesitan de verdad en lugar de obedecer a lo que mi mente —dicho de otro modo, mi ego, vanidad e inseguridad— trata de decirme que haga. En vez de intentar conseguir mucho, acepto cuánto puedo realizar y no siempre trato de dar el paso siguiente.

Por eso simultáneamente a conectarse con la energía del hogar viene la facultad de sintonizar con su energía interna. Preste atención a cuándo tiene mucha de ella y cuándo está agotada. Cada persona dispone sólo de cierta cantidad de energía cada día, y así como es fácil derrochar agua dejando que un grifo gotee, también lo es perder su energía mediante hábitos sin sentido. Analice su jornada típica en busca de cosillas que no sean críticas y que, si bien pueden ser divertidas, podrían rechazarse para que disponga de más espacio libre. Millones de personas nos llevamos trabajo a casa; ¿es absolutamente necesario trabajar en casa cuando una ya pasa tanto tiempo en la oficina? Observe si ha permitido que los límites entre hogar y trabajo se hayan difuminado demasiado. ¿O bien pierde tiempo en cosas más ligeras: leer prensa rosa, detenerse a tomar un té cuando podría hacérselo en casa, ver televisión que no le entusiasma especialmente? Convierta estas cosas en algo especial como hace con determinados alimentos: disfrútelas de forma selectiva en vez de recurrir a ellas a menudo. Si hace varias llamadas telefónicas cada noche a amigas para cotilleos, pregúntese si está perdiendo un tiempo valioso en algo que no es importante.

Cuando esté realizando la vigésima tarea del día, que seguramente podría esperar un poco, párese a preguntar: «¿Estoy siendo amable conmigo misma?» Cuando se quede levantada hasta tarde para ver una película estúpida, pregunte: «¿Estoy haciendo lo posible para mantener una energía óptima?» Todo lo que haga durante este programa de un mes la reorienta a generar y conservar un núcleo de energía mejor del que ha tenido nunca. Los cuatro hábitos saludables que siguen completarán su serie de herramientas.

CUATRO HÁBITOS INTELIGENTES PARA EL EQUILIBRIO PSICOSOMÁTICO

1. Duerma mejor

PREGUNTA: ¿CUÁL ES SU ACTITUD ANTE EL SUEÑO?

    A. Siento que siempre necesito dormir más y estoy algo resentida por no dormir lo suficiente.

    B. Doy prioridad a dormir el tiempo adecuado y acostarme hacia la misma hora todas las noches.

    C. Hay altibajos. Unas veces lo valoro, y otras veces lo reduzco a la mínima expresión.

¿POR QUÉ LA HORA DE ACOSTARSE ES UN RITUAL para los niños pequeños —«Arrópame, por favor. Léeme un cuento, por favor» y «Deja la luz encendida»—, y en cambio resulta un detalle tan descuidado por los adultos, que generalmente se dejan caer en la cama, agotados, a cualquier hora que les asalte el cansancio? Es porque los niños reclaman por instinto a la jornada organización y hábitos uniformes; los arraiga y los hace sentirse seguros. Nos alejamos de eso a medida que nos hacemos mayores (los diez años, en concreto, es la edad de rebelarse con pautas de sueño irregulares), pero nuestra naturaleza humana nos lleva a necesitar esa estabilidad, y nos resulta útil incorporarla a nuestra vida diaria.

El sueño es tanto un elemento crítico para la salud física como un ritual diario importante. Cuando usted da prioridad al sueño y no se lo plantea como algo secundario, se beneficia a todos los niveles: el sueño regular sana los desequilibrios físicos y mitiga también los emocionales. Debería ser el subsidio de enfermedad más reclamado del mundo, pero hoy en día la gente tiene problemas con él: una señal preocupante de que estamos desequilibrados es el hecho de que las prescripciones de somníferos han aumentado un 55% en los últimos cuatro años. El modo en que afrontamos el sueño es emblemático de cómo tratamos el resto de nuestra salud: realizar cambios en los hábitos y mejorar la comida, la bebida y el ejercicio para dormir mejor siempre es más recomendable que recurrir directamente a la medicación.

Me planteé muy seriamente esta cuestión cuando mi marido entrevistaba al Dalai Lama para un documental. Su santidad afirmó con firmeza que había una cosa curativa por encima de todo lo demás que Stephen debería hacer ahora que su cáncer estaba en fase de remisión: «Dormir. Dormir. ¡Dormir!» Cada vez que esté bajo presión, concédase más descanso.

PREGUNTA: ¿TIENDE A QUEDARSE DORMIDA EN EL SOFÁ DELANTE DEL TELEVISOR?

ÉSE ES UN MAL HÁBITO en el que puede incurrir. Deje de estirarse a altas horas de la noche con una manta para ver la caja tonta; si tan cansada está, reduzca su actividad y dispóngase a acostarse.

El número de horas que usted duerme influye claramente en cómo se siente. Todo el mundo es distinto, pero siete horas suele ser adecuado si disfruta de una salud óptima. (No se castigue si necesita más tiempo, sobre todo en los meses de invierno, cuando el cuerpo reclama más.) Sea cual sea el tiempo que necesita, una de las mejores cosas que todo el mundo puede hacer para su bienestar general es acostarse hacia las 10.30 todas las noches. Eso se debe a que el cuerpo obtiene la mayor parte de su recuperación y restablecimiento entre las once y la una de la madrugada. Si no está dormida durante ese período más propicio, desperdicia el momento principal para reparar su cuerpo. Nuestros cuerpos están programados para relajarse después de ponerse el sol, al igual que la mayoría de los animales; cuando combatimos esos ritmos, ponemos en peligro el estado natural de bienestar que es nuestra herencia, porque las pautas de sueño anormales pueden desbaratar otras funciones corporales como la producción de hormonas (que afecta su apetito, humor y función reproductora). La llegada de la electricidad, y posteriormente nuestra cultura moderna de veinticuatro horas en la que mucha gente trabaja hasta bien entrada la noche, ha puesto un obstáculo a la naturaleza porque ahora no tenemos ningún impulso para dormir cuando nuestro cuerpo más lo necesita. Cada persona debe tomar una decisión: el sueño es más importante que Letterman, Leno o un blog que espera a ser leído. (Si desempeña el turno de noche en su trabajo y su salud es inferior a la media, debería estudiar más este tema, pues se ha demostrado que los trabajadores del turno de noche se resienten de sus pautas de sueño sistemáticamente anormales.)

Irse a la cama a las 10.30 sirve también para que su hora de acostarse se parezca más a un ritual, aunque sin los cuentos y la luz encendida de la infancia. Si ha estado modificando su dormitorio para que resulte más acogedor, esto ocurrirá de un modo natural. Para preparar mi habitación para dormir antes de la hora de acostarme, enciendo un par de luces suaves, saco los cojines decorativos de la cama, doblo el edredón y mullo las almohadas. Preparo también el lado en el que duerme mi marido. (He dejado de poner hierbabuena sobre las almohadas, pero a veces tengo la tentación de hacerlo.) Puedo encender una vela para perfumar el aire, o abrir la ventana si la habitación lo requiere. Con estos pequeños gestos, que a veces ocurren un par de horas antes de acostarse, declaro mi intención: esta noche mi pareja y yo descansaremos bien, y mañana nos despertaremos como nuevos.

Por sencilla que parezca, ésta es una acción sagrada. Concluye el día de una forma intencionada; cuando me meto en la cama para dormir, me tomo unos momentos para repasar todo lo que ha sucedido ese día y comprobar si las intenciones que me he planteado para mí al inicio de la jornada o durante una meditación se han manifestado. (Quizá constate que éste es un buen momento para escribir un diario y trasladar al papel todo lo que tiene en su cabeza.) Como todos los rituales de este programa, compruebo que éste me consuela cuando hay problemas más gordos que me estresan; volviendo a la misma acción día tras día, toco terreno firme y reduzco la marcha de mis pensamientos.

Las prácticas mejoradas de dieta, ejercicio y mente tranquila que está haciendo en este programa, además de generar un dormitorio más tranquilo, la ayudarán a dormir mejor. Pero, si le cuesta conciliar el sueño, pruebe lo siguiente:

- Acuéstese a una hora regular, y antes de las 11 de la noche.
- No tome cafeína por la tarde o por la noche, y conozca su equilibrio personal con la comida: algunas personas se benefician de cenas más ligeras mientras que otras duermen mejor después de consumir más proteínas y grasas. Experimente.
- Si tiende a tener que orinar por la noche, no beba líquidos durante las dos horas antes de acostarse.
- Tome un baño o una ducha caliente antes de acostarse. Su temperatura corporal aumentará y después bajará, lo cual favorece el sueño.
- Pruebe infusiones de hierbas para dormir: las manzanillas y mezclas especiales basadas en manzanilla pueden tener un efecto intenso en la inducción del sueño. Evite bebidas o tentempiés azucarados.
- Mantenga la temperatura de la habitación templada (por debajo de 21 grados) y abra un poco la ventana. Compruebe que las mantas son lo bastante calientes y la tapan bien durante toda la noche.

CONSEJO. Preste atención a cómo se despierta. Muchas culturas indígenas creen que las personas que duermen no deben ser nunca despertadas bruscamente, sino rescatadas poco a poco del sueño para no turbar su espíritu. Si emplea un despertador estridente para despertar (o, aún peor, la alarma de un teléfono móvil), piense hasta qué punto ese ruido repentino puede ocasionarle una mañana de malhumor. Pruebe una alternativa más suave, como un despertador que suena flojito cada varios minutos para sacarle gradualmente del sueño o uno que ilumine paulatinamente la habitación para simular el sol. Esto puede alterar profundamente sus primeras impresiones de cada jornada.

DESE EL GUSTO: *Un despertador zen la rescata poco a poco del sueño sonando despacio y suavemente durante el espacio de diez minutos, para que cada día amanezca con dulce serenidad.*

Ejercicio: Duerma mejor durante una semana

■ **OPCIÓN A:** Si es usted un ave nocturna, comprométase durante una semana a acostarse a las 10.30 de la noche y despertarse a las 6 o 6.30. Esto puede implicar restringir su agenda social si sale mucho o cambiar el horario de algunas tareas, pero hágalo como experimento. Observe si se siente más descansada y presta a levantarse por la mañana.

■ **OPCIÓN B:** Comprométase durante una semana a preparar intencionadamente su dormitorio para el sueño entrando en la habitación antes de la hora de acostarse y disponiéndola del modo más acogedor. Añada todos los pequeños detalles que se le ocurran para convertir el hecho de acostarse en una acción más reverente (escribir un diario, leer textos inspiradores o tranquilizantes, rezar, etc.).

Seguir un buen horario de sueño puede implicar probar varias cosas distintas hasta que algo funcione; así pues, no se rinda.

Soy una firme partidaria de declarar una intención no sólo para cada sesión de ejercicio sino también para cada jornada. Antes de dormirme cada noche, reflexiono en lo que quiero lograr al día siguiente o cómo quiero sentirme, y lo declaro para mí de forma intencionada: «Estaré llena de energía y entusiasmo por mi trabajo», «Estaré tranquila y seré paciente con mis hijas», «Tendré un aspecto estupendo, radiante y sexy». Esto imprime la intención de sentirse nueva al día siguiente en la mente, donde puede arraigar durante la noche. Puede parecer un tanto disparatado, pero influye. Como me dijo un maestro sij al que conocí: «En el sueño hacemos un refrito de nuestras viejas pautas una y otra vez. Así pues, a menos que declaremos conscientemente que queremos ser distintos, nos despertaremos y repetiremos lo que ya hacemos.» Cuando despierte, trate de recordar esa intención. Ponerse en contacto consigo misma de este modo marca la jornada favorablemente y contrarresta la sensación de que los días pasan y se confunden unos con otros. Creo que esto modelará sutilmente su vida como usted quiere que sea. El pensamiento puede tener una fuerza magnética: conservar la idea de lo que quiere en su cabeza la atrae hacia usted porque es más consciente de las posibles opciones.

EJERCICIO EXPRÉS

Declare su intención para el día siguiente

Durante las cuatro semanas de este programa, comprométase a declarar una intención para el día siguiente cada vez que recline su cabeza en la almohada. Puede referirse al programa, como por ejemplo: «Mañana quiero disfrutar de mi corta sesión de yoga y sentirme más conectada con mi cuerpo.» O puede estar relacionada con cómo quiere sentirse consigo misma o actuar con los demás. Puede ser una intención para el mundo en general. Al despertar, vuelva a declarar esa intención. Tal vez ayude dejar una nota o una etiqueta junto a su despertador para acordarse.

> **CONSEJO.** A veces puede resultar difícil dejar atrás las preocupaciones de la jornada cuando se dirige a la cama. Pruebe esta técnica para descansar mejor. Al final del día, cuando entre en su dormitorio para acostarse, quédese junto a la puerta y trace una línea con el dedo gordo del pie allí donde estaría la puerta cerrada. Exprese en voz alta una afirmación, como: «Ahora entro en mi santuario de descanso y tranquilidad», o «Estoy entrando en un espacio de sueño apacible». Cruce el umbral y cierre la puerta (sus teléfonos, ordenadores y todo recordatorio de las preocupaciones de la jornada laboral deben quedar fuera). Hay quien dice que un 80% de la fuerza de una afirmación proviene del tono de voz; si no se siente chiflada del todo, ¡pronuncie esas palabras en voz alta en un tono sereno!

�֎ **SI SUELE ESTAR MUY CANSADA,** no puede dormir o está preocupada o deprimida, pida a su médico que le haga un análisis de sangre y compruebe sus equilibrios hormonales y el funcionamiento de la tiroides. La función hormonal en general es un gran problema para las mujeres, sobre todo a medida que envejecemos, y el tratamiento puede modificar radicalmente su energía y aspecto. Personalmente, no me va mucho la terapia de sustitución de hormonas sintéticas, pero he obtenido grandes éxitos con la terapia de hormonas bioidénticas, una forma natural de abordar los desequilibrios hormonales. Algunos expertos en el campo de la salud natural dicen que no debería hacer nada para el desequilibrio hormonal y dejar que la naturaleza siga su curso, pero quizás es debido a que no han experimentado las molestias, los dolores y el cansancio en primera persona (no es de extrañar que suelan ser hombres). También es importante recordar que actualmente vivimos en un mundo muy contaminado que perjudica la función tiroidea. Una tiroides hipoactiva o incluso una tiroides hiperactiva pueden desequilibrarle. Seguir o no tratamiento es una decisión personal, pero merece la pena investigar si se siente inusualmente deprimida.

2. Salga al sol (con cuidado)

Como las plantas, los seres humanos necesitan agua, alimento y un poco de tiempo de inactividad por la noche para descansar. También necesitamos el sol. Es objeto de controversia insinuar que la luz del sol es todo menos sumamente peligrosa en nuestros días; demasiado sol envejece la piel prematuramente, y los índices de cáncer de piel han aumentado alarmantemente entre las mujeres en las últimas décadas, con incidencias de melanoma incrementándose más deprisa que cualquier otro tipo de cáncer. La mayoría de los dermatólogos especialistas —que no todos— atribuyen la causa a excesiva exposición al sol y quemaduras solares. Sin embargo, los prudentes hábitos de evitar el sol que nos han enseñado a practicar pueden causarnos más perjuicio que beneficio porque los humanos necesitan una dosis razonable de luz solar sobre su piel para obtener vitamina D, esencial para la nutrición. La mayor parte de nuestra vitamina D debe provenir de la luz del sol; la comida y los suplementos aportan cantidades muy inferiores, por más inteligente que sea nuestra dieta. Sin vitamina D, la salud de nuestros huesos corre serio peligro, lo que puede dar lugar a osteoporosis así como dolor óseo y muscular crónico (a menudo diagnosticado erróneamente como fibromialgia). La vitamina D permite que el cuerpo absorba calcio; por mucho calcio que consuma en su comida, no puede utilizarse a menos que sus niveles de vitamina D sean buenos. La investigación actual demuestra que necesitamos esta vitamina para protegernos de muchas formas de cáncer, entre ellas el de mama, de colon y de ovarios, así como de la depresión y otras enfermedades (sin una dosis suficiente de ella mucha gente, sobre todo en latitudes septentrionales, experimenta la tristeza invernal conocida como «trastorno afectivo estacional»). En la actualidad, muchos adultos y niños estadounidenses están muy faltos de vitamina D, y las mujeres afroamericanas son las que más carecen de ella porque cuanto más oscura es su piel más luz solar necesita. La verdad es que el sol es un rayo curativo; aunque en exceso resulta peligroso, demasiado poco es igualmente perjudicial para nuestra salud. Como con todo lo bueno, el mensaje una vez más es *moderación*.

Así pues, ¿qué hacer? Los partidarios de la exposición razonable al sol arguyen que es importante recibir luz solar directa sobre la piel todos los días para aumentar las reservas de vitamina D. El número de minutos de exposición al sol depende del tono de su piel, la época del año y la latitud de su lugar de residencia, pero la línea básica para los que tienen piel caucásica que se quema con bastante facilidad consiste en cinco a diez minutos en las horas centrales del día (entre las 11 y las 15 horas) en aproximadamente una cuarta parte del cuerpo cada vez. Los afroamericanos de piel oscura pueden requerir mucho más tiempo para beneficiarse: hasta quince veces más. Use filtro solar en la cara si quiere, pero deje que su cuerpo absorba la luz, y no lleve gafas de sol. Si prevé permanecer fuera más tiempo, aplíquese filtro solar después (preferiblemente un producto natural con dióxido de titanio mineral para reflejar los rayos en lugar de compuestos sintéticos, que se consideran tóxicos). Si luce poco el sol allí donde reside, el uso prudente de camas bronceadoras puede ser una opción, así como los suplementos vitamínicos, pero lo mejor es tomar el sol durante los meses en los que brilla para ayudarla a superar la melancolía.

CONSEJO. Para más información, eche una ojeada al libro *The UV Advantage,* del doctor Michael Holick.

DESE EL GUSTO: *Un baño solar (también llamado «caja de luz»)* *puede reemplazar la exposición solar durante los meses de invierno o* *en climas demasiado nublados.*

Ejercicio: Salude al sol

Si dispone de sol y se siente a gusto con la idea de exponerse a él, permítase quince minutos tres veces en esta semana para absorber sus rayos si tiene la piel clara y treinta minutos tres veces en esta semana si tiene la piel muy oscura, siguiendo los parámetros citados más arriba. Si permanece más tiempo, aplíquese después protectores normales como filtro solar, gafas de sol, sombrero, etc.

Sumérjase en la naturaleza

Si no pone un poco de naturaleza en su existencia, pierde contacto con su vida. Cuando está aislada de la naturaleza, sus instintos naturales se embotan; creo que es más probable tomar malas opciones en la dieta o las actividades de ocio si no siente regularmente la energía vital que proviene de estar en la naturaleza. Prívese de experimentar el verdor de los árboles, espacios abiertos y la fresca brisa exterior y le costará más trabajo percibir esas sensaciones por dentro. El impulso original de tomar alimentos naturales, caminar kilómetros al aire libre y permanecer en silencio en la postura del árbol de yoga, sin hacer nada más que respirar y mecerse en la brisa, se apaga. Por eso relacionarse con la naturaleza a menudo es uno de los mejores regalos que puede ofrecerse: hace que todos los hábitos saludables de este programa acontezcan más fácilmente.

Tengo la suerte de haber consolidado el amor a la naturaleza a muy temprana edad; una infancia transcurrida subiendo montañas y bajando laderas nevadas grabó este mensaje en cada célula de mi cuerpo: «Yo soy naturaleza y la naturaleza es yo.» Cuando se trata de encontrar equilibrio en la vida, sintonizar este mensaje es una herramienta excepcionalmente potente, aunque resulta difícil de transmitir. Lo único que requiere es salir más ahí fuera, literalmente interponerse en el camino de la naturaleza de vez en cuando y absorber parte de ese chi, prana, vibraciones positivas o como quiera llamarlo.

Así como tener plantas en casa puede llenarla de una energía más lenta, pasar tiempo fuera la engancha y la hace regresar a un ritmo de vida más realista. La grandiosidad de la naturaleza le dará una lección de humildad y restituirá su perspectiva de lo que importa de verdad. No tiene por qué ser una aventurera extrema. Toda clase de actividades recreativas —pícnics en el parque, jugar con los niños al aire libre o pasear el perro— le levantarán el ánimo y le estimularán el cuerpo. Si puede ir a los escenarios espectaculares de la naturaleza —montañas épicas, desfiladeros emocionantes y playas estimulantes—, su recompensa es un alimento que llena sus reservas físicas y espirituales hasta arriba. Disfrutar de tiempo en la naturaleza es un modo de olvidar sus preocupaciones, hacer borrón y cuenta nueva y regresar a lo que es sencillo y auténtico. Si sintonizamos con los ritmos de la naturaleza, nos sintonizamos con nuestro mayor latido. Es uno de nuestros mejores maestros.

Durante este programa, trate de dar algunos de sus paseos en sitios alejados del entorno urbano, o llévese a sus amigos y familiares a una excursión colectiva. Use la técnica «Perciba el momento» (descrita en el apartado Ejercicio) y permítase absorber las sensaciones, los sonidos y los olores de la naturaleza.

CONSEJO. No pase por alto los efectos rejuvenecedores del agua. Cuando estoy atascada o me siento baja de energía, a veces la manera más efectiva de cambiar mi estado es una ducha caliente. Como con el ejercicio, casi siempre me siento distinta después. Otras personas tienen sus momentos más introspectivos en el baño. Es un buen motivo para aplicar algunas de las prácticas de «Afloje el ritmo de su hogar» al cuarto de baño y hacer que parezca y dé la sensación de un lugar que cura.

❋ **¿QUIERE MANTENERSE SANA** mientras viaja en avión? Intente llevar consigo un frasquito de aceite de sésamo crudo y limpiarse con él las fosas nasales de vez en cuando. Es un agente antimicrobiano natural que la ayudará a protegerse de los gérmenes del aire reciclado además de evitar que sus fosas nasales se agrieten.

3. Rodéese de gente que la apoye

Aunque podríamos seguir nuestro camino solitario hacia la salud y el equilibrio, no vivimos aisladas. Trabajamos con otras personas, convivimos o nos relacionamos con ellas, y sus humores y actitudes tienen un efecto considerable en nuestro avance hacia la salud y la felicidad. Sus amigos, familiares y compañeros ejercen un tira y afloja constante, y su reto consiste en mantenerse firme con serenidad. Si bien el objetivo de este programa es construir sus propios cimientos desde dentro, es innegable que la gente que nos rodea llega a formar parte de esos cimientos; cuando apoyan nuestro éxito, nos sentimos capacitadas. Cuando la gente que la rodea vive y actúa en conflicto con lo que usted quiere en su vida, seguir su camino resulta más difícil porque tiene que ser su equipo, entrenadora y animadora todo a la vez. Si se siente demasiado alienada en su viaje —sin el apoyo de quienes entienden por qué come de un modo distinto o se toma tiempo para sentarse en silencio—, la tentación de regresar a conductas de autoconsuelo, como comer para consolarse, podría resultar difícil de resistir.

Por eso parte de proteger sus reservas de energía implica fijarse en cómo las personas que la rodean las rellenan o las agotan. Primero, haga inventario de cuánta energía destina a sus relaciones: ¿habla tanto con sus amigos por teléfono (o por correo electrónico) que le quita tiempo del día o de la noche? ¿Hay demasiada gente en su «círculo de personas más allegadas» que espera que la atienda y escuche sus problemas? Encontrar más tiempo para sí misma puede suponer evaluar sinceramente dónde puede hacer más sitio en su mundo. No significa abandonar de repente a sus amigos como si fuesen patatas calientes, pero a veces es inteligente plantearse: «¿Qué relaciones me alimentan de verdad, y cuáles sólo provocan más ruido?» Es importante tener amigos que la entiendan y apoyen su éxito, su armonía. Es posible que sus objetivos no coincidan con los de ellos —pueden pensar que es algo excéntrico poner una fuente de agua en su sala de estar—, pero si les dice: «Así es como me veo a mí misma», deberían apoyarla. Fíjese en quién le cuenta a menudo todos sus problemas y le pide ayuda; ¿puede atender a esa persona de un modo realista, o acaso la está agotando? Poner límites puede ayudar también a controlar la situación; en lugar de mantener largas charlas telefónicas con sus confidentes íntimos, marque una fecha para verse personalmente y dejar el cotilleo para entonces.

Si es usted madre, puede parecer casi imposible poner límites, sobre todo si su familia se ha acostumbrado a que esté disponible todo el tiempo. Pero, por mi experiencia, cuando usted pide con claridad y tranquilidad lo que necesita (tiempo a solas, silencio, ayuda con la casa), en lugar de mostrarse pasivos-agresivos y resentidos por no recibir su atención, los miembros de la familia acceden a colaborar. No tiene por qué ser mucho más complicado que eso: permitiéndole tener lo que necesita para vivir con un poco más de calma, su familia la apoya.

Segundo, pregúntese si la gente con la que pasa tiempo tanto en el trabajo como socialmente la anima o la distrae de sus objetivos. Es imposible elegir a su compañero en el trabajo, pero puede ser valiente en sus decisiones sobre con quién pasar el rato después de trabajar. Si a veces resulta siempre difícil llevarle a un bar o instigar una jugosa ronda de cotilleos sobre otros cuando intenta cultivar más compasión por sí misma y todos los demás, quizá no está en la misma onda. No existen leyes que digan que tiene que ser sociable con todo el mundo; fije sus propios límites y deje que las relaciones laborales se queden en el trabajo a menos que crea que le enriquecerá invitar a gente a su espacio personal. Busque proactivamente a aquellos que compartan objetivos similares: busque personas que quieran comer sano a la hora del almuerzo o que les apetezca dar un paseo enérgico después de trabajar; busque a quienes entienden por qué comer tranquilamente debajo de un árbol podría ser más rejuvenecedor que comentar los últimos rumores de la oficina. Y entonces, cuando disponga de tiempo libre, intente relacionarse con gente que la apoye en este estilo de vida más sano, amigos que disfruten de hábitos similares, alimentos parecidos, o sientan curiosidad por lo que está aprendiendo. Quizá tenga tiempo para hacer nuevas amistades: si le gusta la secuencia de yoga de este programa, encontrar un estudio de yoga local tal vez la animará en su camino saludable. O plantéese apuntarse a un grupo para caminar o ir de excursión.

Comprométase firmemente a rodearse de gente que apoye quién es usted ahora y quién quiere ser: una persona sana, feliz y pacífica en cuerpo y mente. Escríbalo en su correo electrónico semanal al término de la cuarta semana del programa. Es curioso cómo, cuando se toman estas decisiones, las cosas pueden encajar incluso en el nivel sutil del pensamiento. Cuando usted se decide —*así es como quiero enfocar mi vida*—, abre una puerta: gente nueva, posibilidades nuevas se cruzarán en su camino, como hacen siempre, pero ahora será capaz de verlas y aprovecharlas.

4. Boicotee pautas de pensamiento negativas

A lo largo del programa nos hemos centrado en practicar la autoaceptación junto con la práctica de nuevos hábitos. Ambas cosas son inseparables: aceptar amablemente dónde se encuentra ahora es imprescindible para salvaguardar sus reservas de energía y saber cuándo se agotan. Si se plantea habitualmente la pregunta: «*¿Cuánto puedo hacer hoy razonablemente?*», se convierte en una mejor cuidadora de sí misma y se acerca más a obtener satisfacción. Si responde a esa pregunta con sinceridad, empezará a silenciar la incesante banda sonora en su cabeza que dice: «¡Haz más, haz más!», y se sentirá más a gusto con la idea de que de tarde en tarde basta con sólo *estar,* no *hacer.* Es un componente crítico de encontrar equilibrio: ser capaz de obtener satisfacción en lo que tiene aquí y ahora, en vez de concentrarse siempre en qué más puede haber ahí fuera. La sociedad dice que deberíamos aspirar a cosas grandes: una casa más grande, un coche nuevo, aparentar veinte años a los cuarenta... Pero, si su vida diaria no se enfoca hacia su vida diaria, va a perderse vivirla. Su vida transcurrirá antes de que se dé cuenta: pasará el tiempo, sus hijos serán adultos y ya no podrá hacer regresar su vida. Y si en algo consiste este proyecto, es en estar presente en su vida a medida que se desarrolla, sintiéndose lo mejor posible.

Vivir el presente es complicado, pero practicar la *auto*aceptación —la aceptación de la persona que es ahora y de la persona en la que se está convirtiendo— es aún más difícil. Supone profundizar un poco más en qué viejas heridas, viejas historias y viejos hábitos está poniendo sobre la mesa y deshacerse de ellos si ya no le sirven. Practicar la autoaceptación significa quitar las capas de la cebolla y limpiar parte del ruido que hay en nuestro corazón. Casi todas las mujeres que conozco se disparan habitualmente pequeños misiles mentales —pensamientos espinosos sobre su aspecto o su éxito, su vida sentimental o su potencial— y, aunque silenciosos, pueden ser obstáculos poderosos para la paz y la armonía. A menudo, esos pensamientos son tan automáticos y habituales que apenas nos damos cuenta de que los tenemos. Pero, si se los contáramos a una amiga, reconoceríamos su intolerable crueldad. Lo más probable es que usted tenga algunos en su repertorio; yo sé que los tengo.

«¡Vaya!, estás demacrada esta mañana.»

«¡Uf!, esos pantalones te hacen parecer gorda.»

«No has logrado ningún éxito en comparación con tus amigas.»

«¿Cómo vas a encontrar el amor? ¡Estarás siempre sola!»

Estos pensamientos son síntomas del defecto trágico que reside en casi todas nosotras: las creencias negativas profundamente arraigadas que salen a la superficie una y otra vez para obstaculizar la práctica de la amabilidad sincera con nosotras mismas. El ejercicio, como hemos visto, es una forma de quitar fuerza al pensamiento negativo cuando se acumula demasiado (véase «Sacar la basura», que se describe en el apartado «Ejercicio»).

También es importante reparar en las pequeñas repeticiones de pensamientos negativos a medida que nos pasan por la cabeza a lo largo del día: empiece a fijarse en la frecuencia con que es severa consigo misma cuando se mira al espejo cada mañana o cada noche. Librarme de mis pautas de pensamiento negativas es una práctica continua para mí. Compruebo a menudo que mi mente conjura algunas valoraciones severas de mí misma, y antes de darme cuenta me creo lo que me dice y caigo en una espiral de dolor y desconfianza de mí misma. *«¡Soy vieja! ¡Estoy acabada! ¡Tengo un aspecto horrible! ¡Mis muslos son enormes!»* Lo que he aprendido es que, cuando aparecen, conscientemente les presto atención. Reconozco lo que estoy haciendo:

«Oh, ya vuelvo a ser crítica conmigo misma, ya vuelvo a ser cruel.» Y me quedo con ese reconocimiento durante un segundo.

Negar que tengo esos sentimientos horribles no hace sino reforzarlos, porque intentar resistirse a algo sólo lo convierte en un monstruo más grande; te critica tratando de captar tu atención. Entonces me pregunto: «¿Le diría eso a mi amiga alguna vez? ¿A mi hija? ¿A la anciana calle abajo?» La respuesta siempre es no. Entiendo que esas palabras no servirían para motivar o mejorar a otra persona, así que ¿por qué las utilizo conmigo? El mero hecho de tomar conciencia de albergar ese pensamiento y preguntar si es útil suele despojarlo de su poder.

Si tales pensamientos aparecen durante una excursión o un momento tranquilo, a menudo compruebo que mi mente divaga y precipita el desencadenante o llega al origen. Es como descubrir que el emperador no lleva ropa: esas creencias que me retienen están arraigadas en algún momento minúsculo que sucedió años atrás. Me doy cuenta de que los recuerdos no pueden lastimarme. Ni siquiera existen a menos que les otorgue poder. A cada momento de introspección me acerco más a la autoaceptación. No ocurre de la noche a la mañana, porque los problemas se repiten; pero, cuando tenemos las herramientas para ir debilitándolos, empezamos a disolver nuestro sufrimiento y a encontrar nuestra libertad.

Sí, hay que trabajar para reparar en los malos hábitos. Se requiere conciencia para cambiarlos. En eso consiste «llevárselo de la esterilla». Para producir la actitud yogui en el resto de su vida —tranquilidad y equilibrio dentro y fuera—, debe ser consciente no sólo de los sencillos métodos preventivos que se esbozan en este programa, sino también de lo que piensa de sí misma. Tiene que asumir la responsabilidad no sólo de hábitos de dieta y ejercicio saludables, sino también de pautas de pensamiento. Para comenzar y terminar el día desde una situación de optimismo y tranquilidad, debe renunciar a algo más que sólo comida basura y llamadas telefónicas continuas: tiene que renunciar a los pensamientos que sabotean su armonía.

Acceder a esos sitios oscuros es una opción. Y cuesta trabajo salir de allí. Cuando una idea es dominante, o cuando siento un dolor o una herida profunda en mí por pesar o ira, lo reconozco; y luego reconozco el espacio que lo rodea, el espacio que no me lastima u ofende. Comprendo que hay otra forma de sentir. Extienda su conciencia a un espacio fuera de sí misma y es como una liberación automática de todo lo que está apretujado dentro.

Una buena manera de cuidarse cuando esté frustrada consigo misma y se halle en uno de esos sitios oscuros a las que todas acudimos consiste en concentrarse en otra persona. Invierta esa energía en hacer algo amable para alguien, y le aseguro que su humor cambiará más deprisa. A veces tiene que engañarse —«¡Ya volveré a ocuparme de ti más tarde, pensamiento horrible!»— pero, entretanto, siempre podrá llegar a un sitio nuevo practicando la atención y el cuidado de alguien a quien quiere.

El programa
rápido de
30 días

S **E HA LEÍDO ESTE LIBRO DE PRINCIPIO A FIN** y ya está lista para empezar a efectuar los cambios que harán que tenga un aspecto estupendo, se sienta renovada y viva una vida radiante. He aquí cómo funciona. El programa de 30 días comienza con un viernes o sábado de planificación y de asegurarse que está dispuesta a afrontar las cuatro semanas siguientes. Repase los ejercicios y vea qué necesitará tener a punto para comer bien, hacer ejercicio y encontrar tiempo para sí misma. Verá que ciertas tareas deben hacerse todos los días de esa semana, mientras que otras se realizan una, dos o tres veces por semana. Además, hay una serie de ejercicios exprés, que requieren sólo unos momentos de introspección y percepción. Cada ejercicio se ha explicado con todo detalle en la página correspondiente de los capítulos anteriores, por lo que puede volver a leer la información.

Durante el fin de semana preliminar, programe todos los ejercicios para la primera semana en su calendario de modo que cree una ruta compatible con las exigencias de esa semana. Por ejemplo, si sabe que tendrá un almuerzo de trabajo el martes en el que no podrá elegir su comida, no lo escoja como un día para introducir un nuevo almuerzo; si sabe que dispondrá de una casa tranquila la noche del jueves, reserve esa noche para construir su espacio sagrado. Resulta útil anotar también los ejercicios exprés en su ruta de modo que cada día disponga de una selección de distintas actividades a realizar. Si conoce su agenda para las semanas posteriores, siga adelante y diseñe un programa provisional para los treinta días. Si no, planifique cada semana el domingo para estar lista para empezar el lunes por la mañana.

Una vez que haya hecho el gráfico para cada semana, puede pegarlo en la nevera para recordar lo que debe hacer ese día. Tachar cada ejercicio realizado es una buena manera de llevar el control. (Observará que cada semana llega con ciertas frases ya señaladas en ella. Están ahí para motivarla, recordarle algunos principios fundamentales y llevarla por el buen camino.)

En lo que a comida respecta, cada semana se suma a la anterior. Una vez que haya introducido tres desayunos nuevos en la semana 1, añada tres almuerzos nuevos en la 2... y siga tomando además desayunos saludables por lo menos tres veces esa segunda semana y más si es posible. En la semana 3, agregue tres cenas saludables a sus tres (o más) desayunos y almuerzos. Después de incorporar tentempiés nuevos en la semana 2, siga tomando tentempiés nuevos durante todo el programa.

CONSEJO. Es una buena idea hacer fotocopias de los calendarios semanales en blanco para que, si repite este programa en un futuro, tenga hojas en limpio en las que trabajar.

Si esto le recuerda mucho al horario de un campamento de verano, bueno, ¡lo es! Sólo que este horario debería integrarse en su vida presente lo mejor posible para que resulte factible y sostenible. Quizá tenga que hacer ciertos arreglos, como perderse un acontecimiento social habitual, para cumplir todas las tareas. Tal vez deba contratar a una canguro o pedir a una amiga que vigile a sus hijos de tarde en tarde con el fin de disponer de tiempo para determinadas tareas. Por eso tomarse tiempo para planificar la semana por adelantado es inestimable. Y después de realizar una ruta visual, cuesta menos comprometerse con las tareas que le esperan.

Pero volvamos a la noche del domingo. Durante las cuatro semanas de este programa, dedique unos momentos esa noche a hacer inventario de lo que debe realizar la semana entrante. Compruebe qué comida hay en la nevera y qué tendrá que elegir para comer bien. Haga una lista de la compra. Luego escríbase el e-mail semanal. Es una buena manera de ordenar sus pensamientos, reflexionar en lo que siente ahora mismo con respecto a su vida, su cuerpo, su estado emocional y mental, y expresar por escrito qué le gustaría conseguir la próxima semana. Mándese este e-mail y guárdelo en una carpeta reservada para leerlo al final del programa.

Primer viernes/sábado: Antes de empezar

Además de planificar su calendario, use esos días preliminares para prepararse. Necesitará algunos artículos básicos para iniciar el programa. Cuanto más preparada esté con antelación, más probabilidades habrá de que cumpla todas las tareas.

- Ropa de deporte cómoda y zapatillas
- Una esterilla de yoga
- Ingredientes para las recetas de desayuno, entre ellos sucedáneos de sus alimentos «ruidosos» (té verde en lugar de café, etc.). A ser posible, pida los artículos esenciales para su despensa por Internet antes de empezar.
- Ideas sobre por dónde puede andar enérgicamente y sin peligro en su vecindario, según la temporada. ¿Puede salir a la calle o debe ir a un gimnasio y utilizar una cinta ergométrica?

Semana 1

Esta semana empezará a silenciar el ruido interno suprimiendo por lo menos una clase de alimento «ruidoso», introducirá nuevos desayunos en su dieta, comenzará las prácticas de marcha y yoga e iniciará una breve práctica de meditación.

El programa de esta semana

E-mail dominical

Vuelva a la introducción, escriba el contrato que se expone allí en un e-mail y luego envíeselo. Si no tiene acceso a correo electrónico, escríbalo en una libreta que reserve exclusivamente para tomar notas durante este programa. Añada unas líneas debajo del contrato. ¿Por qué se embarca en este programa? ¿Cómo se siente ahora mismo? ¿Qué le gustaría conseguir?

Planifique con antelación

Marque horas para sus sesiones de ejercicio en el calendario, aunque terminen cambiando. Procure proveerse de agua de manantial.

Misiones diarias

✿ Tres minutos de meditación (S, págs. 244-252). Por lo menos una vez esta semana, hágalo después de una sesión de ejercicio intensa.

☺ Baje el volumen. Elija al menos dos de las siguientes opciones (C, pág. 65):
- Opción A: Reduzca un grado el consumo de cafeína.
- Opción B: Reduzca gradualmente el consumo de azúcar (cualquier azúcar añadido, golosinas, refrescos, zumo de frutas, alcohol).
- Opción C: Suprima del todo los alimentos procesados.

Acuérdese de:

❋ Beber más agua.

❋ Declarar su intención para cada sesión de ejercicio.

❋ ¿Necesita ver ese programa de televisión?

❋ ¿Ha comido verduras frescas?

❋ Practique el uso de «¿Puede esperar?»

❋ Vetar refrescos y zumos de frutas.

Personalice su programa

3x semana

☺ Tome un desayuno nuevo (C, págs. 85-90).

2x semana

🏃 Marcha: 20 minutos, concentrándose en la respiración de acuerdo con el movimiento y percibiendo el momento (E, págs. 152-154).

🏃 Yoga: Haga la secuencia completa (E, págs. 173-212).

1x semana

☺ Limpieza general de su nevera, Misión arqueológica y Compruebe las estadísticas vitales de su comida (C, págs. 67, 59, 39) (menos de 1 hora).

☺ Compre dos alimentos nuevos (C, pág. 103).

🏃 Respire durante la mañana (E, pág. 141).

🏠 Inventario del hogar (H, pág. 275) (más de 15 minutos).

Clave

☺ Comida   🏃 Ejercicio

✿ Silencio   🏠 Hogar

Realice las misiones de la primera columna   Personalice su programa planificando estas misiones

Domingo

E-mail dominical
❀ Tres minutos de meditación (cada día)
🍎 Baje el volumen (cada día)

❑ 🍴 Tome un desayuno nuevo (3x)
❑ 🚶 Marcha (2x)
❑ 🏃 Yoga (2x)
❑ 🍴 Limpieza general de su nevera (1x)

❑ 🍴 Compre dos alimentos nuevos (1x)
❑ 🏃 Respire durante la mañana (1x)
❑ 🏠 Inventario del hogar (1x)

Lunes

❀ Tres minutos de meditación (cada día)
🍎 Baje el volumen (cada día)

❑ 🍴 Tome un desayuno nuevo (3x)
❑ 🚶 Marcha (2x)
❑ 🏃 Yoga (2x)
❑ 🍴 Limpieza general de su nevera (1x)

❑ 🍴 Compre dos alimentos nuevos (1x)
❑ 🏃 Respire durante la mañana (1x)
❑ 🏠 Inventario del hogar (1x)

Martes

❀ Tres minutos de meditación (cada día)
🍎 Baje el volumen (cada día)

❑ 🍴 Tome un desayuno nuevo (3x)
❑ 🚶 Marcha (2x)
❑ 🏃 Yoga (2x)
❑ 🍴 Limpieza general de su nevera (1x)

❑ 🍴 Compre dos alimentos nuevos (1x)
❑ 🏃 Respire durante la mañana (1x)
❑ 🏠 Inventario del hogar (1x)

Miércoles

❀ Tres minutos de meditación (cada día)
🍎 Baje el volumen (cada día)

❑ 🍴 Tome un desayuno nuevo (3x)
❑ 🚶 Marcha (2x)
❑ 🏃 Yoga (2x)
❑ 🍴 Limpieza general de su nevera (1x)

❑ 🍴 Compre dos alimentos nuevos (1x)
❑ 🏃 Respire durante la mañana (1x)
❑ 🏠 Inventario del hogar (1x)

Jueves

❀ Tres minutos de meditación (cada día)
🍎 Baje el volumen (cada día)

❑ 🍴 Tome un desayuno nuevo (3x)
❑ 🚶 Marcha (2x)
❑ 🏃 Yoga (2x)
❑ 🍴 Limpieza general de su nevera (1x)

❑ 🍴 Compre dos alimentos nuevos (1x)
❑ 🏃 Respire durante la mañana (1x)
❑ 🏠 Inventario del hogar (1x)

Viernes

❀ Tres minutos de meditación (cada día)
🍎 Baje el volumen (cada día)

❑ 🍴 Tome un desayuno nuevo (3x)
❑ 🚶 Marcha (2x)
❑ 🏃 Yoga (2x)
❑ 🍴 Limpieza general de su nevera (1x)

❑ 🍴 Compre dos alimentos nuevos (1x)
❑ 🏃 Respire durante la mañana (1x)
❑ 🏠 Inventario del hogar (1x)

Sábado

❀ Tres minutos de meditación (cada día)
🍎 Baje el volumen (cada día)

❑ 🍴 Tome un desayuno nuevo (3x)
❑ 🚶 Marcha (2x)
❑ 🏃 Yoga (2x)
❑ 🍴 Limpieza general de su nevera (1x)

❑ 🍴 Compre dos alimentos nuevos (1x)
❑ 🏃 Respire durante la mañana (1x)
❑ 🏠 Inventario del hogar (1x)

Semana 2

Esta semana continuará tomando varios desayunos saludables e introducirá tres almuerzos saludables. Todos sus tentempiés deberían ser sanos. Seguirá reduciendo gradualmente los alimentos «ruidosos» de su elección o, si resultó fácil suprimir el hábito elegido la semana pasada, intente ahora suprimir otro. Sintonice con su equilibrio alimentario formulando la serie de preguntas de investigación después de sus comidas. Alargará un poco la práctica de meditación y añadirá algo de funk a su sesión de yoga. Si luce el sol, dese breves baños solares para estimular su salud. Y hay dos encargos creativos: convertir la cena en un ritual reduciendo su marcha y agregando algunos elementos especiales, y crear su espacio sagrado: la zona de la casa que fomenta la contemplación.

El programa de esta semana

E-mail dominical

¿Cómo se siente después de la semana 1? ¿Cuál fue el reto más difícil la semana pasada? ¿Qué funcionó bien? ¿Qué le gustaría conseguir esta semana?

Planifique con antelación

Empiece a pensar en qué zona y qué objetos puede usar para su espacio sagrado. Reúna los objetos para poner la mesa para su cena ritual.

Misiones diarias

🪷 Cinco minutos de meditación: por lo menos una vez esta semana, hágalo después de una sesión de ejercicio intensa.

😋 Baje el volumen (C, pág. 65). Elija por lo menos dos de las siguientes opciones:

- Opción A: Reduzca el consumo de cafeína dos grados en la primera mitad de la semana, tres grados en la segunda.
- Opción B: Siga reduciendo azúcares, y ahora disminuya los cereales.
- Opción C: Suprima del todo los alimentos procesados.

Acuérdese de:

※ Usar su espacio sagrado.
※ ¿Está experimentando verdaderos síntomas de hambre?

※ No coma nada envuelto en plástico.
※ ¿Utiliza sus ejercicios de soluciones rápidas?
※ Declare su intención para cada sesión de ejercicio.
※ ¿Está respirando?

Personalice su programa

3x semana

😋 Almuerzo nuevo (C)
😋 Tentempié nuevo (cada vez que pique) (C)
🏠 Salude al Sol (opcional) (H, pág. 318) (más de 15 minutos)

2x semana

🏃 Marcha: 20 minutos, concentrándose en la respiración, observando y haciendo preguntas. (E)
🏃 Yoga: Añada cinco minutos de música funk. (E)
😋 Cena ritual (C, pág. 109)

1x semana

😋 Compre dos alimentos nuevos (C)
🏠 Cree su rincón sagrado (H, págs. 288-290) (más de 1 hora)
🪷 Catalizador de conciencia plena (S, pág. 259)

Clave		
😋 Comida	🏃	Ejercicio
🪷 Silencio	🏠	Hogar

Realice las misiones de la primera columna   Personalice su programa planificando estas misiones

Domingo

- E-mail dominical
- ✿ Cinco minutos de meditación (cada día)
- ☺ Baje el volumen (cada día)

- ❑ ☺ Tome un almuerzo nuevo (3x)
- ❑ ☺ Tentempié nuevo (cada vez que pique) (3x)
- ❑ 🏠 Salude al Sol (opcional, 3x)
- ❑ 🏃 Marcha (2x)
- ❑ 🏃 Yoga (2x)

- ❑ ☺ Cena ritual (1x)
- ❑ ☺ Compre dos alimentos nuevos (1x)
- ❑ 🏠 Cree su rincón sagrado (1x)
- ❑ ✿ Catalizador de conciencia plena (1x)

Lunes

- ✿ Cinco minutos de meditación (cada día)
- ☺ Baje el volumen (cada día)

- ❑ ☺ Tome un almuerzo nuevo (3x)
- ❑ ☺ Tentempié nuevo (cada vez que pique) (3x)
- ❑ 🏠 Salude al Sol (opcional, 3x)
- ❑ 🏃 Marcha (2x)
- ❑ 🏃 Yoga (2x)

- ❑ ☺ Cena ritual (1x)
- ❑ ☺ Compre dos alimentos nuevos (1x)
- ❑ 🏠 Cree su rincón sagrado (1x)
- ❑ ✿ Catalizador de conciencia plena (1x)

Martes

- ✿ Cinco minutos de meditación (cada día)
- ☺ Baje el volumen (cada día)

- ❑ ☺ Tome un almuerzo nuevo (3x)
- ❑ ☺ Tentempié nuevo (cada vez que pique) (3x)
- ❑ 🏠 Salude al Sol (opcional, 3x)
- ❑ 🏃 Marcha (2x)
- ❑ 🏃 Yoga (2x)

- ❑ ☺ Cena ritual (1x)
- ❑ ☺ Compre dos alimentos nuevos (1x)
- ❑ 🏠 Cree su rincón sagrado (1x)
- ❑ ✿ Catalizador de conciencia plena (1x)

Miércoles

- ✿ Cinco minutos de meditación (cada día)
- ☺ Baje el volumen (cada día)

- ❑ ☺ Tome un almuerzo nuevo (3x)
- ❑ ☺ Tentempié nuevo (cada vez que pique) (3x)
- ❑ 🏠 Salude al Sol (opcional, 3x)
- ❑ 🏃 Marcha (2x)
- ❑ 🏃 Yoga (2x)

- ❑ ☺ Cena ritual (1x)
- ❑ ☺ Compre dos alimentos nuevos (1x)
- ❑ 🏠 Cree su rincón sagrado (1x)
- ❑ ✿ Catalizador de conciencia plena (1x)

Jueves

- ✿ Cinco minutos de meditación (cada día)
- ☺ Baje el volumen (cada día)

- ❑ ☺ Tome un almuerzo nuevo (3x)
- ❑ ☺ Tentempié nuevo (cada vez que pique) (3x)
- ❑ 🏠 Salude al Sol (opcional, 3x)
- ❑ 🏃 Marcha (2x)
- ❑ 🏃 Yoga (2x)

- ❑ ☺ Cena ritual (1x)
- ❑ ☺ Compre dos alimentos nuevos (1x)
- ❑ 🏠 Cree su rincón sagrado (1x)
- ❑ ✿ Catalizador de conciencia plena (1x)

Viernes

- ✿ Cinco minutos de meditación (cada día)
- ☺ Baje el volumen (cada día)

- ❑ ☺ Tome un almuerzo nuevo (3x)
- ❑ ☺ Tentempié nuevo (cada vez que pique) (3x)
- ❑ 🏠 Salude al Sol (opcional, 3x)
- ❑ 🏃 Marcha (2x)
- ❑ 🏃 Yoga (2x)

- ❑ ☺ Cena ritual (1x)
- ❑ ☺ Compre dos alimentos nuevos (1x)
- ❑ 🏠 Cree su rincón sagrado (1x)
- ❑ ✿ Catalizador de conciencia plena (1x)

Sábado

- ✿ Cinco minutos de meditación (cada día)
- ☺ Baje el volumen (cada día)

- ❑ ☺ Tome un almuerzo nuevo (3x)
- ❑ ☺ Tentempié nuevo (cada vez que pique) (3x)
- ❑ 🏠 Salude al Sol (opcional, 3x)
- ❑ 🏃 Marcha (2x)
- ❑ 🏃 Yoga (2x)

- ❑ ☺ Cena ritual (1x)
- ❑ ☺ Compre dos alimentos nuevos (1x)
- ❑ 🏠 Cree su rincón sagrado (1x)
- ❑ ✿ Catalizador de conciencia plena (1x)

Semana 3

Esta semana añadirá tres cenas nuevas a su repertorio de comidas saludables. Siga con sus desayunos, almuerzos y tentempiés más sanos, y avance para convertirlos en normas diarias. Por favor, continúe también con el ejercicio «Cena ritual», aun de la manera más sencilla. Encontrará un nuevo proveedor de comida saludable en su zona, para ver dónde más puede comprar. Un gran objetivo esta semana es el sueño, y puede elegir entre dos opciones para dormir mejor. Aligerará su vida: reducirá el desorden físico, realizará un ejercicio básico de conciencia plena todos los días durante actividades muy corrientes y se tomará un día sin teléfono móvil ni correo electrónico para tranquilizar su mente. Tanto en el yoga como en la marcha, el objetivo de esta semana es la respiración: cuando camine, trate de esforzarse un poco más y compruebe su límite.

El programa de esta semana

E-mail dominical

¿Cómo se siente después de la semana 2? ¿Qué resultó difícil la semana pasada? ¿Qué funcionó bien? ¿Qué le gustaría conseguir esta semana? ¿Y cómo se relaciona con el silencio: ha obtenido el suficiente esta semana? ¿Se siente a gusto con él?

Planifique con antelación

Organice sus noches de modo que pueda relajarse y acostarse pronto. Resérvese una o dos horas para limpiar el desorden. Elija la actividad doméstica para su ejercicio de conciencia plena. Pregunte a sus amigas dónde compran comida, o investigue un poco en su zona en busca de establecimientos nuevos.

Misiones diarias

- ✾ Siete minutos de meditación (S)
- ⌂ Duerma mejor durante una semana: opción A u opción B (H, pág. 314)
- ✾ Conciencia plena doméstica (S, pág. 258)

Acuérdese de:

- ✳ ¡Beber más agua!
- ✳ Sintonizar con su equilibrio alimenticio personal.

- ✳ Recuerde: basta de alimentos o bebidas «ruidosos».
- ✳ ¿Puede alargar su sesión de marcha o de yoga?
- ✳ ¿Está respirando?
- ✳ Declarar su intención para cada sesión de ejercicio.

Personalice su programa

3x semana
- ☺ Tome una cena nueva (C)

2x semana
- 🚶 Marcha: 30 minutos a ritmo moderado o 20 minutos a paso más rápido/terreno empinado. (E)
- 🚶 Yoga: Añada la respiración *ujjayi*. (E, pág. 164)
- ☺ Cena ritual (C, pág. 283) (más de 1 hora)

1x semana
- ☺ Coma más fresco (C, pág. 102) (más de 1 hora)
- ✾ Un día sin teléfono móvil (S, pág. 229)
- ⌂ Limpie el desorden (H, pág. 283) (más de 1 hora)
- ☺ Compre dos alimentos nuevos (C)

Clave

☺ Comida		🚶 Ejercicio	
✾ Silencio		⌂ Hogar	

Realice las misiones de la primera columna   Personalice su programa planificando estas misiones

Domingo

E-mail dominical
- Siete minutos de meditación (cada día)
- Duerma mejor durante una semana (cada día)
- Conciencia plena doméstica (cada día)

❏ Tome una cena nueva (3x)
❏ Marcha (2x)
❏ Yoga (2x)
❏ Cena ritual (2x)

❏ Coma más fresco (1x)
❏ Un día sin teléfono móvil (1x)
❏ Limpie el desorden (1x)
❏ Compre dos alimentos nuevos (1x)

Lunes

- Siete minutos de meditación (cada día)
- Duerma mejor durante una semana (cada día)
- Conciencia plena doméstica (cada día)

❏ Tome una cena nueva (3x)
❏ Marcha (2x)
❏ Yoga (2x)
❏ Cena ritual (2x)

❏ Coma más fresco (1x)
❏ Un día sin teléfono móvil (1x)
❏ Limpie el desorden (1x)
❏ Compre dos alimentos nuevos (1x)

Martes

- Siete minutos de meditación (cada día)
- Duerma mejor durante una semana (cada día)
- Conciencia plena doméstica (cada día)

❏ Tome una cena nueva (3x)
❏ Marcha (2x)
❏ Yoga (2x)
❏ Cena ritual (2x)

❏ Coma más fresco (1x)
❏ Un día sin teléfono móvil (1x)
❏ Limpie el desorden (1x)
❏ Compre dos alimentos nuevos (1x)

Miércoles

- Siete minutos de meditación (cada día)
- Duerma mejor durante una semana (cada día)
- Conciencia plena doméstica (cada día)

❏ Tome una cena nueva (3x)
❏ Marcha (2x)
❏ Yoga (2x)
❏ Cena ritual (2x)

❏ Coma más fresco (1x)
❏ Un día sin teléfono móvil (1x)
❏ Limpie el desorden (1x)
❏ Compre dos alimentos nuevos (1x)

Jueves

- Siete minutos de meditación (cada día)
- Duerma mejor durante una semana (cada día)
- Conciencia plena doméstica (cada día)

❏ Tome una cena nueva (3x)
❏ Marcha (2x)
❏ Yoga (2x)
❏ Cena ritual (2x)

❏ Coma más fresco (1x)
❏ Un día sin teléfono móvil (1x)
❏ Limpie el desorden (1x)
❏ Compre dos alimentos nuevos (1x)

Viernes

- Siete minutos de meditación (cada día)
- Duerma mejor durante una semana (cada día)
- Conciencia plena doméstica (cada día)

❏ Tome una cena nueva (3x)
❏ Marcha (2x)
❏ Yoga (2x)
❏ Cena ritual (2x)

❏ Coma más fresco (1x)
❏ Un día sin teléfono móvil (1x)
❏ Limpie el desorden (1x)
❏ Compre dos alimentos nuevos (1x)

Sábado

- Siete minutos de meditación (cada día)
- Duerma mejor durante una semana (cada día)
- Conciencia plena doméstica (cada día)

❏ Tome una cena nueva (3x)
❏ Marcha (2x)
❏ Yoga (2x)
❏ Cena ritual (2x)

❏ Coma más fresco (1x)
❏ Un día sin teléfono móvil (1x)
❏ Limpie el desorden (1x)
❏ Compre dos alimentos nuevos (1x)

Semana 4

¡Está usted en la última etapa! Puede que esta semana se sienta muy distinta de cuando empezó. Ahora la mayoría de sus comidas deberían ser saludables, o incorporar elementos naturales siempre que sea posible. Sus marchas serán algo más largas, y debería moverse lo bastante rápido para oír su respiración y sentir cómo trabaja su cuerpo. Cultive la paz en el hogar esta semana: comience y termine cada jornada con media hora de calma y silencio. Salga a tomar el sol si puede. Los dos encargos más largos de esta semana son poco corrientes e inspiradores. Renovará una habitación de su casa para hacerla lo más apacible y nutritiva posible, y dará descanso a su cuerpo haciendo una versión modificada de una limpieza dietética. Al término de esta semana va a sentirse estupendamente en cuerpo, mente y espíritu.

El programa de esta semana

E-mail dominical

¿Cómo se siente después de la semana 3? ¿Qué fue difícil la semana pasada? ¿En qué reparó de sí misma? ¿Qué funcionó bien? ¿Qué le gustaría conseguir esta semana? ¿Y qué siente con respecto a su hogar: es apacible, nutritivo y apoya este estilo de vida que está construyendo? ¿Qué podría ser mejor?

Planifique con antelación

Reserve una tarde o una noche para trabajar en su habitación elegida. Piense dónde podría encontrar algunos artículos nuevos que la mejoren. Haga provisión de verduras para la limpieza de un día.

Misiones diarias

🪷 Diez minutos de meditación (hasta 20 minutos) (S)

🪷 Mañana sagrada, noche sagrada (S, pág. 228)

Acuérdese de:

✳ Descubrir nuevos sitios por donde caminar.

✳ Vetar los refrescos y zumos de frutas.

✳ Preguntarse: «¿Qué tipo de ejercicio físico es adecuado para mí hoy?»

✳ No mirar la televisión, leer ni trabajar en el ordenador mientras come.

✳ Declarar su intención para cada sesión de ejercicio.

Personalice su programa

3x semana

☺ Desayuno, almuerzo y cena nuevos (3 veces cada uno) (C)

⌂ Salude al Sol (H, pág. 318) (más de 15 minutos)

2x semana

🏃 Marcha: 30 minutos a paso rápido y/o terreno empinado. Ventaja: ¿Puede salir a la naturaleza? (E)

🏃 Yoga: Empiece a experimentar con Yoga en libertad (E, pág. 164)

1x semana

☺ Añada su capricho (C, pág. 115)

⌂ Reinvente su habitación (más de 3 horas) (H, pág. 295)

☺ Limpieza general para su cuerpo (limpieza de un día con verduras) (C, pág. 68)

☺ Compre dos alimentos nuevos (C)

Clave

☺ Comida   🏃 Ejercicio

🪷 Silencio   ⌂ Hogar

Realice las misiones de la primera columna   Personalice su programa planificando estas misiones

Domingo

E-mail dominical
✿ Diez minutos de meditación (cada día)
✿ Mañana sagrada, noche sagrada
    (cada día)

❏ ☺ Desayuno, almuerzo y cena
    nuevos (3x)
❏ 🏃 Marcha (2x)
❏ ⌂ Salude al Sol (3x)
❏ 🏃 Yoga (2x)

❏ ☺ Añada su capricho (2x)
❏ ⌂ Limpie el desorden (1x)
❏ ✿ Limpieza general para su
    cuerpo (1x)
❏ ☺ Compre dos alimentos nuevos (1x)

Lunes

✿ Diez minutos de meditación (cada día)
✿ Mañana sagrada, noche sagrada
    (cada día)

❏ ☺ Desayuno, almuerzo y cena
    nuevos (3x)
❏ 🏃 Marcha (2x)
❏ ⌂ Salude al Sol (3x)
❏ 🏃 Yoga (2x)

❏ ☺ Añada su capricho (2x)
❏ ⌂ Limpie el desorden (1x)
❏ ✿ Limpieza general para su
    cuerpo (1x)
❏ ☺ Compre dos alimentos nuevos (1x)

Martes

✿ Diez minutos de meditación (cada día)
✿ Mañana sagrada, noche sagrada
    (cada día)

❏ ☺ Desayuno, almuerzo y cena
    nuevos (3x)
❏ 🏃 Marcha (2x)
❏ ⌂ Salude al Sol (3x)
❏ 🏃 Yoga (2x)

❏ ☺ Añada su capricho (2x)
❏ ⌂ Limpie el desorden (1x)
❏ ✿ Limpieza general para su
    cuerpo (1x)
❏ ☺ Compre dos alimentos nuevos (1x)

Miércoles

✿ Diez minutos de meditación (cada día)
✿ Mañana sagrada, noche sagrada
    (cada día)

❏ ☺ Desayuno, almuerzo y cena
    nuevos (3x)
❏ 🏃 Marcha (2x)
❏ ⌂ Salude al Sol (3x)
❏ 🏃 Yoga (2x)

❏ ☺ Añada su capricho (2x)
❏ ⌂ Limpie el desorden (1x)
❏ ✿ Limpieza general para su
    cuerpo (1x)
❏ ☺ Compre dos alimentos nuevos (1x)

Jueves

✿ Diez minutos de meditación (cada día)
✿ Mañana sagrada, noche sagrada
    (cada día)

❏ ☺ Desayuno, almuerzo y cena
    nuevos (3x)
❏ 🏃 Marcha (2x)
❏ ⌂ Salude al Sol (3x)
❏ 🏃 Yoga (2x)

❏ ☺ Añada su capricho (2x)
❏ ⌂ Limpie el desorden (1x)
❏ ✿ Limpieza general para su
    cuerpo (1x)
❏ ☺ Compre dos alimentos nuevos (1x)

Viernes

✿ Diez minutos de meditación (cada día)
✿ Mañana sagrada, noche sagrada
    (cada día)

❏ ☺ Desayuno, almuerzo y cena
    nuevos (3x)
❏ 🏃 Marcha (2x)
❏ ⌂ Salude al Sol (3x)
❏ 🏃 Yoga (2x)

❏ ☺ Añada su capricho (2x)
❏ ⌂ Limpie el desorden (1x)
❏ ✿ Limpieza general para su
    cuerpo (1x)
❏ ☺ Compre dos alimentos nuevos (1x)

Sábado

✿ Diez minutos de meditación (cada día)
✿ Mañana sagrada, noche sagrada
    (cada día)

❏ ☺ Desayuno, almuerzo y cena
    nuevos (3x)
❏ 🏃 Marcha (2x)
❏ ⌂ Salude al Sol (3x)
❏ 🏃 Yoga (2x)

❏ ☺ Añada su capricho (2x)
❏ ⌂ Limpie el desorden (1x)
❏ ✿ Limpieza general para su
    cuerpo (1x)
❏ ☺ Compre dos alimentos nuevos (1x)

Cuarto e-mail dominical:

Ha llegado al final de cuatro semanas de cambios. ¡Felicidades! Por favor, tómese unos momentos el último domingo para releer los e-mails que se envió anteriormente y escribir el último. ¿Cómo se siente ahora? ¿Qué aspectos de este programa le han gustado más, y cuáles menos? ¿Dónde podría seguir introduciendo mejoras? Escriba unas líneas sobre qué nuevos hábitos puede mantener fácilmente a partir de ahora. ¿Cuáles van a requerir más esfuerzo? ¿Ha sido amable consigo misma a lo largo de este programa, o ha sido crítica o severa?

No importa si su vida parece radicalmente distinta o no después de estas cuatro semanas, sólo pregúntese: ¿ha experimentado la posibilidad de hacer algunas cosas de manera distinta?, ¿ha conocido nuevas formas de comer, hacer ejercicio, relajarse y recuperarse?, ¿ha descubierto el punto de equilibrio interior? Deseo sinceramente que lo haya hecho. Vuelva a los consejos y ejercicios de este libro siempre que lo necesite, como recordatorio, como inspiración o como motivación. Continúe su viaje con salud y felicidad, y manténgase equipada con este juego de herramientas útiles a su lado.

Índice de productos

Comida

Agua enriquecida con oxígeno: <http://www.hiosilver.com>

Té Rishi: <http://www.rishitea.com>

Más teteras: <http://www.adagio.com>

Café descafeinado sin agentes químicos: <http://www.swisswater.com>

Café de hierbas Teeccino: <http://www.teeccino.com>

Mate: <http://www.guayaki.com>

Filtros de ósmosis inversa: <http://www.gaiam.com> y otros vendedores

Limpiadores de frutas y vegetales: <http://www.environne.com>

Licuadora Vita-Mix: <http://www.vitamix.com>

Artículos esenciales para la despensa

Stevia y xilitol: <http://www.xlearinc.com>

Proteína de suero en polvo: <http://www.jay-robb.com>

Aceite de coco: <http://www.mercola.com>

Linaza en polvo y aceite de linaza: en cualquier tienda de alimentos saludables

Aceite de pescado o aceite de hígado de bacalao: <http://www.nordicnaturals.com> o <http://www.carlsonlabs.com>

Frutos secos a granel: en cualquier tienda de alimentos saludables: <http://www.bobs-redmill.com>

Ejercicio

Esterillas de yoga: <http://www.gaiam.com>

Zapatillas Masai Barefoot Technology: <http://www.swissmasaius.com>

Taburete Swopper: <http://www.swopper.com>

Silencio

Cojín o banco de meditación: <http://www.gaiam.com>

Hogar

Fuente de agua: <http://www.gaiam.com>

Atomizador de cerámica: <http://www.gaiam.com>

Productos de limpieza y productos de aseo personal no tóxicos: <http://www.seventh-generation.com>

Purificador de aire: <http://www.tryfreshair.com>, <http://www.gaiam.com> o <http://www.mercola.com>

Despertador zen: <http://www.now-zen.com>

Baño solar o caja de luz: <http://www.gaiam.com> o <http://www.mercola.com>

Depuradora de agua: <http://www.ecoquestintl.com>